# Middleware für Ubiquitäre Systeme: Ein Modellgetriebener Entwicklungsansatz

zur Erlangung des akademischen Grades eines

## Doktors der Ingenieurwissenschaften

von der Fakultät für Informatik
des Karlsruher Instituts für Technologie (KIT)

**genehmigte**
## Dissertation

von

## Till Riedel

aus Frechen

Tag der mündlichen Prüfung: 16.07.2012
Erster Gutachter: Prof. Dr. Michael Beigl
Zweiter Gutachter: Prof. Dr. Ursula Goltz

Für Anneli Riedel
1948 – 2005

Ich möchte allen danken, die mich bei meiner Dissertation unterstützt haben, insbesondere zuallererst meiner Freundin Anna, Volker und Felix, meiner Familie, Christian und Markus und meinen Kollegen am TECO, meinen vielen Studien- und Diplomarbeitern, meiner Korreferentin Prof. Ursula Goltz und nicht zuletzt meinem Doktorvater Prof. Michael Beigl.

# INHALTSVERZEICHNIS

# EINLEITUNG

Ubiquitous systems will involve many varieties of cooperation between hardware and software. But each system, whether for medical care or home management or traffic control, will not stand alone. As we observed already, by their very nature they will tend to be interconnected to a lesser or greater extent. Their aggregation will constitute a vast and ever-growing organism. I have been tempted to call it the global ubiquitous computer; it is likely to become the most complex artefact in human history. To what extent can we scale up the present means of software production and analysis, to build this artefact with full understanding?

Milner [2006]

Wie schon Steinbuch [1966] voraussagte, wird es bald „kaum mehr Industrieprodukte geben, in welche die Computer nicht hineingewoben sind, etwa so, wie das Nervensystem in Organismen hineingewoben ist.". Diese Verkörperung der Informatik in Dingen des alltäglichen Lebens hat grundlegende Konsequenzen, die Weiser [1991] in seiner Vision des Ubiquitous Computing formuliert. Die Entwicklung von Software und Diensten für solch smarte Dinge (*smart items*) motiviert diese Arbeit. Ziel ist es, realweltliche Dinge mit eingebetteten Rechen- und Kommunikationseinheiten zu sogenannten Ubiquitären Systemen zu vernetzen [Marin-Perianu et al., 2007; Riedel et al., 2007].

Ubiquitäre Systeme sind sehr heterogen und der Entwickler muss vielfältige Plattformen und begrenzte Ressourcen in Betracht ziehen. Darüber hinaus unterliegen sie externen Veränderungen, die sich auf die Ausführung von Software auswirken. Dieser zeitveränderliche Ausführungskontext erfordert eine kontextgewahre Adaption der Implementierung Ubiquitärer Systeme.

Klassische Systeme setzen auf Middleware-Mechanismen zur Abstraktion dieser systeminhärenten Heterogenität. Wie später gezeigt wird, ist die Middleware jedoch selbst ein Faktor von Varianz geworden. Wie Milner [2006] beobachtet, richtet sich die Funktionalität immer neuer Systeme oft nicht daran, was „sinnvoll" (im Sinne von Milner durch die Theorie belegt) möglich ist, sondern was gerade benötigt wurde. Diese „bottom-up"-Herangehensweise ist dabei stark in der Entwicklung Ubiquitärer Systeme verankert [Bardram und Friday, 2009] und entspringt unter anderem dem experimentellen Charakter des Forschungsfeldes.

Gerade angesichts der industriellen Anwendung und immer weiter wachsender Heterogenität und Komplexität realer Ubiquitärer Systeme sind reine „bottom-up" Methoden oft nicht mehr beherrschbar. Gleiches gilt für „top-down" Ansätze, also vom Abstrakten ausgehende Methoden, welche daran scheitern, dass der Entwurfsraum stark durch die Technologie vorgegeben wird. So stellten bereits die *HP Cooltown* Entwickler fest, dass Technologie nicht ohne Verständnis der Applikation entwickelt werden kann, aber genauso ubiquitäre Applikationen nicht ohne neue Technologien ermöglicht werden können [Barton und Vijayaraghavan, 2003].

Dieser Arbeit liegt die Hypothese zugrunde, dass modellgetriebene Entwicklung (MDSD, [Stahl et al., 2006]) diesen Widerspruch zwischen „top-down"- und „bottom-up"-Entwicklung durch einen „middle-out" Ansatz auflöst, welcher zwischen Technologie und Abstraktion vermittelt. Im Folgenden soll daher ein MDSD als Mittel verfolgt werden, um Middleware für Ubiquitäre Systeme auf dem von Milner [2006] geforderten Turm von Modellen zu bauen, ohne den Bezug zur konkreten Technologie zu verlieren. Der MDSD-Ansatz verbindet wohldefinierte Modelle mit flexiblen, pragmatischen Werkzeugketten. Es soll gezeigt werden, dass MDSD für Ubiquitäre Systeme

1. flexible, adaptive Systeme mit gleichzeitig größerer Ressourceneffizienz durch Verlagerung von Intelligenz zwischen

Laufzeit und Entwicklungsprozess mittels Formalisierung und Automatisierung,

2. die Integration verschiedener, heterogener Systeme bei geringer Codegröße durch dynamische Anpassung des Laufzeitsystems mittels Codegenerierung

liefern kann.

## 1.1 STRUKTUR DER ARBEIT

Kern dieser Arbeit ist ein neuartiger modellgetriebener Ansatz für zwei zentrale Herausforderungen von Ubiquitären Systemen: adaptierte, verteilte Ausführung in verändernden Ausführungskontexten und die effiziente Kommunikation zwischen heterogenen ubiquitären Netzwerken.

Die Struktur der Arbeit, wie in Abbildung 1 dargestellt, ist in sechs Kapitel unterteilt, welche der Methodik der Arbeit entsprechen. Zunächst wird auf relevante Grundlagen eingegangen, welche in Kapitel 2 aufbereitet werden. In Kapitel 3 wird die Hypothese formuliert und Methodik und Struktur der weiteren Arbeit hergeleitet. Auf dieser Basis werden Thesen formuliert, welche in den folgenden Kapiteln 4 und 5 anhand der Anwendungsszenarien jeweils belegt werden.

Kapitel 4 befasst sich mit dem Anwendungsfall der *Implicit Middleware*. Dieser demonstriert, wie ein modellgetriebener Ansatz dazu genutzt werden kann, die Verteilung monolithischer Java-Programme auf Ubiquitären Systemen optimal gemäß eines Kostenmodells zu gestalten. Ausgehend von der am realen Anwendungsfall motivierten Problemstellung wird ein modellgetriebenes Vorgehen entwickelt. Hierzu wird ein formales Modell des Verteilungsproblems hergeleitet, auf dessen Basis die Implementierung erstellt wird. Zuletzt wird die Implementierung gemäß der Thesen überprüft und gegen alternative Implementierungen verglichen.

Das zweite Anwendungskapitel 5 ist parallel zu Kapitel 4 aufgebaut und befasst sich mit der automatisierten Generierung von Web Service Gateways. Auch hier wird von der Problemmotivation ausge-

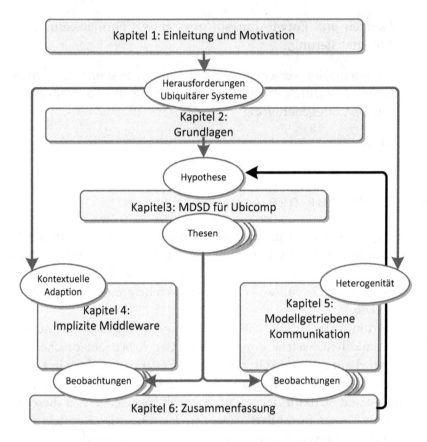

**Abbildung 1:** Schematischer Aufbau der Arbeit

hend die Vorgehensweise entwickelt und durch ein formales Modell und eine modellgetriebene Codegenerierung implementiert. Schlussendlich wird gezeigt, dass auch hier wieder die von der Hypothese abgeleiteten Beobachtungen gemacht werden können.

## 1.2 BEITRÄGE

Die beiden Anwendungskapitel enthalten neben dem Beleg der Thesen auch die hauptsächlichen Beiträge dieser Arbeit, welche auf verschiedenen Ebenen und Bereichen der Entwicklung von Ubiquitären

Systemen und modellgetriebener Softwareentwicklung gemacht werden konnten. So beinhalten die entwickelten Systeme jeweils Beiträge auf Implementierungs- und Entwicklungsebene.

Die in Kapitel 4 entwickelte *Implicit Middleware* ist ein neuartiges System zur ressourcenoptimierten Modularisierung und Transformation von monolithischem Java-Bytecode für die Ausführung auf Ubiquitären Systemen.

Um dieses innerhalb von MDSD umzusetzen, wurde ein Konzept zur Optimierung von Modelltransformationen entwickelt, welches die problemspezifische Formulierung der unterliegenden mathematischen Optimierungen als homomorphe Abbildung des Metamodells erlaubt (siehe insbesondere Abschnitt 4.3.2).

Kapitel 5 stellt ein neuartiges System zur automatisierten Übersetzung von Sensornetzwerkkommunikation in internetbasierten Web Service Protokollen vor, welches deutlich effizienter als vergleichbare Lösungen arbeitet.

Auf Entwicklungsebene wird ein formal motiviertes Entwicklungsrahmenwerk für die Entwicklung leichtgewichtiger, effizienter Nachrichtencodierung, -übersetzung und -kommunikation zwischen heterogenen Systemen geschaffen, welches sich auf verschiedene verwandte Problemstellungen übertragen lässt.

# LITERATURVERZEICHNIS

[Bardram und Friday 2009] BARDRAM, J.; FRIDAY, A.: Ubiquitous Computing Systems. In: *Ubiquitous Computing Fundamentals*. 2009. – ISBN 9781420093605, S. 37–94

[Barton und Vijayaraghavan 2003] BARTON, J. J.; VIJAYARAGHAVAN, V.: UBIWISE, A Simulator for Ubiquitous Computing Systems Design. Palo Alto, 2003 (2003-93). – Tech Report

[Marin-Perianu et al. 2007] MARIN-PERIANU, M.; MERATNIA, N.; HAVINGA, P.; SOUZA, L. de; MULLER, J.; SPIESS, P.; HALLER, S.; RIEDEL, T.; DECKER, C. ; STROMBERG, G.: Decentralized enterprise systems: a multiplatform wireless sensor network approach. In: *Wireless Communications, IEEE* 14 (2007), Nr. 6, 57–66. – doi: 10.1109/MWC.2007. 4407228. – ISSN 1536–1284

[Milner 2006] MILNER, R.: Ubiquitous computing: shall we understand it? In: *The Computer Journal* 49 (2006), Nr. 4, S. 383

[Riedel et al. 2007] RIEDEL, T.; DECKER, C.; SCHOLL, P.; KROHN, A. ; BEIGL, M.: Architecture for Collaborative Business Items. In: *Architecture of Computing Systems - ARCS 2007*, 2007, S. 142–156. doi: 10.1007/978-3-540-71270-1_11

[Stahl et al. 2006] STAHL, T.; VOELTER, M ; CZARNECKI, K.: *Model-Driven Software Development: Technology, Engineering, Management*. John Wiley \& Sons, 2006. – ISBN 0470025700

[Steinbuch 1966] STEINBUCH, K.: *Bild der Wissenschaft*. Bd. TN 2101: *Die informierte Gesellschaft. Geschichte und Zukunft der Nachrichtentechnik*. Stuttgart : dva, 1966

[Weiser 1991] WEISER, M.: The computer for the 21st century. In: *Scientific American* 265 (1991), Nr. 3, 66–75. http://www.ubiq.com/ hypertext/weiser/SciAmDraft3.html

*2*

## GRUNDLAGEN

Dieses Kapitel etabliert die Grundlagen zur Nutzung modellgetriebener Entwicklungsmethoden in Ubiquitären Systemen. Im ersten Abschnitt werden die spezifischen Herausforderungen und existierenden Praktiken bei der Entwicklung Ubiquitärer Systeme herausgestellt. Es wird insbesondere ein kurzer Überblick über typische Middlewaresysteme und Paradigmen gegeben werden, welche die Systementwicklung prägen. Der zweite Teil des Kapitels widmet sich den Grundlagen modellgetriebener Entwicklung als Alternative zu existierenden Ansätzen. Vor allem werden allgemeine Grundbegriffe und Hintergründe der MDSD dargestellt, welche für diese Arbeit relevant sind. Beide Teile zusammen sind die Grundlage für das folgende Kapitel, in welchem die Entwicklung von Ubiquitären Systemen mit modellgetriebenen Methoden vorgeschlagen wird.

## 2.1 ENTWICKLUNG UBIQUITÄRER SYSTEME

Für Ubiquitäre Systeme ist Verteilung von Funktionalität in die reale Umgebung die Grundlage für einen Paradigmenwechsel. Rechner verschwinden in den Hintergrund. Weiser [1991] vergleicht diesen Prozess mit der Einführung von Elektromotoren: Waren am Anfang des letzten Jahrhunderts noch einzelne große Aggregate für den Antrieb verschiedenster mechanischer Funktionen einer Werkstatt oder Fabrik zuständig, so bekamen mit der Einführung von Elektromotoren die Maschinen und Werkzeuge unabhängige Antriebe, teilweise mehrere Motoren für jede Maschine. Heutzutage sind wir an einem Punkt, schreibt Weiser weiter, in dem z. B. alleine in einem typischen Automobil 22 Motoren verbaut sind, um verschiedenste Aufgaben vom Anlasser, über den Scheibenwischer bis hin zur Zentralverriegelung zu erfüllen.

Die ganze Breite des Phänomens *Ubiquitous Computing* [Weiser, 1991] wird in dieser Arbeit nicht behandelt.Vielmehr sollen wichtige Problemstellungen für die Systementwicklung, die aus dieser Vision entspringen, adressiert werden. Hierzu sollen kurz die für diese Arbeit wichtigsten Aspekte des von Mark Weiser geprägten Begriffs und Forschungsbereichs dargestellt werden.

Das Verschwinden von Rechnern führt zu neuen Möglichkeiten, verändert jedoch auch grundlegend die Herausforderungen für die Entwicklung von Systemen aus verschiedensten gekoppelten Einzelsystemen. Ubiquitäre Systeme synonym für eine allgemeine technologische Vision geworden: Der Einsatz von Informationstechnik führt zu einer Verbesserung von Lebensqualität und wirtschaftlichen Möglichkeiten. Amor [2001] nennt als grundlegende Aspekte, welche mit der Vision von Ubiquitären Systemen verknüpft werden:

UNSICHTBARE RECHNER , die in großer Zahl und in intuitiver Weise Dienste bereitstellen.

EINGEBETTETE MIKROSYSTEME , welche Alltagsgegenstände in proaktive Computersysteme verwandeln.

IMMERVERFÜGBARKEIT von Informationen und Kommunikation mit jedem, jederzeit und überall.

ALLGEGENWÄRTIGE NETZE , welche alle Teile des Lebens informationell miteinander verbinden.

Während Möglichkeiten und Erwartungen bezüglich der Nutzung Ubiquitärer Systeme grenzenlos erscheinen, konzentriert sich diese Arbeit im Folgenden auf Herausforderungen in Bezug auf deren Entwicklung [Banavar und Bernstein, 2002; Bardram und Friday, 2009; Friday et al., 2006; Satyanarayanan, 2001].

Wie in Abbildung 2 dargestellt unterscheiden Ubiquitäre Systeme sich grundlegend von anderen Paradigmen der Informationsverarbeitung mithilfe von Rechnersystemen. Sie sind klar in Abgrenzung von

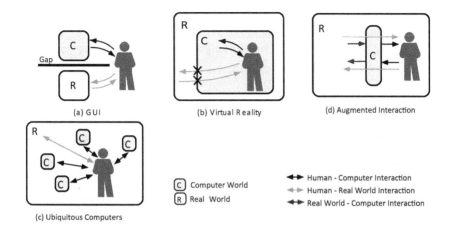

**Abbildung 2:** Abgrenzung von Ubiquitären Systemen anhand der Interaktion von Mensch und realer Welt über Rechnersysteme [Rekimoto und Nagao, 1995]

virtueller Realität, Simulationen oder Datenverarbeitungssystemen zu sehen, die die Wirklichkeit modellieren, und bei denen der Mensch mit diesem Modell interagiert. In typischen IT-Systemen wird versucht, Wissen über reale Dinge darzustellen, zu aggregieren und zu verarbeiten, während Ubiquitäre Systeme sich auf die Dinge des realen Lebens ausdehnen und Teil des realen Systems werden (siehe Abbildung 2c).

Konzepte des Internets der Dienste und des *Cloud Computing* [Mell und Grance, 2011] ermöglichen es auch, Dienste generell „ubiquitär" verfügbar zu machen. Ubiquitäre Systeme gehen jedoch den entgegengesetzten Weg: weg von immer größeren Rechnerinfrastrukturen hin zu kleineren autarken, eingebetteten Systemen. Dies verkürzt die Kommunikationswege, ermöglicht eine direkte Interaktion mit der Realität und skaliert mit den Dingen und damit mit der Quelle der aufkommenden Datenflut.

Die Idee der Durchdringung der Realität mit Rechnersystemen spiegelt sich auch im zu Ubiquitären Systemen äquivalenten Begriff des *Pervasive Computing* [IBM, 1999] wider. Andere Forschungsbereiche, welche Aspekte des Ubiquitous Computing umfassen (oder umgekehrt), sind Context Aware Computing [Schilit et al., 1994], Ambient Intelligence [Zelkha et al., 1998], Calm Computing [Weiser et al., 1999], Universal Computing [Landay, 1999], Invisible Computing [Esler et al., 1999], Post PC Computing [Satyanarayanan, 1999], Hidden Computing [Hermann, 2000], Amorphous Computing [Abelson et al., 2000], Autonomous [Kephart und Chess, 2003] oder Organic Computing [Müller-Schloer et al., 2004] und Cyberphysical Systems [Lee, 2006]. Alle diese Forschungsbereiche beschäftigen sich in irgendeiner Weise mit der Verteilung von Softwarefunktionalität auf eine heterogene, eingebettete, verteilte Systemlandschaft.

Diese birgt neben den Vorteilen eine Reihe von Herausforderungen für die Softwareentwicklung. Während Serversysteme hochoptimiert sind und z. B. durch *Cloud Computing* eine performante und effiziente Ausführungsschicht unabhängig von den lokalen Gegebenheiten bereitstellen, so sind Ubiquitäre Systeme stark vom Ausführungskontext abhängig.

### 2.1.1 Herausforderung: Ressourcenbeschränkte Hardware

Erste und offensichtlichste Herausforderung [Bardram und Friday, 2009] ist die Nutzung stark ressourcenbeschränkter Hardware als direkte Konsequenz der physikalischen Einbettung.

Plattformen, welche im Ubiquitous Computing eingesetzt werden, haben prinzipiell eine beschränkte Rechen- und Speicherkapazität. Außerdem sind die verfügbaren Kommunikationsressourcen typischerweise in *Low power Wireless Personal Area Networks* (LoWPAN) stark beschränkt. Die Kosten bzw. die Ressourcenverfügbarkeit für Kommunikation und Rechenleistung ist hierbei stark von der eingesetzten Plattform abhängig und muss bei der Implementierung beachtet und in Beziehung gestellt werden.

*Klassische ubiquitäre Plattformen*

Eine wichtige Grundlage für die physikalische Einbettung in die Realität ist die Entwicklung neuer Arten drahtlos vernetzter Kleinstsysteme; im Speziellen sogenannter Sensorknoten. Dabei handelt es sich um autarke Systeme, die die eingebettete Erfassung, Verarbeitung und

Kommunikation von Umgebungsinformationen ermöglichen. Ubiquitäre Plattformen umfassen auch mobile und eingebettete Geräte, wie
Mobiltelefone oder Gerätesteuerungen, welche untereinander vernetzt
werden. Erhöht sich jedoch das Maß der Einbettung, fordert dies eine
neuartige Klasse von Kleinstrechnern.

*Pervasive networks* unterscheiden sich je nach Anwendung in verschiedenen Parametern wie Skalierung (bzgl. Abtastrate, Ausmaß und
Dichte des Netzwerks), Variabilität (bzgl. Topologie, Aufgaben und
Raum) und Autonomie (bzgl. Modalität und Komplexität). Diese Parameter bestimmen den Entwurf der unterliegenden Hardware. Sensorknoten sind üblicherweise darauf ausgelegt Netze mit einer hohen
Skalierbarkeit und großer Variabilität bei einem hohen Maß an Autonomie zu unterstützen [Estrin et al., 2002].

Eine Herausforderung ist vor allem der effiziente Umgang mit Energie als primär begrenzte Ressource. Energieeffizienz ist eine logische
Konsequenz aus typischen Anforderungen der Einbettung und Minia-
turisierung der Systeme bei gleichzeitiger massiver Vernetzung. Hierzu wurden seit Anfang des 21. Jahrhunderts verschiedenste einfachste
Rechnerarchitekturen entwickelt, welche Mikrocontroller, low-power
Radio-Transmitter und sensorische Mikrosysteme (MEMS) sowie eine autarke Energieversorgung in Form einer Batterie und/oder sogenannter Energy Harvesting Komponenten (z. B. Photovoltaik, piezo-
oder thermo-elektrische Generatoren) umfassen. Bei der Entwicklung
steht der Anspruch an dynamische Konfigurierbarkeit von Sensorik,
Erkennung, Kontextgewahrheit und Grad der Einbettung im Vordergrund [Beigl und Gellersen, 2003]. Durch ihre Kopplung an Alltagsgegenstände ohne direkte Stromquelle müssen Systeme klein, leicht und
höchst energieeffizient sein.

Die Unterstützung von lokaler Übertragung (broadcast) und schnel-
le Reaktivität auf Nutzerverhalten stand beispielsweise bei der Entwicklung der Smart-Its Particles [Beigl und Gellersen, 2003] im Vordergrund. Das in dieser Arbeit verwendete Particle Computer pPart
[Decker et al., 2005a] (siehe Abbildung 3 und 4) implementiert diese
Fähigkeiten auf 15x48 mm, auf welchen eine PIC18F6720 8-bit MCU
mit 20 MHz (5 MIPS), ein TR1001-Transceiver mit einer maximalen Datenrate von 125kbit/s auf 868 MHz, 2KB RAM und 512KB Flash Spei-

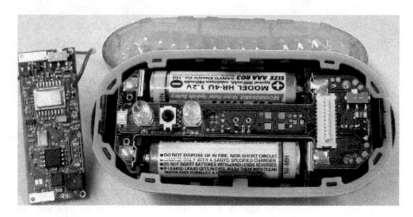

**Abbildung 3:** pPart Sensorknoten mit Sensorboard und Gehäuse

cher arbeitet. Das System wird dazu von einem einzigen 1.2V AAA Akku (800mAh nom.) betrieben, welcher auch die Dimension der Platine vorgibt und eine Betriebszeit von 20h bei Volllast und kontinuierlicher Kommunikation oder ca. 1 Monat bei einem Aufwachzyklus von 20ms pro Sekunde ermöglicht.

Eine ganz andere Dimension von Ressourcenbeschränkung gibt hingegen das $\mu$Part [Beigl et al., 2006] vor, welches bei einem Aufwachzyklus von 30s auf einer Knopfzelle eine Lebenszeit von fast einem Jahr hat. Diese Plattform ermöglicht einen noch höheren Grad der Einbettung und Autonomie bei geringerer Variabilität (siehe Abbildung 5). $\mu$Parts müssen jedoch mit einem rfPIC 12F675 Mikrocontroller mit integriertem Sender mit 4MHz (1 MIPS), nur 1.4 kByte nichtflüchtigem Programmspeicher und 64 Byte RAM und 128 Byte zusätzlichem EEPROM auskommen.

Wichtig herauszustellen ist, dass Preis, Funkbandbreite und -reichweite, Verarbeitungskapazität, Baugröße und erreichbare autonome Lebenszeit orthogonale Entwurfskriterien sind.

## 2.1.2 Herausforderung: Heterogene Systeme

Die Konfiguration des genutzten Systems richtet sich stark nach den Anforderungen der Einbettung sowie nach den auf dem Markt verfügbaren Komponenten. Typischerweise werden z. B. je nach Mög-

**Abbildung 4:** pPart Sensorknoten integriert in ein System zur Überwachung von chemischen Gütern aus [Riedel et al., 2007]

**Abbildung 5:** $\mu$Part in ein Konferenznamensschild „eingebettet" aus [Beigl et al., 2006]

lichkeit der Stromversorgung (bzw. Batteriegröße, lokale Energiegewinnung) verschiedenste Systeme eingesetzt, welche von batterielosen RFID-Chips über 8bit Mikrokontroller basierte Sensorknoten bis hin zu eher klassischen mobilen oder stationären Systemen mit 32bit CPU, wie Smartphone oder WLAN Router, reichen. Infolgedessen müssen Ubiquitäre Systeme also auf verschiedenster Hardware lauffähig sein.

Im Gegensatz zu PC-Systemen, bei denen Microsoft Windows Plattformen einen Marktanteil von 90% bei Desktopsystemen ausmachen und IP-Technologie sowie POSIX Systeme, wie Linux, welche vom Serverbereich über eingebettete Systeme bis hin zum Mobiltelefon zu einer starken Konvergenz führen, ist bei Ubiquitären Systemen eine solche Konvergenz nicht absehbar.

Dies soll am Beispiel der Netzwerkkommunikation verdeutlicht werden. Gerade in diesem wichtigen Bereich der Sensor Netzwerke wird diese Heterogenität als logische Konsequenz der Applikationsanforderungen und der zuvor diskutierten Ressourcenbeschränkung sichtbar. Wichtiger Grundbestandteil von Sensornetzwerken neben Sensorik und lokaler Rechenkapazität ist die drahtlose Netzwerkkommunikation. Die *MAC-Alphabet-Soup* [Langendoen, 2009] listet 73(!) verschiedene *Medium Access Control*-Protokolle für drahtlose Sensornetzwerke, welche jeweils einen anderen Trade-off zwischen Energieverbrauch, Latenz, Durchsatz und Fairness haben und auf unterschiedlichsten Radiochips implementiert und optimiert wurden. Die zunehmende Kommerzialisierung hat viele dieser Protokolle heute verdrängt. Wenn sich auch mit dem 802.15.4(a) Standard ein „Gewinner" ausmachen lässt, lässt der Standard eine ganze Liste physikalischer, inkompatibler Implementierungen zu. Auf höheren Schichten divergiert die Standardisierung nochmals. So setzen WirelessHART, 6LowPAN, FLEXConnect, SimplicyTI und Zigbee (PRO) konkurrierend auf dem Standard auf.

Diese Heterogenität setzt sich in der Wahl der Betriebssysteme, Middleware und Entwicklungsplattformen fort. So ist es nicht unüblich, innerhalb einer Applikation mit Geräten konfrontiert zu werden, welche alle ihre eigenen Abstraktionen, Kommunikationsmittel und -topologien mitbringen. So unterscheiden sich die Kommunikationsmuster von einem RFID-Tag grundlegend von einem Smartphone oder einem Sensorknoten. Die Notwendigkeit von Optimierungen wird dabei weiterhin im Einzelfall gegenüber der Konvergenz zu Standards abgewogen [Bardram und Friday, 2009].

### 2.1.3 Herausforderung: Zeitveränderlicher Ausführungskontext

Entscheidend für die Fähigkeiten von Ubiquitären Systemen auf ressourcenschwachen Plattformen ausführbar zu sein, ist die Möglichkeit ressourcenintensive Aufgaben durch sogenanntes *cyber foreaging* [Balan et al., 2002] auszulagern oder Kommunikationswege zu optimieren, indem Geräte direkt miteinander kommunizieren [Kindberg und Fox, 2002]. So müssen Ubiquitäre Systeme die logische und physikalische Mobilität von Systembestandteilen [Saif und Greaves, 2001; Coulouris et al., 2011] unterstützen, da sich Komponenten in oder aus einem System bewegen, oder Systembestandteile unterschiedlich auf Komponenten abgebildet werden.

So ändert sich ein Ubiquitäres System über die Lebenszeit der Software stetig, indem z. B. neue Hardware in das System eingebracht oder ausgetauscht wird, was die Ressourcenverteilung im System nachhaltig ändert. Nicht nur das System an sich, sondern auch die Umgebung des Systems kann sich ändern. So führen z. B. Störeinflüsse oder Ressourcenteilung des Funkkanals zu stetigen Veränderungen. Weiterhin kann sich die Energieverfügbarkeit z. B. bei Harvesting Anwendungen durch die Umgebung, Jahreszeit oder andere externe Faktoren ändern. Auf diese Veränderungen muss ein Ubiquitäres System reagieren können.

*Ressource-aware computing* [van Roy und Haridi, 1999], [Rosu et al., 1997] bezeichnet die Fähigkeit von Systemen gewahr der aktuell verfügbaren Ressourcen zu sein. Laut Bardram und Friday [2009] ist es das unabdingbare Ziel Ubiquitärer Systeme, trotz sich verändernder Bedingungen und Einschränkungen bestmöglich zu funktionieren. Wichtig ist, dass insbesondere auch für zukünftige Zeitpunkte keine A-priori-Garantien gegeben werden können. Die Fähigkeit von Systemen, mit unvollständigem Wissen umzugehen, kann als „tolerance for ignorance" zusammengefasst werden [Friday et al., 2006]. Diese

Unvollständigkeit des Vorwissens muss im Entwicklungsprozess widergespiegelt werden.

### 2.1.4 Lösungsansätze: Softwareentwicklung

Im Buch „Ubiquitous Computing Fundamentals" schreiben Bardram und Friday [2009], dass Software Entwicklung in Ubiquitären Systemen meist durch den experimentellen wissenschaftlichen Prozess geprägt ist (siehe Abbildung 6). So wird ein klassischer „bottom-up" Entwicklungsprozess beschrieben, der vom Detail ausgehend das große Ganze als dynamisches Zusammenspiel der Komponenten entwirft.

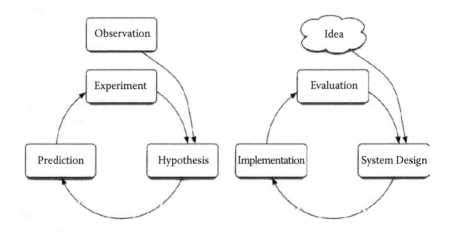

**Abbildung 6:** Gegenüberstellung Experimenteller Informatik [Feitelson, 2006] und Entwicklungsprozess (Quelle:[Bardram und Friday, 2009])

Bardram und Friday [2009] begründet diese Methodik durch explorative Ergründung neuartiger Konzepte, wie sie typisch für Ubiquitäre Systeme sind. Legt man jedoch eine historische Dialektik der Softwaretechnik zugrunde, wie sie von Boehm [2006] in Anlehnung an Hegel formuliert wird, liegt jedoch nahe, dass der Ansatz großteils auch aus anderen Strömungen der Zeit begründet werden kann.

Die Entwicklung erster Ubiquitärer Systeme koinzidiert mit der Verbreitung von Technologien wie dem World Wide Web und dem daraus resultierenden Druck eines extrem schnellen Time-to-Market. (1990-1991 schaffte es HP bereits, die Entwicklungszeit innerhalb der gleichen Produktlinie nach einem Anstieg von 50 auf über 60 Monate von 1986-87 auf unter ein Jahr zu drücken.) Während zuvor sequenzielle „top-down"-Prozesse noch das Mittel der Wahl waren, waren die 90er Jahre, von schneller iterativer und nebenläufiger Entwicklung geprägt Boehm [2006]. Gleichzeitig war die Zeit stimuliert von der aufkommenden Open Source Bewegung, welche ihre Ursprünge in der „Hacker"-Kultur der 1960er-Jahre hatte.

Neben wegweisenden Arbeiten, welche den Usability-Aspekt im Software Engineering betonen, sind vor allem die inkrementellen und evolutionären Entwicklungsansätze wie das „Scandinavian Participatory Design" [Bjerknes et al., 1987] und Prototyping-basierte Ansätze wie „Rapid Application Development" [Martin, 1991]) prägend für die Entwicklung Ubiquitärer Applikationen und Systeme.

Aufgrund der hohen Heterogenität spielt das aufkommende Paradigma der Middleware eine entscheidende Rolle in der Software Entwicklung für Ubiquitäre Systeme. Abbildung 7 stellt die gemeinsame Erwähnung bestimmter Begriffe in Veröffentlichungen zwischen den Jahren 1996 und 2012 dar, wie sie von der Google Scholar Suchmaschine indiziert wurden. Während der Anteil der Veröffentlichungen über Middleware insgesamt ähnlich hoch wie in der gesamten Informatik ist, so ist der Zusammenhang zwischen Software Engineering und Middleware deutlich stärker.

So kommt der Begriff „Middleware" in 43% aller Veröffentlichungen vor, in die „Ubiquitous Computing" im Zusammenhang mit „Software Engineering" erwähnen. Die in Abbildung 7 dargestellte Stichprobe unterstreicht besonders die verstärkte Verknüpfung von Middleware und Prototyping im Bereich Ubiquitärer Systeme gerade in Bezug zur Grundgesamtheit der Systeme in der Informatik. Auf Basis dieser Betrachtung kann man empirisch mit einer sehr hohen Signifikanz von p=0,9999 die Hypothese annehmen, dass sich damit die Rolle von Middleware in der Softwareentwicklung von Ubiquitären Systemen grundlegend von anderen Bereichen der Informatik

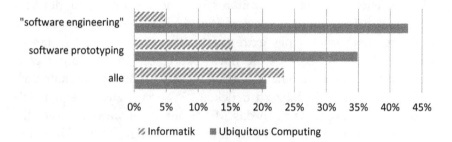

**Abbildung 7**: Anteil der Veröffentlichung mit Bezug auf Middleware 1996 bis 2012 (Quelle: Google Scholar)

unterscheidet (zumindest bezüglich der gemeinsamen Referenzierung der Begriffe in wissenschaftlichen Arbeiten und aufgrund der großen Stichprobe der durch Google indizierten Arbeiten).

### 2.1.5 Lösungsansätze: Middleware

Diese Rolle von Middleware für den Systementwurf ist schon in frühen Arbeiten zur Entwicklung Ubiquitärer Systeme belegt [Dey et al., 2001; Roman et al., 2002] und ist bis heute ein relevantes Forschungsthema. Middleware in Ubiquitären Systemen ist stark mit der bottom-up Methodik des Entwurfs verbunden.

Die Hauptaufgabe ubiquitärer Systemsoftware ist die Ermöglichung der Verbindung zwischen ubiquitären Datenlieferanten und ubiquitären Agenten, welche letztendlich menschliche Dienstnehmer oder intelligente Systeme sein können. Middleware agiert hier nach Roy Campbell als „The Switch" [Friday et al., 2006] zwischen vielen heterogenen Systemen.

Abgeleitet aus den zuvor genannten Herausforderungen Ubiquitärer Systeme, definiert Banavar und Bernstein [2002] herausragende Teilgebiete der Softwareentwicklung für Ubiquitäre Systeme:

- Applikationsentwicklung und -ausbringung

- Softwareinfrastruktur

- Dienste und Dienstkomposition

- Semantische Modellierung

- Kontextuelle Adaption

Die Herausforderung von Middleware besteht in der Schaffung einer abstrakten Plattform, welche vor allem die dynamische Komposition und Rekonfigurierbarkeit von ubiquitärer Hardware und Software ermöglicht [Friday et al., 2006].

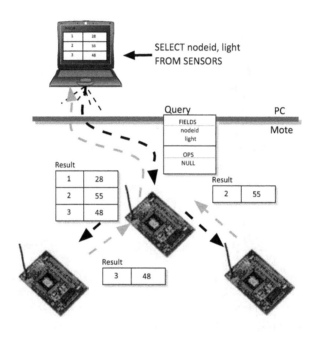

**Abbildung 8:** aus [Madden et al., 2005]

*Abstraktion durch Middleware*

Die Abstraktion der Middleware (also der Zugriff auf verteilte Funktionalität) definiert typischerweise in verteilten Anwendungen die Plattform stärker als das Betriebssystem [Bernstein, 1996]. Betrachtet man die oben genannten Systeme, so wird ersichtlich, dass über die Zugriffsmöglichkeiten der Plattform auch die Anwendung stark beeinflusst wird. Da die Wahl der Middleware in einem

„bottom-up"-Ansatz früh geschehen muss, um eine Ausführbarkeit zu erreichen, werden gerade durch spezialisierte Middleware wichtige Abstraktionen eingeführt, welche den Entwurfsraum bestimmen.

Gerade im Bereich der Sensornetze wurde durch die Schaffung entsprechender Abstraktionen oft von einem klaren Datenfluss hin zum Backendsystem ausgegangen. Zudem haben Systeme wie TinyDB [Madden et al., 2005] oder COUGAR [Yao und Gehrke, 2002] für Sensornetze mit einer großen Anzahl gleichartiger Knoten eine SQL-ähnliche Abfragesprache für Sensornetze ermöglicht.

Die Abstraktion von Daten als globale Struktur ist auch in anderen Ansätzen zu finden, welche Informationen als verteilten Speicher darstellen. So z. B. Tuple Space basierte Ansätze wie Linda In Mobile Environment (LIME, [Murphy et al., 2001].), welches auch für drahtlose Sensorknoten portiert wurde [Curino et al., 2005]. Eine ähnliche Abstraktion, welche jedoch nicht vollständige Netze oder atomare Daten in den Vordergrund stellt, sondern eine Ordnung verfügbarer Ressourcen, steht hinter ressourcenorientierter Middleware wie [Roman et al., 2002; Hess und Campbell, 2003]. So lassen sich beispielsweise verteilte Namensräume [Pike et al., 1992] effizient auf Dateisysteme auf ressourcenbeschränkte Hardware abbilden [Riedel, 2005; Decker et al., 2005b].

*Dienstorientierte Abbildung von Kommunikationsmechanismen*

Die Idee der Dienstabstraktion ist sehr allgemein und erlaubt eine verteilte Bereitstellung verschiedenartiger Dienstleistungen durch das zur Verfügung stellen von heterogenen Informationen, Berechnungen und Kommunikationsmitteln innerhalb wohldefinierter Schnittstellen.

Während dienstorientierte Ansätze eine hohe Flexibilität bereitstellen, liegt ein Schwerpunkt der Forschung zu Dienstarchitekturen für Ubiquitäre Systeme auf der effizienten Umsetzung sehr expressiver und expliziter Schnittstellen. Die Entwicklung von Gatewaysystemen und -architekturen ist ein relevantes und weites Feld innerhalb von Ubiquitären Systemen. Immer wieder kommt es zu Neu-Implementierungen, um konkrete technische Eigenschaften zu ermöglichen. Viele Implementierungen nutzen hierzu entweder manuell implementierte Stellvertreterdienste auf dem Gateway [Guinard et al., 2010] oder übersetzen direkt auf niedrigem Protokollniveau [Dohndorf et al., 2010]. Beide dieser Lösungen sind jedoch stark an die technische Implementierung gebunden, beschränken die Freiheitsgrade bei der Entwicklung, nutzen entweder nur wenig Wissen über die konkrete Nachrichtenstruktur oder bedürfen großen manuellen Implementierungsaufwand.

Das Gateway übernimmt dabei die Aufgabe, Nachrichten von einer Sensornetzwerkplattform kommend so aufzubereiten, dass sie über ein Web Service Interface konsumiert werden können. Außerdem werden auch umgekehrt die Web Service Nachrichten optimiert auf das Sensornetzwerksystem als binäre speichereffizient konsumierbare Nachrichten übertragen. Hierzu werden verschiedenste Möglichkeiten der Transformationen auf Basis des Metamodells genutzt. So beinhaltet die Gatewayarchitektur die effiziente (De-)Codierung von Nachrichten, die transparente Umwandlung von Nachrichtenformaten, die syntaktische Transformation, als auch Teile, welche das Protokollverhalten entkoppeln [Riedel et al., 2007].

Die CoBIs Gateway Architektur verwendet hierzu Active Interfaces [Riedel et al., 2007]: Active Interfaces bestehen aus zwei dynamisch durchgeführten Transformationsabläufen, einer syntaktischen Transformation der Gateway-Schnittstellen und einer semantischen Transformation des Nachrichtenaustauschs zwischen CoBIs Gateway und den verschiedenen Sensornetzwerken, welche deklarativ in der Schnittstellenbeschreibung implementiert sind. Durch die transparente, dynamische Umsetzung wird auch eine Kommunikation über mehrere Netzwerke wie z. B. internetweite P2P-Netzwerke möglich [Isomura et al., 2006]. Deklarative Übersetzungsbeschreibungen für ubiquitäre Interaktion zwischen Geräten auf Basis von UPnP und Bluetooth werden auch von Nakazawa et al. [2006] beschrieben.

Einen anderen flexiblen Ansatz verfolgt die RUNES-Middleware [Costa et al., 2007], die über sogenannte *Interaction Services* erweitert werden kann, welche die Kommunikation selbst auf Ebene des Komponentensystems hebt. Die Middleware kann zur Laufzeit entscheiden, welche Kommunikationsimplementierung abhängig von der darunterliegenden Netztopologie vorzuziehen ist. Dadurch wird die Middleware sehr flexibel und kann auf Veränderungen in der

Umwelt reagieren. Die Skalierbarkeit dieser Middleware hängt stark von der tatsächlichen Implementierung der einzelnen Komponenten ab.

## 2.2 MODEL DRIVEN SOFTWARE DEVELOPMENT

Middleware ist der Versuch, der immer schneller werden Plattformentwicklungen und der wachsenden Heterogenität durch Schnittstellenabstraktionen Herr zu werden. Schon Anfang des Jahrtausendwechsels stellte sich für viele Experten heraus, dass der Kampf um eine Vereinheitlichung durch Middleware langfristig verloren geht. Middleware selbst ist zum Faktor für Heterogenität geworden. So war schon im Jahr 2000 nicht abzusehen, dass die Entwicklung, die zu stetig „besseren" Middlewaretechnologien wie CORBA, Enterprise JavaBeans, nachrichtenorientierter Middleware, XML/SOAP, COM+ und .NET führten, nicht abreißen würde. So sollte durch Standardisierung auf Modellebene nachhaltige Interoperabilität hergestellt werden [Soley et al., 2000].

Modellgetriebene Softwareentwicklung (MDSD) stellt einen Gegenpol zu dem in Ubiquitären Systemen vorherrschenden Rapid Application Prototyping Ansätzen dar [Boehm, 2006], indem es die Spezifikation in Form des Modells stark in den Vordergrund rückt. Abstraktionen werden also nicht mehr implizit in den Systemschnittstellen mitgeführt, sondern explizit entwickelt. MDSD erlaubt ein hohes Maß an Flexibilität, da Modelle nicht unveränderliche Spezifikationen darstellen, sondern selbst zum Gegenstand des Entwicklungsprozesses werden und Plattformbindung letztendlich durch Codegenerierung ermöglichen.

Nach Stahl et al. [2007] ist modellgetriebene Softwareentwicklung (Model Driven Software Development, MDSD)

> ein Oberbegriff für Techniken, die aus formalen Modellen automatisiert lauffähige Software erzeugen.

Der Kern des Ansatzes besteht daraus, durch Transformationen von einer problemspezifischen Beschreibungssprache zu Software zu gelangen. Ziel ist es, dabei größtenteils auf manuelle Reimplementierung von analogen Programmfragmenten oder Bibliotheken zu verzichten. Die wichtigste Eigenschaft des MDSD ist nach dieser Definition die Codegenerierung ausgehend von formalen Modellen als (bzw. gleichwertig zu) Quellcode. Zum anderen unterstreicht die Definition die Automatisierung und damit die Ausprogrammierung des Softwareentwicklungsprozesses mithilfe von abgepassten Werkzeugketten. Beide Eigenschaften in sich haben Auswirkungen auf den Rahmen, in dem Software entworfen und implementiert wird.

Genauso wie man die MDSD als Werkzeugsammlung verstehen kann, ist sie auch als Entwicklungsphilosophie im Sinne der Softwaretechnik zu begreifen. Auch wenn sich aus der MDSD eine Vorgehensweise zur Softwareerstellung ergibt, so ist sie nicht unbedingt ein Softwareentwicklungsprozess im eigentlichen Sinne. So lässt sich MDSD prinzipiell agil wie auch strikt linear-iterativ betreiben [Parviainen et al., 2009] (Ob dies unter vollständiger Konformität mit vorgegebenen Prozessen geschehen kann, ist im Einzelfall nachzuweisen [Stahl et al., 2006]).

### 2.2.1 Definitionen: Modell und Metamodell

Stachowiak [1973] zufolge werden durch Modelle:

- reale Entitäten **abgebildet**,

- die Beschreibung auf relevante Aspekte **reduziert**,

- diese anstatt der Realität **pragmatisch nutzbar**.

Schichl [2004] definiert den Hauptnutzen von Modellen im Allgemeinen in:

ERKLÄRUNG VON PHÄNOMENEN z. B. in der Physik, um das Verhalten der Realität auf Gesetzmäßigkeiten abzubilden.

VORHERSAGE z. B. innerhalb aerodynamischer Modelle, um die Steuerbarkeit eines Flugzeugs vorherzusagen.

ENTSCHEIDUNGSFINDUNG z. B. beim Entwurf einer Chemiefabrik, um Raum, Kosten und Kapazitäten abzuwägen.

**KOMMUNIKATION** z. B. um den Anfahrtsweg mit dem Auto durch eine grafische Skizze zu beschreiben.

Diese Definition trifft auf einen Großteil der in der Informatik genutzten Repräsentationen zu; so modellieren Computerprogramme immer die Realität. Ausgehend von dieser Beobachtung setzt modellgetriebene Entwicklung an einem viel früheren Punkt an, welche durch die pragmatische Definition eines formalen Modells aus [Stahl et al., 2006] reflektiert wird:

> Ein **formales Modell** ist ein Programm, das in einer domänenspezifischen Sprache (DSL) geschrieben [und] in ausführbaren Code überführt werden kann.

Zum einen ist diese Definition der Formalität über die Ausführbarkeit zielführend, weil wir uns gemäß Definition der MDSD für die Überführung von Programmen in Zielcode interessieren. Zum anderen widerspricht sie nicht unbedingt der Definition einer formalen Spezifikation in der Tradition von [Guttag und Horning, 1980]. Durch den Bezug zur Ausführbarkeit wird zumindest ein eindeutiges Maschinenverhalten in Form einer Übersetzersemantik vorausgesetzt. In der Praxis wird jedoch oft die formale Semantik von Quell- oder Zwischenmodellen eines modellgetriebenen Entwicklungsprozesses unabhängig vom Zielcode definiert. Der Nachweis der lückenlosen Korrektheit der Transformation bleibt jedoch eine Herausforderung. Dieser Makel ist jedoch nicht per se bei allen MDSD Implementierungen relevant, sollte jedoch klarmachen, dass das MDSD nicht unbedingt korrekte Software zur Folge haben muss.

*Meta-Modell und DSL*

Eine **domänenspezifische Sprache** (DSL), wie sie in der MDSD genutzt wird, ist somit nichts anderes als eine Programmiersprache im Sinne einer formalen Sprache mit abstrakter Syntax und einer statischen Semantik sowie einer konkreten Syntax. DSL beschreiben also Modelle als Quellcode.

Ein **Meta-Modell** ist die abstrakte Syntax einer DSL (und damit des Models). Jedes Meta-Modell hat wiederum selber eine abstrakte

Syntax (Meta-Meta-Modell) [mil, 2003; OMG, 2005]. Um eine Wohlge-
formtheit der Modelle sicherzustellen, steht schließlich an der Spitze
dieser Hierarchie ein Modell, das sich selbst syntaktisch beschreiben
kann (wie z. B. die Meta Object Facility (MOF) der OMG).

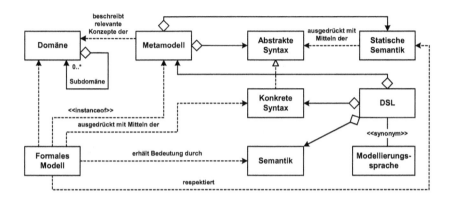

**Abbildung 9**: aus [Stahl et al., 2007]

Das Metamodell, beschreibt also die möglichen Beziehungen der
Modellelemente. Die Entwicklung des Metamodells hat demnach
bei der MDSD Vorrang vor der konkreten Syntax der Modelle
[Stahl et al., 2007]. Da sich (Meta-)Modelle jedoch nach [Evans,
2004] während der Entwicklung genauso wie Quelltexte dynamisch
entwickeln sollten, spricht man bei der MDSD von einem lebendigen
Meta-Modell [Stahl et al., 2007]. Praktisch ist die Unterstützung von
Meta-Modellevolution während des Entwicklungsprozesses jedoch in
den meisten Werkzeugketten ungenügend und ist daher vor allem in
einer frühen konzeptionellen Phase sinnvoll.

MDSD als Konzept lässt sich nicht klar einem einzigen Ursprung
zuordnen, sondern hat sich evolutionär aus den verschiedensten Ansätzen seit den 1960er-Jahren entwickelt (siehe 2.2.3). Oft sind Begriff-
lichkeiten von der Implementierung konkreter Werkzeuge abgeleitet.
Daher finden sich auch in der (hier zitierten) Literatur teils untereinander widersprüchliche Definitionen für Artefakte der MDSD. Die Definition von Clark et al. [2008] schließt beispielsweise auch die konkrete Syntax in das Meta-Modell mit ein. Ziel der hier aufgeführten

Definitionen ist es eine möglichst große Konformität mit den genutzten Werkzeugen wie dem Eclipse Modelling Framework herzustellen,
und dabei eine möglichst breite Konformität zu der bestehenden Literatur herzustellen. Insbesondere [Bezivin, 2004; Bézivin, 2005] und
[Atkinson und Kuhne, 2003; Atkinson und Kühne, 2007] geben einen
weiterführenden Einblick über in dieser Arbeit genutzte Konzepte der
Meta-Modellierung im Sinne der MDSD.

### 2.2.2 Definitionen: Domänenarchitektur

Die Metamodellierung innerhalb der MDSD nach [Stahl et al., 2006]
hat dabei im Gegensatz zu Werkzeugen, welche Modelle nur zur Dokumentation, Analyse oder zur direkten Codeerzeugung einsetzen,
das Ziel einen Transformationsprozess zu entwickeln (siehe Abbildung 10). Dieser überführt eine abstrakte Darstellung schrittweise in
ausführbare Darstellungen, welche die konkrete Implementierung des
Softwareprodukts ist.

Metamodell, die Plattform und die Transformationen bilden eine
sogenannte Domänenarchitektur (siehe Abbildung 10).

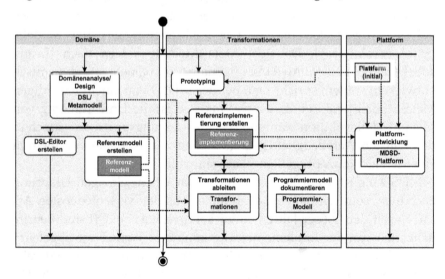

**Abbildung 10:** Domänenarchitektur aus [Stahl et al., 2007]

Eine **Domänenarchitektur** ist eine domänenspezifische Softwarearchitektur, welche Rahmenwerke und
Werkzeuge verbindet, die für die Konstruktion neuer
Implementierungen innerhalb einer Domäne genutzt
werden.

Eine MDSD-Domänenarchitektur beschreibt speziell, wie von einzelnen Modellen ausgehend alle möglichen Produkte innerhalb der
Domäne automatisch durch die Transformation von Modellen erstellt
werden können. Die Domänenarchitektur ist also keine Architektur im
Sinne einer Softwarearchitektur, sondern vielmehr gemäß eines Softwareentwicklungsprozesses. Frei nach der Erkenntnis von Osterweil
[1987], dass Softwareprozesse Software sind, wird eine Software geschrieben, welche schrittweise die Spezifikationen in Software übersetzt bzw. als solche interpretiert. In diesem Kontext spricht man auch
von Metaprogrammen, also Programmen, die, wenn sie ausgeführt
werden, andere Programme erzeugen. Diese Umwandlung geschieht
nicht einschrittig, sondern in Form hintereinandergeschalteter Transformationen.

*Domäne und Scope*

Die Domäne definiert den sogenannten „Scope" (Domäneneinschränkung, Geltungs-, Gestaltungs-, Anwendungsbereich) dieses Entwicklungsprozesses: Also welche Softwareprodukte erstellbar sind.

Die **Domäne** definiert in MDSD genau das, was durch die
domänenspezifische Sprache und das Metamodell ausge-
drückt werden kann.

Die Aussage, dass modellgetriebenes Arbeiten immer im Kontext
eines begrenzten Wissensgebietes und Interessengebietes stattfindet
[Stahl et al., 2006], ist somit per Definition erfüllt.
Wichtiger als die Semantik des Domänenbegriffs ist jedoch seine
Pragmatik. Auf semantischer Ebene ist streng genommen auch jede
Programmiersprache eine domänenspezifische Sprache. Die Domäne,
die sie beschreibt, ist dabei sehr groß. Jedoch ist die Domäne auf prag-
matischer Ebene, soweit wie möglich auf das Problem zu fokussieren,

um eine effiziente vollständige Umsetzung [Stahl et al., 2006] und eine problemorientierte Interaktion aller Projektbeteiligten [Evans, 2004] zu erreichen.

Das Metamodell gibt eindeutig vor, was sich mit Domänenarchitektur erzeugen lässt. Prinzipiell unterscheidet Simos et al. [1996] zwei Arten der Domäneneinschränkung (Scoping): Vertikale und horizontale Domänen. Während vertikale Domänen vollständige Systeme bzw. Anwendungsfelder enthalten, beinhalten horizontale Domänen gemeinsame Konzepte verschiedener Anwendungsfelder. Beispiel für horizontale Domänen sind sogenannte „pervasive services", welche auf einer Reihe von Plattformen Anwendung finden, wie z. B. Dateisysteme, Netzwerkprotokolle oder Sicherheitsdienste.

Softwaretechnische Konzepte wie Objektorientierung, Entwurfsmuster oder Komponentenbildung haben meist nicht etwas mit den Problemen der Domäne zu tun, obwohl sie Teil des Softwaresystems sind. Wichtig ist sie nicht frühzeitig zu vermischen, um den Vorteil der Abstraktion gegenüber zu behalten [Evans, 2004].

Das Meta-Modell ist in der MDSD jedoch auch niemals getrennt von der technischen Implementierung zu sehen. Vor einer Meta-Modellierung, als Basis der Formalisierung und Automatisierung innerhalb der Domänenarchitektur, steht immer auch die Erstellung von manuellen Prototypen, welche schrittweise in die Referenzimplementierung einfließen (siehe Abbildung 10). Wie Abbildung 11 zeigt, ist die Aufgabe des Softwareprozesses impliziertes Wissen mit Hilfe von Modellen zu formalisieren und nutzbar zu machen. Hierzu werden gleichzeitig iterativ die Implementierung und die Modellierungstechnik weiterentwickelt. Für die MDSD ist eine Formalisierung dann erreicht, wenn sich aus der Modellierung automatisiert die Implementierung generieren lässt.

Insofern setzt MDSD an der Stelle an, an der, der von Bardram und Friday [2009] vorgeschlagenen experimentellen Entwicklungsprozess (Abbildung 6) für ubiquitäre Systeme in der ersten Iteration aufhört. Durch die Erfassung der Freiheitsgrade, Entwurfsentscheidungen und unterliegende Erkenntnisse über das System innerhalb von Metamodellen, bzw. die Rückführung der Implementierung auf formalisiertes Wissen, kann die Entwicklung nachhaltig gestaltet werden. Am Ende

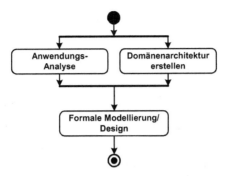

**Abbildung 11**: Middleout-Formalisierung bei der MDSD aus [Stahl et al., 2007]

einer Iteration steht eine Transformationskette, welche jede Modellin-stanz des Meta-Modells als Implementierung akzeptiert und daraus ausführbaren Code erstellt. Somit ist MDSD im Kern ein „Middle-out"-Ansatz, welcher jeweils Abstraktion (Meta-Modell) und konkrete Technologie (Prototyp) in Interaktion miteinander entwickelt.

*Modelltransformationen*

Wie auch Abbildung 10 zeigt, ersetzen Modelle und Transformationen, ausgehend von einer Referenzimplementierung, schrittweise konkre-ten Quellcode. In der MDSD unterscheidet man typischerweise fol-gende Transformationen:

- Text-zu-Modell-Transformation (T2M),

- Modell-zu-Modell-Transformation (M2M)

- und Modell-zu-Text-Transformation (M2T).

Diese Transformationstypen werden auch in dieser Reihenfolge ausgeführt und als sogenannte Abläufe (Workflows) verkettet. Bei komplexeren Abläufen kann es mehrere Modell-zu-Modell-Transformationen geben. Genauso kann es vorkommen, dass direkt aus dem Eingabemodell der Zielcode erzeugt wird.

Konzeptioneller Kern der MDSD ist die Möglichkeit, mithilfe von Transformationen ein Modell unter Berücksichtigung der Metamodel-le in ein anderes Modell zu überführen. In der Praxis kommen hier verschiedene Arten von imperativen, wie deklarativen Transformationssprachen im Einsatz, welche verschiedene (Meta-)Meta-Modelle unterstützen. Spezialfälle von M2M Transformationen sind insbesondere Modellmodifikationen, welche das gleiche Metamodell für Quelle und Ziel nutzen. Ebenso auch sogenannte Modellverwebungen, welche zwei unverknüpfte Teilmodelle mit separaten Metamodellen in ein Modell mit einem gemeinsamen Metamodell überführen.

Da es sich bei den Artefakten des MDSD immer um formale Beschreibungen handelt, ist die Unterscheidung von Modell und Text eigentlich künstlich. „Texte" sind also Modelle in einer beliebigen serialisierten Darstellung. T2M und M2T Transformationen bilden also die Schnittstellen des Transformationsprozesses zu externen Modellen.

## Generative Programmierung

Es besteht dabei ein enger Zusammenhang zwischen MDSD und Generativen Programmierung, welche auf der sogenannten **Automatisierungsannahme** [Czarnecki, 1999; Czarnecki und Eisenecker, 2000] beruht:

> Wenn man Bestandteile manuell zusammenfügen kann, so kann man diesen Prozess auch automatisieren.

Der Generativen Programmierung liegt die Vision einer automatisierten Softwareentwicklung analog zur Industrialisierung der Produktion und Produktkonfiguration in der Automobilproduktion zugrunde. Produkte der Softwareentwicklung sind Anwendungen, also Funktionalitäten, welche von Systemen angeboten werden [Alhir, 2003]. Generell unterscheidet die Generative Programmierung zwei prinzipielle Entwicklungsziele. Im Kontext der MDSD beschreibt eine Systemfamilie Anwendungen, welche auf Basis einer Domänenarchitektur im Sinne der MDSD erstellt werden können. Die Vielzahl fachlich abgestimmter Applikationen stellen eine Produktlinie dar, welche sich verschiedene gemeinsame Metamodelle teilt [Withney, 1996].

In der ursprünglichen Generativen Programmierung stehen im Gegensatz zur MDSD weniger die Metamodellierung bzw. formale Syntax und Semantik von Domänenmodellen im Vordergrund, sondern vielmehr der reine Codeerzeugungs-Aspekt. So werden auch informelle Mechanismen wie C++ Templates zur Codeerzeugung betrachtet. Generatoren genannte Metaprogramme werden genutzt, um sogenannte generative Domänenmodelle zu implementieren. MDSD-Domänenarchitekturen ermöglichen die wohldefinierte Entwicklung solcher Generatoren.

*Plattform*

> *Plattformen* sind eine Menge von Technologien, welche eine definierte Funktionalität durch Schnittstellen und Nutzungsmuster zur Verfügung stellen.

Bekannte Plattformen sind z. B. J2EE von Oracle oder die .NET Plattform von Microsoft, welche eine Reihe von Werkzeugen und Funktionen anbieten, um davon ausgehend Softwaresysteme zu implementieren. Eine andere Art von Plattform stellen Rechnerarchitekturen wie z. B. Android oder iPhone Mobiltelefone dar, welche neben Software auch spezifische Hardwareschnittstellen liefern [Alhir, 2003]. In der MDSD eine Plattform der Teil einer Applikation, auf dem der erzeugte Code aufsetzt und der nicht generiert wird. Das können Hardwaresysteme, klassische Plattformen wie Virtuelle Maschinen oder Programmbibliotheken sein, aber auch andere Arten von Schnittstellen. Im Gegensatz zur MDA, welche dies per Definition fordert, ist es in der MDSD nicht zwingend notwendig, die Plattform zu formalisieren. Genauso wie der Modellbegriff ist der Plattformbegriff der MDSD also pragmatisch definiert und flexibel durch eine Domänenarchitektur implementierbar.

## 2.2.3 MDSD im Kontext anderer Modellierungstechniken

Die Nutzung von Modellen in der Softwareentwicklung ist einer der Grundpfeiler der Informatik. MDSD stellt keine neue Modellierungsmethodik dar, sondern vereinheitlicht den Umgang mit Modellen während der Entwicklung. Kern ist die Meta-Modellierung von konzeptuellen Modellen wie in Abbildung 12 dargestellt. Es trägt deshalb zum grundlegenden Verständnis der Potenziale der MDSD bei, die grundlegende Rolle von Modellen für die Softwaretechnik darzustellen. Im Sinne der Vision von Weiser [1991] sollte Softwareentwicklung gerade auch über gesellschaftliche und fachliche Bereiche hinweg geschehen werden. Modellgetriebene Softwareentwicklung ist ein integrativer Ansatz, der gerade auch die Integration verschiedener fachlicher Domänen ermöglicht.

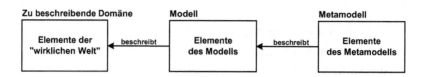

**Abbildung 12:** Meta-Modellierung als Beschreibung von Beschreibungen der realen Welt (aus [Stahl et al., 2007])

Besonders da die aktuelle Literatur zum Thema MDSD, wie sie auch diesem Kapitel zugrunde liegt, einen sehr eingeschränkten Blickwinkel einnimmt und oft MDSD als radikale Neuerung darstellt, sollen im Folgenden die genutzten Verfahren in einen Kontext gesetzt werden. Dieser beruht auf 30.000 Jahre Modellierungsgeschichte. Eine genauere Betrachtung zeigt, dass Modellgetriebe Entwicklung keinen kurzfristigen Trend darstellt. (Ein umfassenderer Überblick über mathematische Modellierung im Allgemeinen findet sich in [Schichl, 2004]; konzeptuelle Modellierung innerhalb der Informatik im Speziellen findet sich in [Bubenko, 2007].)

*Mathematischer Hintergrund Modellgetriebener Entwicklung*

Ein Überblick zur Geschichte mathematischer Modellierung [Schichl, 2004] zeigt, dass eine Entwicklung von Produkten auf Basis abstrakter Modelle keinesfalls „neu" ist. Modellierung (von lat. „modus") kann als die Art und Weise gesehen werden, wie Menschen mit der Realität umgehen. Die ersten explizit mathematischen Modelle waren Zahlen, deren Nutzung seit 30.000 v. Chr. dokumentiert ist. Andere klassische Gebiete der Modellierung umfassen Astronomie und Architektur (seit ca. 4.000 v. Chr.). Angefangen mit Thales of Miletus (600 v. Chr.), war es vor allen Dingen die Geometrie, welche als Mittel der Analyse der Welt genutzt wurde.

Diverse gesellschaftliche Herausforderungen wurden zum treibenden Faktor für den Fortschritt von Modellierungstechniken. Dies zeigt die Geschichte von Fibonacci, welcher die algebraischen Methoden des Al-Hwarizm's dazu nutzte seinen kaufmännischen Erfolg zu gründen und damit letzten Endes zum Wiedererblühen der abendländischen Mathematik beitrug. Mathematische, wie grafische, geometrische Modelle waren Grundlage für eine Weiterentwicklung der Malerei, Architektur und Bildhauerei sowie der Anatomie während der Renaissance, bis Physik und die Naturwissenschaften die treibenden Kräfte der modernen Modellbildung wurden [Schichl, 2004].

Zur Optimierung auf Basis mathematischer Modelle hat insbesondere die Ökonomie des 20. Jahrhunderts beigetragen, die auf Basis einer mathematischen Abstraktion die Realwelt-Prozesse optimieren konnte. Die in Kapitel 4 genutzten Methoden entspringen genau diesem Bereich und integrieren das Rapid Prototyping von Optimierungsproblemen [Koch et al., 2005] in einen MDSD-Entwicklungsprozess. Gerade durch das Aufkommen von Rechnern wurde es möglich, komplexe Systeme zu analysieren, um sie optimal zu implementieren. Heutzutage ist eine modellgetriebene Implementierung von Produkten auf Basis domänenspezifischer abstrakter Modelle aus fast keinem ingenieurwissenschaftlichen Bereich mehr wegzudenken.

Domänenspezifische Sprachen und Modelle, welche das formale Grundgerüst der Wissenschaft bis heute bilden, können auch philosophisch als notwendiges Konstrukt gesehen werden. Wittgenstein [1922] betont dies damit, dass „das Sprechen der Sprache ein Teil ist einer Tätigkeit, oder einer Lebensform". Dazu zählen auch Äußerungsformen wie diejenigen der Mathematik oder der formalen Logik. Schon Wittgenstein formuliert die Grundidee einer domänenspezifischen Sprache: „Die Grenzen meiner Sprache bedeuten die Grenzen meiner Welt" [Wittgenstein, 1922].

*Frühe Anfänge Modellgetriebener Softwareentwicklung*

Solche theoretischen Überlegungen zur Ausdruckskraft und Berechenbarkeit von Logik und zur Meta-Modellierung der Mathematik im Allgemeinen [Whitehead und Russell, 1910; Turing, 1938] waren es, die entscheidend zur Erfindung des Rechners und der Informatik in ihrer jetzigen Form beigetragen haben [Von Neumann, 1993].

Während sich die theoretische Informatik in der Folge vorrangig mit Berechenbarkeit, Logik und Sprachen als analytisches Mittel beschäftigt, geht die Geschichte der konzeptionellen Modellierung von informationsverarbeitenden Systemen auf Arbeiten von Young,Jr. und Kent [1958] zurück. Hierzu führen Young und Kent eine grafische Notation, welche - angelehnt an elektrische Schaltkreise -, es „dem Analysten ermöglichen [sollte] das Problem um ein beliebiges Stück Hardware zu organisieren" Young,Jr. und Kent [1958]. Ihr Ziel war es, eine abstrakte Notation zu schaffen, die eine invariante Basis für den Entwurf verschiedener alternativer Implementierung darstellt. Gerade im Kontext ubiquitärer Systeme ist dies, neben der Ressourcenbeschränktheit der Systeme, ein analoger Aspekt.

Weitere Impulse für die Modellierung von IT-Systemen kamen aus der betriebswirtschaftlichen Sichtweise. Anfang der 1960er-Jahre wurden bereits Grundsteine für die Domänenorientierte Modellierung von IT–Systemen gelegt. Langefors [1963, 1973] beschreibt darin erstmalig Leitfäden zur Nutzung von Modellen von Systemen in einer sehr ganzheitlichen Sichtweise auf realweltliche Prozesse. Besonders hervorzuheben ist dabei die maschinenunabhängige Analyse und Beschreibung von IT-Systemen auf einer problemorientierten (also domänenspezifischen) Ebene. Außerdem beschreibt Langfort besonders die Selektion passender Hardware für IT-Systeme.

*Bezug zu anderen Bereichen der Informatik*

Bedeutung bekam die konzeptuelle Modellierung vor allem in Hinblick auf Datenaustausch zwischen heterogenen Systemen, wie es auch in Kapitel 5 im Vordergrund steht. Die CODASYL Gruppe war maßgebend an der Suche nach einer maschinenunabhängigen Beschreibungssprache auf Systemebene beteiligt [Bosak et al., 1962]. Vor allem die Trennung von Struktur und Daten [Tsichritzis und Klug, 1978] prägte darauf die Informatik und sichert bis heute die Grundlage für Interoperabilität von Datenbanksystemen.

Grundlegende Überlegungen über die Struktur von Datenmodellen stammen aus dieser Zeit und prägen die Modellierungstechniken bis heute. Herausragende Vertreter sind das binäre Modell nach Abrial [1974] und das Entity-Relationship-Modell von Chen [1976]. Inspiriert von den Möglichkeiten der Datenbanken nahmen Forscher aus dem Gebiet der künstlichen Intelligenz im Bereich der semantischen Netzwerke einen wichtigen Einfluss auf die Weiterentwicklung konzeptioneller Modellierungstechniken. Es entstanden konzeptionelle Modelle, welche die Vererbung in Form von Spezialisierung und Generalisierung abbilden konnten, sowie Konzepte wie Mengen, Typen oder Instanzen, die sich heute noch in den Modellierungstechnologien der MDSD, wie der Enhanced Meta-Object Facility (EMOF), wiederfinden. Immer wieder gab es Bestrebungen, Synergien zwischen verschiedenen Fachrichtungen auf Basis konzeptueller Modellierung herauszuarbeiten und zu nutzen (zuletzt z. B. das Projekt Project [2008]). Gerade die sogenannten „synergy-workshops", die 1980 in Pingree Park unter Beteiligung verschiedener Wissenschaftler aus den Bereichen künstlicher Intelligenz, Programmiersprachen und Datenbanken stattfanden, waren hier richtungsweisend und könnten als Schablene für die interdisziplinäre Weiterentwicklung Ubiquitärer Systeme genutzt werden.

*MDA, CASE und EMF*

Seit dem Aufkommen objektorientierter Sprachen ist die Softwaremodellierung vor allem durch verschiedenste objektorientierte Modellierungsmethoden geprägt, welche schließlich zu einer Vereinheitlichung innerhalb der Unified Modelling Language (UML) führten. Diese wird seither von der OMG gepflegt und bildet die Basis für die wohl am weitesten verbreitete MDSD-Technik, die Model Driven Architecture (MDA). Die Motivation der OMG, welche sich bis dahin besonders durch die Standardisierung der CORBA Middleware hervorgetan hatte, war es, eine modellgetriebene Architektur zu standardisieren. Aus der Überzeugung, dass es keine Gewinner geben und obwohl Middleware immer verbessert werden würde, schreibt Soley et al. [2000], dass der Effekt der Migration auf neue Middleware eigentlich nur teuer und disruptiv ist. Die OMG sah sich in der Position, mittels der

Model Driven Architecture eine Reihe von modellbasierten Standards für modellgetriebene Softwareentwicklung zu schaffen (Dies ging so weit, dass sie den Begriff *Model Driven Development* markenrechtlich schützen ließen).

Wie bei jeder Standardisierung ist auch bei der MDA die Hoffnung den Grad an Wiederverwendung (gerade im Bereich der Werkzeuge) als auch die Möglichkeit der Schulung zu verbessern. Die MDA lässt per Definition die Meta Object Facility (MOF) als einziges Meta-Meta-Modell zu. Während theoretisch beliebige Metamodelle und domänenspezifische Sprachen möglich sind, finden sich in der Praxis der MDA-Implementierungen und Literatur fast ausschließlich UML-Profile. Das führt jedoch dazu, dass der Entwurfsraum für MDA-basierte MDSD Systeme stark eingeschränkt wird. Die Einbindung von Werkzeugen wie mathematische Optimierer, binäre Modelle oder alternative Transformationsbeschreibungen und Codegeneratoren, wie sie bei dieser Arbeit verwendet werden, sieht die MDA nicht vor. Mit CASE (computer aided software engineering) Tools liefern Hersteller oft geschlossene Domänenarchitekturen (aus fertiger Modellierungssprache, Transformationen und Plattform) für ein möglichst breites Spektrum von Anwendungen. Dieser „One size fits all" Anspruch kann jedoch dazu führen, dass die Notwendigkeit in 20% des Codes „gegen" das Werkzeug zu arbeiten, schnell 80% der Entwicklungszeit konsumieren kann und so Einsparungen durch eine schnellere Adaption und größere Wiederverwendung schnell wettgemacht werden [Stahl et al., 2006].

## 2.3   ZUSAMMENFASSUNG

Ubiquitäre Systeme haben drei Kernherausforderungen:

- Ressourcenbeschränkte Hardware,

- Heterogene Systeme

- und zeitveränderliche Ausführungskontexte.

Dies führt in der Praxis zu einer starken Abhängigkeit zwischen Applikationsentwurf und technischen Möglichkeiten, welcher bei der Entwicklung Ubiquitärer Systeme zu dem vorherrschenden experimentellen, auf Prototypen basierten Bottom-up-Vorgehen geführt hat. Ubiquitäre Systemsoftware in Form von Middleware spielt dabei eine entscheidende Rolle bei der Entwicklung. Die Forderung, dass bestehende Systeme durch die Nutzung von ubiquitären Middlewareabstraktionen vollkommen neu organisiert werden müssten (z. B. als Agentensysteme oder ereignisgetriebene Systeme), lässt sich in der Praxis jedoch oft nicht realisieren. Trotzdem dominiert die durch die Middleware vorgegebene Abstraktion die Entwicklung.

Die Abstraktion des Systems zur Laufzeit birgt dabei das Risiko, dass leichtgewichtige Abstraktionen unzureichend die Technologie verbergen, während komplexe Systeme nicht auf eingebetteten Kleinstrechnern lauffähig sind. Es ist dieses Spannungsfeld der dynamischen Integration komplexer Geschäftsanwendungen in der Realität mittels einfachster eingebetteter Rechnerknoten, in welchem der Mehrwert Ubiquitärer Systeme zu sehen ist. In der Realität vieler konkreter Projekte ist daher der übliche Ansatz, dass es eine harte Grenze in Form von Schnittstellen gibt, welche mit der realen Welt interagierende Lokations-, Identifikations- oder Sensorik-Systeme klar von der Verarbeitung der Information trennt. Diese datenorientierte Kopplungsweise, wie sie z. B. in der EPCIS oder der AutoID oder auch der OGC Sensor Web Enablement Architektur verankert ist, führt letztendlich dazu, dass Ubiquitäre Systeme in der Praxis ihre Fähigkeiten ausspielen. Der Mehrwert der In-situ-Verarbeitung kommt nicht nicht zum tragen und sie werden lediglich als Datenlieferant genutzt. Hier bieten dienstorientierte Systeme eine neue Herangehensweise. Problem existierender Systeme ist jedoch immer die Abbildung auf eine passende Abstraktion sowie die Abbildung der Abstraktion auf eine effiziente technologische Implementierung.

Während Middleware selbst zum Faktor von Heterogenität geworden ist, so propagiert modellgetriebene Softwareentwicklung (MDSD) eine Lösungsalternative auf anderer Ebene. Anstatt Abstraktionen im Laufzeitsystem anzubieten, setzt MDSD auf die explizite Abbildung von Abstraktionen in Meta-Modellen. Auf deren Basis können verschiedene Systeme durch Codegenerierung instanziiert werden.

MDSD unterscheidet sich von anderen modellgetriebenen Vorgehensweisen dadurch, dass das Modell die Rolle von Quellcode einnimmt und gleichzeitig die Entwicklung des Modells ein Teil des Entwurfes ist. Diese Koevolution von technischer Abbildung und Abbildung innerhalb der Abstraktion lässt sich mittels MDSD als Middleout-Ansatz nutzen, der gerade für technologisch geprägte Ubiquitäre Systeme interessant ist.

Wichtig ist insbesondere, dass MDSD wie Middleware eine Vereinheitlichung anstrebt. MDSD ermöglicht es, im Gegensatz zu geschlossenen Modellierungswerkzeugen, verschiedenste Modelle einzubinden. Gerade zur Entwicklung Ubiquitärer Systeme bieten viele existierende konzeptuelle Modelle der Informatik und anderer Wissenschaften Ansatzpunkte. Die MDSD ist ein softwaretechnisches Hilfsmittel, diese Modelle mittels eines werkzeuggetriebenen Vorgehens durch Codegenerierung für die Softwareentwicklung nutzbar zu machen.

Durch eine offene MDSD, wie sie in dieser Arbeit verwendet wird, können problemorientierte Modellierungsverfahren, existierende Schnittstelle und bestehendes Domänenwissen einfacher eingebracht werden. Die Pragmatik des MDSD Begriffes nach Stahl et al. [2006] beruht auf offenen Werkzeugen und Modellen. Hierbei spielen gemeinsame Plattformen wie das Eclipse Modelling Framework (EMF) [Steinberg et al., 2008] eine wichtige Rolle. Diese Arbeit nutzt einen breiten Satz von Technologien und Modellierungsmethodiken, welche über gemeinsame Ecore-Meta-Modelle und standardisierte Werkzeugschnittstellen des EMF interagieren. Solche MDSD-Werkzeuge sind z. B. die in dieser Arbeit genutzten Transformationssprachen *Epsilon transformation language*[Kolovos et al., 2008], *medini QVT-R* [ikv++ technologies ag, 2012] und die *xPand/xTend* Sprachen. Gerade aber auch die Anbindung anderer Werkzeuge wie *Eclipe Testing Profiling Tools Plattform* [Schneider und Toomey, 2006] oder der Eclipse Web Tools Platform [Dai et al., 2007] über bereits existierende EMF Schnittstellen lässt eine flexible Softwareerstellung durch den automatisierten Zugriff auf Wissen zu.

## LITERATURVERZEICHNIS

[mil 2003] MILLER, J. (Hrsg.); MUKERJI, J. (Hrsg.): *MDA Guide Version 1.0.1.* http://www.omg.org/cgi-bin/doc?omg/03-06-01.pdf. Version: 6 2003

[Abelson et al. 2000] ABELSON, H.; ALLEN, D.; COORE, D.; HANSON, C.; HOMSY, G.; KNIGHT JR, T. F.; NAGPAL, R.; RAUCH, E.; SUSSMAN, G. J. ; WEISS, R.: Amorphous computing. In: *Communications of the ACM* 43 (2000), Nr. 5, S. 74–82

[Abrial 1974] ABRIAL, J.: Data semantics. In: KLIMBIE, J. (Hrsg.); KOFFEMAN, K. (Hrsg.): *Data Management Systems.* Amsterdam : North-Holland Pub. Co., 1974

[Alhir 2003] ALHIR, S.: Understanding the model driven architecture (MDA). In: *Methods & Tools* 11 (2003), Nr. 3, S. 17–24

[Amor 2001] AMOR, D.: *Internet Future Strategies: How Pervasive Computing Services Will Change the World: How Pervasive Computing Will Change the World.* Prentice Hall PTR, 2001. – ISBN 013041803X

[Atkinson und Kuhne 2003] ATKINSON, C.; KUHNE, T.: Model-driven development: a metamodeling foundation. In: *IEEE Software* 20 (2003), 10, Nr. 5, S. 36– 41. – doi: 10.1109/MS.2003.1231149. – ISSN 0740–7459

[Atkinson und Kühne 2007] ATKINSON, C.; KÜHNE, T.: Reducing accidental complexity in domain models. In: *Software & Systems Modeling* 7 (2007), 6, Nr. 3, 345–359. – doi: 10.1007/s10270-007-0061-0. – ISSN 1619–1366, 1619–1374

[Balan et al. 2002] BALAN, R.; FLINN, J.; SATYANARAYANAN, M.; SINNAMOHIDEEN, S. ; YANG, H.: The case for cyber foraging. In: *Proceedings of the 10th workshop on ACM SIGOPS European workshop.* New York, NY, USA : ACM, 2002 (EW 10), 87–92. doi: 10.1145/1133373.1133390

[Banavar und Bernstein 2002] BANAVAR, G.; BERNSTEIN, A.: Software infrastructure and design challenges for ubiquitous computing applications. In: *Communications of the ACM* 45 (2002), 12. – doi: 10.1145/585597.585622. – ISSN 00010782

[Bardram und Friday 2009] BARDRAM, J.; FRIDAY, A.: Ubiquitous Computing Systems. In: *Ubiquitous Computing Fundamentals*. 2009. – ISBN 9781420093605, S. 37–94

[Beigl und Gellersen 2003] BEIGL, M.; GELLERSEN, H.: Smart-its: An embedded platform for smart objects. In: *Smart Objects Conference (sOc)* Bd. 2003, 2003

[Beigl et al. 2006] BEIGL, M.; KROHN, A.; RIEDEL, T.; ZIMMER, T.; DECKER, C. ; ISOMURA, M.: The uPart experience: The uPart experience. In: *Proceedings of the 5th international conference on Information processing in sensor networks*. Nashville, Tennessee, USA : ACM, 2006. – ISBN 1–59593–334–4, 366–373. doi: 10.1145/1127777.1127832

[Bernstein 1996] BERNSTEIN, P. A.: Middleware: a model for distributed system services. In: *Communications of the ACM* 39 (1996), Nr. 2, S. 86–98

[Bezivin 2004] BEZIVIN, J.: Model Engineering for Software Modernization. In: *Proceedings of the 11th Working Conference on Reverse Engineering*. Washington, DC, USA : IEEE Computer Society, 2004. – ISBN 0–7695–2243–2, 4–

[Bjerknes et al. 1987] BJERKNES, G.; EHN, P.; KYNG, M. ; NYGAARD, K.: *Computers and democracy: A Scandinavian challenge*. Gower Pub Co, 1987

[Boehm 2006] BOEHM, B.: A view of 20th and 21st century software engineering. In: *Proceedings of the 28th international conference on Software engineering*. New York, NY, USA : ACM, 2006 (ICSE '06). – ISBN 1–59593–375–1, 12–29. doi: 10.1145/1134285.1134288

[Bosak et al. 1962] BOSAK, R.; CLIPPINGER, R.; DOBBS, C.; GOLDFINGER, R.; JASPER, R.; KEATING, W.; KENDRICK, G. ; SAMMET, J.: An information algebra: phase 1 report—language structure group of the CODASYL development committee. In: *Communications of the ACM* 5 (1962), Nr. 4, S. 190–204

[Bubenko 2007] BUBENKO, J. A.: From Information Algebra to Enterprise Modelling and Ontologies — a Historical Perspective on Modelling for Information Systems. Version: 2007. In: *Conceptual Modelling in Information Systems Engineering*. Berlin, Heidelberg : Springer Berlin Heidelberg, 2007. – ISBN 978–3–540–72676–0, 1–18

[Bézivin 2005] BÉZIVIN, J.: On the unification power of models. In: *Software & Systems Modeling* 4 (2005), 5, Nr. 2, 171–188. – doi: 10. 1007/s10270-005-0079-0. – ISSN 1619–1366, 1619–1374

[Chen 1976] CHEN, P. P.: The entity-relationship model—toward a unified view of data. In: *ACM Trans. Database Syst.* 1 (1976), 3, Nr. 1, 9–36. – doi: 10.1145/320434.320440. – ISSN 0362–5915

[Clark et al. 2008] CLARK, T.; SAMMUT, P. ; WILLANS, J.: Applied metamodelling: a foundation for language driven development. / Xanctium. Version: 2008. `http://itcentre.tvu.ac.uk/~clark/docs/` `Applied\%20Metamodelling\%20(Second\%20Edition).pdf`. 2008. – Forschungsbericht

[Costa et al. 2007] COSTA, P.; COULSON, G.; GOLD, R.; LAD, M.; MASCOLO, C.; MOTTOLA, L.; PICCO, G. P.; SIVAHARAN, T.; WEERASINGHE, N. ; ZACHARIADIS, S.: The RUNES Middleware for Networked Embedded Systems and its Application in a Disaster Management Scenario. In: *Pervasive Computing and Communications, 2007. PerCom '07. Fifth Annual IEEE International Conference on*, 2007, 69–78

[Coulouris et al. 2011] COULOURIS, G.; DOLLIMORE, J.; KINDBERG, T. ; BLAIR, G.: *Distributed Systems: Concepts and Design*. 5. Addison Wesley, 2011. – ISBN 0132143011

[Curino et al. 2005] CURINO, C.; GIANI, M.; GIORGETTA, M.; GIUSTI, A.; MURPHY, A. L. ; PICCO, G. P.: Tinylime: Bridging mobile and sensor networks through middleware. In: *Pervasive Computing and Communications, 2005. PerCom 2005. Third IEEE International Conference on*, 2005, S. 61–72

[Czarnecki und Eisenecker 2000] CZARNECKI, K.; EISENECKER, U.: *Generative Programming: Methods, Tools, and Applications*. 1. Addison-Wesley Professional, 2000. – ISBN 0201309777

[Czarnecki 1999] CZARNECKI, K.: *Generative programming - principles and techniques of software engineering based on automated configuration and fragment-based component models* /, Illmenau, Techn. University, Dissertation, 1999. http://worldcat.org/oclc/76095940

[Dai et al. 2007] DAI, N.; MANDEL, L. ; RYMAN, A.: *Eclipse web tools platform: developing java™ web applications*. Addison-Wesley Professional, 2007

[Decker et al. 2005a] DECKER, C.; KROHN, A.; BEIGL, M. ; ZIMMER, T.: The particle computer system. In: *Proceedings of the 4th international symposium on Information processing in sensor networks* (2005)

[Decker et al. 2005b] DECKER, C.; RIEDEL, T.; BEIGL, M. ; KROHN, A.: A file system for system programming in ubiquitous computing. In: *Personal and Ubiquitous Computing* 11 (2005), 12, Nr. 1, 21–31. – doi: 10.1007/s00779-005-0060-5. – ISSN 1617–4909

[Dey et al. 2001] DEY, A. K.; ABOWD, G. D. ; SALBER, D.: A conceptual framework and a toolkit for supporting the rapid prototyping of context-aware applications. In: *Human-Computer Interaction* 16 (2001), Nr. 2-4, S. 97–166

[Dohndorf et al. 2010] DOHNDORF, O.; KRUGER, J.; KRUMM, H.; FIEHE, C.; LITVINA, A.; LUCK, I. ; STEWING, F. J.: Towards the Web of Things: Using DPWS to bridge isolated OSGi platforms. In: *2010 8th IEEE International Conference on Pervasive Computing and Communications Workshops (PERCOM Workshops)*, IEEE, 4 2010. – ISBN 978–1–4244–6605–4, S. 720–725. doi: 10.1109/PERCOMW.2010.5470527

[Esler et al. 1999] ESLER, M.; HIGHTOWER, J.; ANDERSON, T. ; BORRIELLO, G.: Next century challenges: data-centric networking for invisible computing: the Portolano project at the University of Washington. In: *Proceedings of the 5th annual ACM/IEEE international conference on Mobile computing and networking*, 1999, S. 256–262

[Estrin et al. 2002] ESTRIN, D.; CULLER, D.; PISTER, K. ; SUKHATME, G.: Connecting the physical world with pervasive networks. In: *Pervasive Computing, IEEE* 1 (2002), Nr. 1, S. 59–69

[Evans 2004] EVANS, E.: *Domain-driven design: tackling complexity in the heart of software*. Addison-Wesley Professional, 2004. – ISBN 9780321125217

[Feitelson 2006] FEITELSON, D.: Experimental computer science: The need for a cultural change / School of Computer Science and Engineering The Hebrew University of Jerusalem. Version: 2006. https://www.cs.huji.ac.il/~feit/papers/exp05.pdf. 2006. – Forschungsbericht

[Friday et al. 2006] FRIDAY, A.; ROMAN, M.; BECKER, C. ; AL-MUHTADI, J.: Guidelines and open issues in systems support for Ubicomp: reflections on UbiSys 2003 and 2004. In: *Personal and Ubiquitous Computing* 10 (2006), 2, Nr. 1, 1–3. – doi: 10.1007/s00779-005-0031-x. – ISSN 1617–4909

[Guinard et al. 2010] GUINARD, D.; TRIFA, V.; KARNOUSKOS, S.; SPIESS, P. ; SAVIO, D.: Interacting with the SOA-Based Internet of Things: Discovery, Query, Selection, and On-Demand Provisioning of Web Services. In: *IEEE Transactions on Services Computing* 3 (2010), Nr. 3, S. 223–235. – doi: http://doi.ieeecomputersociety.org/10.1109/TSC.2010.3. – ISSN 1939–1374

[Guttag und Horning 1980] GUTTAG, J.; HORNING, J. J.: Formal specification as a design tool. In: *Proceedings of the 7th ACM SIGPLAN-SIGACT symposium on Principles of programming languages - POPL '80*. Las Vegas, Nevada, 1980, 251–261. doi: 10.1145/567446.567471

[Hermann 2000] HERMANN, R. J.: WPAN Requirements for Spontaneous Hidden Computing. 2000 (IEEE P802.15-00/109r0). – Forschungsbericht

[Hess und Campbell 2003] HESS, C.; CAMPBELL, R.: A context-aware data management system for ubiquitous computing applications. In: *Distributed Computing Systems, 2003. Proceedings. 23rd International Conference on*, 2003. – ISBN 1063–6927, S. 294–301. doi: 10.1109/ICDCS.2003.1203478

[IBM 1999] IBM (Hrsg.): *IBM Systems Journal*. Bd. Vol. 38, No.4: *Pervasive computing*. 1999 http://researchweb.watson.ibm.com/journal/sj38-4.html

[ikv++ technologies ag 2012] IKV++ TECHNOLOGIES AG: *medini QVT*. http://projects.ikv.de/qvt. Version: 2012

[Isomura et al. 2006] ISOMURA, M.; RIEDEL, T.; DECKER, C.; BEIGL, M. ; HORIUCHI, H.: Sharing sensor networks. In: *Distributed Computing Systems Workshops, 2006. ICDCS Workshops 2006. 26th IEEE International Conference on*, 2006. – ISBN 1545–0678, 61. doi: 10.1109/ICDCSW.2006.98

[Kephart und Chess 2003] KEPHART, J. O.; CHESS, D. M.: The vision of autonomic computing. In: *Computer* 36 (2003), Nr. 1, S. 41–50

[Kindberg und Fox 2002] KINDBERG, T.; FOX, A.: System software for ubiquitous computing. In: *IEEE Pervasive Computing* 1 (2002), 3, Nr. 1, S. 70– 81. – doi: 10.1109/MPRV.2002.993146. – ISSN 1536–1268

[Koch et al. 2005] KOCH, T.; HAASIS, H.; KOPFER, H. ; SCHÖNBERGER, J.: Rapid Mathematical Programming or How to Solve Sudoku Puzzles in a Few Seconds. In: *Operations Research Proceedings 2005* Bd. 2005, Springer Berlin Heidelberg, 2005 (Operations Research Proceedings). – ISBN 978–3–540–32539–0, 21–26. doi: 10.1007/3-540-32539-5

[Kolovos et al. 2008] KOLOVOS, D.; PAIGE, R. ; POLACK, F.: The epsilon transformation language. In: *Theory and Practice of Model Transformations* (2008), S. 46–60

[Landay 1999] LANDAY, J. A.: *Human-Computer Interaction for Universal Computing*. Berkley, 5 1999

[Langefors 1963] LANGEFORS, B.: Some approaches to the theory of information systems. In: *BIT Numerical Mathematics* 3 (1963), Nr. 4, S. 229–254

[Langefors 1973] LANGEFORS, B.: *Theoretical analysis of information systems*. Studentlitteratur, 1973. – ISBN 9780877691518

[Langendoen 2009] LANGENDOEN, K.: *The MAC alphabet soup.* http://www.st.ewi.tudelft.nl/~koen/MACsoup/. http://www.st. ewi.tudelft.nl/~koen/MACsoup/. Version: 2009

[Lee 2006] LEE, E.: Cyber-physical systems-are computing foundations adequate. In: *Position Paper for NSF Workshop On Cyber-Physical Systems: Research Motivation, Techniques and Roadmap* Bd. 1, 2006, S. 1–9

[Madden et al. 2005] MADDEN, S. R.; FRANKLIN, M. J.; HELLERSTEIN, J. M. ; HONG, W.: TinyDB: an acquisitional query processing system for sensor networks. In: *ACM Transactions on Database Systems (TODS)* 30 (2005), Nr. 1, S. 122–173

[Martin 1991] MARTIN, J.: *Rapid application development.* Macmillan Publishing Co., Inc., 1991

[Mell und Grance 2011] MELL, P.; GRANCE, T.: The NIST definition of cloud computing (draft). In: *NIST special publication* 800 (2011), S. 145

[Murphy et al. 2001] MURPHY, A. L.; PICCO, G. P. ; ROMAN, G.: LIME: A Middleware for Physical and Logical Mobility. In: *Distributed Computing Systems, International Conference on* Bd. 0. Los Alamitos, CA, USA : IEEE Computer Society, 2001. – ISBN 0–7695–1077–9, S. 0524. doi: http://doi.ieeecomputersociety.org/10.1109/ICDSC.2001. 918983

[Müller-Schloer et al. 2004] MÜLLER-SCHLOER, C.; MALSBURG, C. von d. ; WÜRT, R. P.: Organic computing. In: *Informatik-Spektrum* 27 (2004), Nr. 4, S. 332–336

[Nakazawa et al. 2006] NAKAZAWA, J.; TOKUDA, H.; EDWARDS, W. K. ; RAMACHANDRAN, U.: A bridging framework for universal interoperability in pervasive systems. In: *Proceedings of the 26th IEEE International Conference on Distributed Computing Systems*, 2006, S. 3

[OMG 2005] OMG: *A proposal for an MDA Foundation Model.* www.omg. org/docs/ormsc/05-04-01.pdf. Version: 2005

[Osterweil 1987] OSTERWEIL, L.: Software processes are software too. In: *Proceedings of the 9th international conference on Software Engineering*, 1987, S. 2–13

[Parviainen et al. 2009] PARVIAINEN, P.; TAKALO, J.; TEPPOLA, S. ; TI-HINEN, M.: Model-Driven Development Processes and practices / VTT. Version: 2009. `www.vtt.fi/inf/pdf/workingpapers/2009/W114.pdf`. 2009 (114). – Forschungsbericht. – 108 S.

[Pike et al. 1992] PIKE, R.; PRESOTTO, D.; THOMPSON, K.; TRICKEY, H. ; WINTERBOTTOM, P.: The use of name spaces in Plan 9. In: *Proceedings of the 5th workshop on ACM SIGOPS European workshop: Models and paradigms for distributed systems structuring*, 1992, S. 1–5

[Project 2008] PROJECT, M.: *Marrying Ontology and Software Technology*. http://www.most-project.eu/documents.php. `http://www.most-project.eu/documents.php`. Version: 2008

[Rekimoto und Nagao 1995] REKIMOTO, J.; NAGAO, K.: The world through the computer: Computer augmented interaction with real world environments. In: *Proceedings of the 8th annual ACM symposium on User interface and software technology*, 1995, S. 29–36

[Riedel 2005] RIEDEL, T.: *Umfassendes Ressourcenzugriffskonzept für Particle Computer*, Karlsruhe, Diploma, 2005

[Riedel et al. 2007] RIEDEL, T.; DECKER, C.; SCHOLL, P.; KROHN, A. ; BEIGL, M.: Architecture for Collaborative Business Items. In: *Architecture of Computing Systems - ARCS 2007*, 2007, S. 142–156. doi: 10.1007/978-3-540-71270-1_11

[Roman et al. 2002] ROMAN, M.; HESS, C.; CERQUEIRA, R.; RANGANA-THAN, A.; CAMPBELL, R. H. ; NAHRSTEDT, K.: A middleware infrastructure for active spaces. In: *IEEE Pervasive Computing* 1 (2002), 12, Nr. 4, S. 74– 83. – doi: 10.1109/MPRV.2002.1158281. – ISSN 1536–1268

[Rosu et al. 1997] ROSU, D.; SCHWAN, K.; YALAMANCHILI, S. ; JHA, R.: On adaptive resource allocation for complex real-time applications. In: , *The 18th IEEE Real-Time Systems Symposium, 1997. Proceedings,*

IEEE, 12 1997. – ISBN 0–8186–6600–5, S. 320–329. doi: 10.1109/REAL.1997.641293

[van Roy und Haridi 1999] ROY, P. van; HARIDI, S.: Mozart: A Programming System for Agent Applications / CiteSeerX. Version: 1999. http://citeseerx.ist.psu.edu/viewdoc/summary?doi=?doi=10.1.1.39.8196. 1999. – Forschungsbericht

[Saif und Greaves 2001] SAIF, U.; GREAVES, D.: Communication primitives for ubiquitous systems or RPC considered harmful. In: *Distributed Computing Systems Workshop, 2001 International Conference on,* 2001, S. 240–245. doi: 10.1109/CDCS.2001.918712

[Satyanarayanan 1999] SATYANARAYANAN, M.: Digest of proceedings seventh IEEE workshop on hot topics in operating systems March 29-30 1999, Rio Rico, AZ. In: *ACM SIGOPS Operating Systems Review* 33 (1999), Nr. 4, S. 4–21

[Satyanarayanan 2001] SATYANARAYANAN, M.: Pervasive computing: vision and challenges. In: *IEEE Personal Communications* 8 (2001), 8, Nr. 4, S. 10–17. – doi: 10.1109/98.943998. – ISSN 1070–9916

[Schichl 2004] SCHICHL, H.: Models and History of Modeling. In: KALLRATH, J. (Hrsg.): *Modeling languages in mathematical optimization* Bd. 88. Springer, 2 2004. – ISBN 9781402075476

[Schilit et al. 1994] SCHILIT, B.; ADAMS, N. ; WANT, R.: Context-aware computing applications. In: *Mobile Computing Systems and Applications, 1994. WMCSA 1994. First Workshop on,* 1994, S. 85–90

[Schneider und Toomey 2006] SCHNEIDER, S. E.; TOOMEY, J.: *Achieving Continuous Integration with the Eclipse Test and Performance Tools Platform.* 2006

[Simos et al. 1996] SIMOS, M.; CREPS, D.; KLINGLER, C.; LEVINE, L. ; ALLEMANG, D.: Organization domain modeling (ODM) guidebook version 2.0 / STARS. Version: 6 1996. http://www.sei.cmu.edu/str/descriptions/odm.html. 1996 (STARS-VCA025/ 001/00). – Forschungsbericht

[Soley et al. 2000] SOLEY, R. et al.: Model driven architecture. In: *OMG white paper* 308 (2000), S. 308

[Stachowiak 1973] STACHOWIAK, H.: *Allgemeine Modelltheorie*. Springer-Verlag, 1973. – ISBN 9783211811061

[Stahl et al. 2006] STAHL, T.; VOELTER, M. ; CZARNECKI, K.: *Model-Driven Software Development: Technology, Engineering, Management*. John Wiley \& Sons, 2006. – ISBN 0470025700

[Stahl et al. 2007] STAHL, T.; VÖLTER, M.; EFFTINGE, S. ; HAASE, A.: *Modellgetriebene Softwareentwicklung: Techniken, Engineering, Management*. 2., aktualisierte und erweiterte Auflage. Dpunkt Verlag, 2007. – ISBN 3898644480

[Steinberg et al. 2008] STEINBERG, D.; BUDINSKY, F.; MERKS, E. ; PATERNOSTRO, M.: *EMF: Eclipse Modeling Framework*. Addison-Wesley Professional, 2008

[Tsichritzis und Klug 1978] TSICHRITZIS, D.; KLUG, A.: The ANSI/X3/SPARC DBMS framework report of the study group on database management systems. In: *Information systems* 3 (1978), Nr. 3, S. 173–191

[Turing 1938] TURING, A. M.: On computable numbers, with an application to the Entscheidungsproblem. A correction. In: *Proceedings of the London Mathematical Society* 2 (1938), Nr. 1, S. 544

[Von Neumann 1993] VON NEUMANN, J.: First Draft of a Report on the EDVAC. In: *Annals of the History of Computing, IEEE* 15 (1993), Nr. 4, S. 27–75

[Weiser et al. 1999] WEISER, M.; GOLD, R. ; BROWN, J. S.: The origins of ubiquitous computing research at PARC in the late 1980s. In: *IBM systems journal* 38 (1999), Nr. 4, S. 693–696

[Weiser 1991] WEISER, M.: The computer for the 21st century. In: *Scientific American* 265 (1991), Nr. 3, 66–75. http://www.ubiq.com/hypertext/weiser/SciAmDraft3.html

[Whitehead und Russell 1910] WHITEHEAD, A. N.; RUSSELL, B.: *Principia mathematica*. Bd. 1. 1910

[Withney 1996] WITHNEY, J.: Investment Analysis of Software Assets for Product Lines / CMU. 1996 (SEI-96-TR-010). – Forschungsbericht

[Wittgenstein 1922] WITTGENSTEIN, L.: Tractatus logico-philosophicus, trans. In: *DF Pears and BF* (1922)

[Yao und Gehrke 2002] YAO, Y.; GEHRKE, J.: The cougar approach to in-network query processing in sensor networks. In: *ACM SIGMOD Record* 31 (2002), Nr. 3, S. 9–18

[Young,Jr. und Kent 1958] YOUNG,JR., J. W.; KENT, H. K.: An abstract formulation of data processing problems. In: *Preprints of papers presented at the 13th national meeting of the Association for Computing Machinery*. New York, NY, USA : ACM, 1958 (ACM '58), 1–4. doi: 10.1145/610937.610967

[Zelkha et al. 1998] ZELKHA, E.; EPSTEIN, B.; BIRRELL, S. ; DODSWORTH, C.: From devices to ambient intelligence. In: *Digital living room conference*, 1998

3

# MODELLGETRIEBENE ENTWICKLUNG UBIQUITÄRER SYSTEME

Ubicomp will be a nightmare unless a tower of models is,
by increments, built and used. Conversely, in building it we
seize the chance to justify the claim that — against public
perception —there is deep scientific content in understanding software.

[Milner, 2006]

Mittlerweile ist die von Weiser [1991] postulierte Vision zu Ubiquitären Systemen mehr als 20 Jahre alt. Durch immer weiter fortschrei-
tende Integration von Hardware und die ubiquitären Verbreitung von
Technologien wie Smartphone oder RFID, rückt die Vision dabei immer näher an die Wirklichkeit. Es sind jedoch die Unwägbarkeiten
autonomer Systeme, welche Ubiquitäre Systeme gerade innerhalb von
Geschäftsanwendungen schwer realisierbar machen. Rigorose, spezi-
fikationsgetriebene Verfahren haben seit jeher die Schwierigkeit, die
Dynamik und die Rahmenbedingungen von Ubiquitären Systemen
vollständig abzubilden. Ubiquitäre Anwendungen sind offene Systeme, welche sich an Veränderungen in ihrer Umgebung und allgemein
an ihren externen Kontext adaptieren müssen. Es ändern sich also
Spezifikationen dynamisch während der Lebenszeit . So mag es zwar
möglich sein ein Ubiquitäres System zu einem bestimmten Zeitpunkt
zu spezifizieren, seine dynamische Veränderung lässt sich jedoch nicht
vorhersagen.

## 3.1 HYPOTHESE UND METHODIK

MDSD ermöglicht es, aus den Erkenntnissen einer prototypischen Referenzentwicklung nachhaltig Modelle zu extrahieren, die dabei helfen, die Erstellung Ubiquitärer Systeme wiederholbar zu gestalten. Solch ein formalisiertes Wissen kann dazu genutzt werden, automatisiert effiziente konkrete technische Implementierungen zu generieren. MDSD bildet also eine Brückentechnologie zwischen abstraktem, theoriegeleitetem Entwurf und praxisgeleitetem, explorativem Arbeiten.

Insbesondere die drei Hinderungsgründe, welche Milner [2006] am aktuellen Stand der Softwareentwicklung in Ubiquitären Systemen kritisiert, lassen sich mithilfe von MDSD in einer konstruktiven Art und Weise angehen:

- Die Theorien selbst sind nicht vollständig und vereinheitlicht: MDSD hat einen pragmatischen Anspruch an Formalismus. Es ist nicht notwendig, einen einheitlichen Formalismus zu finden. Besonders kann auch die Implementierung in einem iterativen Prozess das Modell verbessern.

- Softwarehersteller haben das entwickelt, nach was der Markt fragt und nicht was die Theorie adressiert: In der MDSD ist produzierbar, was ein Modell hat und alles Modellierte führt zum Produkt. So können Theoretiker und Praktiker die gleiche Plattform nutzen und ein Äquivalenzbeweis ist gleichzeitig Modelltransformation und Implementierung.

- Die Softwareindustrie ist übermäßig an der Verwaltung der Softwareproduktion interessiert und beeinträchtigt damit ein tieferes Verständnis. Modellgetriebene Entwicklung schafft Wartbarkeit durch eine augenfälligere Modellierung, also ein besseres Verständnis.

MDSD steht dabei nicht im Widerspruch zu diesen bestehenden praktischen und theoretischen Ansätzen, sondern stellt eine Formalisierung der Entwicklungsmethodik in sich dar (im Gegensatz zu einer reinen Formalisierung des Problems). Die standardisierte Darstellung von Werkzeugketten, wie sie die MDSD ermöglicht, fördert eine aktive Gestaltung und Weiterentwicklung dieser, parallel zur eigentlichen

Applikationsentwicklung. Gerade die Entwicklung von neuen Werkzeugen ist eine notwendige Grundbedingung für einen Übergang von
klassischen Rechnersystemen zu Ubiquitären Systemen.
Es lässt sich folgende Hypothese formulieren:

> Die modellgetriebene Entwicklung Ubiquitärer Systemen
> löst den Widerspruch zwischen der Notwendigkeit von
> Bottom-Up-Entwicklung und der Forderung nach Top-
> Down-Entwicklung für Ubiquitäre Systeme. Durch die
> Kombination aus Prototyping und formaler Modellierung
> unterstützt ein modellgetriebener Softwareentwicklungs-
> ansatz die nachhaltige und flexible Integration und
> Weiterentwicklung Ubiquitärer Systeme.

## 3.1.1 Middle-out-MDSD-Ansatz

Abbildung 13 stellt den hier verfolgten MDSD-Entwicklungsprozess
dar. Dieser geht im Kern vom existierenden Rapid Prototyping Prozess für Ubiquitäre Systeme aus, wie er in Abbildung 6 dargestellt
ist. Prototyping wie oben in der Abbildung dargestellt, kann jedoch
nur der Ausgangspunkt sein. Der vorgeschlagene Middle-out-Ansatz
ermöglicht Ideen für Ubiquitäre Systeme prototypisch in mehren Iterationen weiterzuentwickeln, relevante Konzepte zu isolieren [Bardram
und Friday, 2009] und diese dann wiederbenutzbar zu machen. Hierzu werden drei Phasen vorgeschlagen, welche jedoch nicht strikt sequenziell ablaufen, sondern ineinander übergehen und sich wechsel-
seitig beeinflussen:

1. Prototyping

2. Modellierung und Scoping

3. Automatisierung

Ziel ist, mit der Entwicklung eines einzelnen Ubiquitären Systems
einen Wissensgewinn zu erzeugen, welcher die Weiterentwicklung
einfließt. Entwurfsentscheidungen und der Entwurfsraum müssen
beschrieben werden. Diese Anwendungsanalyse, welche von einem

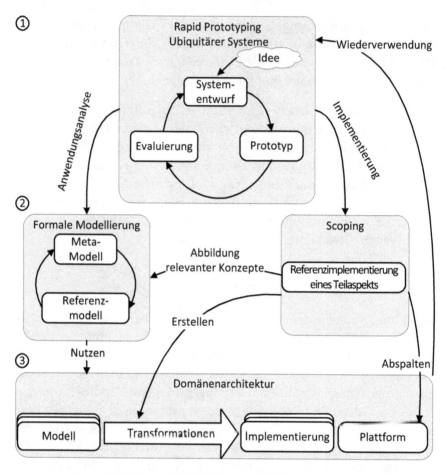

**Abbildung 13:** Middle-out-MDSD-Ansatz

wie auch immer spezifizierten Systementwurf ausgeht, stellt den Top-Down-Teil der Entwurfsmethodik dar, der dieses leistet. Durch das Erstellen von Modellen auf Basis von DSLs und Meta-Modellen werden die Kernkonzepte der Implementierung konzeptualisiert.

Dieser formale Entwurf ist in der MDSD, wie es auch Stahl et al. [2007] beschreibt, nicht losgelöst von der Implementierung zu sehen. Während auf der linken Seite der Abbildung der Systementwurf den Ausgangspunkt darstellt, geht der in der Abbildung dargestellte rechte Zweig von den einzelnen technischen Prototypen aus. Die so entwickelten Teilkomponenten werden als Referenzimplementierungen extrahiert.

Diese Referenzimplementierungen sind typischerweise Teilsysteme, welche einen bestimmten Aspekt des Ubiquitären Systems adressieren. In diese Teilsysteme sind innerhalb des Protypingprozesses informell viele technologisch motivierte Entwurfsentscheidungen eingeflossen. Um diese zu konzeptualisieren, wird die konkrete Referenzimplementierung nun auf ein entsprechendes formales Referenzmodell abgebildet. Dieser Prozess ist nicht strikt sequenziell. Vielmehr wird über mehrere Iterationen nach einem Meta-Modell gesucht, das die technische Implementierung beschreiben kann und die Referenzimplementierung in Teile einteilt, welche klar formal beschreibbar sind. Die restlichen Komponenten werden als Plattform abgespalten.

Ist eine konzeptuelle Äquivalenz hergestellt, wird eine automatisierbare Abbildung von Modell auf Implementierung geschaffen. So wird Stück für Stück eine Transformationskette erstellt, welche auf Basis der formalen Referenzmodelle die Referenzimplementierung erzeugen kann. Auch in diesem Schritt kann es zu iterativen Anpassungen des Meta-Modells kommen. Die in Abbildung 13 gezeigten Entwicklungsblöcke laufen, wie auch in Abbildung 11 dargestellt, parallel ab und interagieren miteinander.

Resultat ist zum einen eine per Definition dem formalen Modell entsprechende Implementierung. Zum anderen wird mit der Domänenarchitektur eine Werkzeugkette erstellt, welche dieses Modell als Quellcode akzeptiert und daraus die Implementierung generieren kann. Diese Domänenarchitektur kann nun als Werkzeug für die Erstellung weiterer Prototypen oder anderer Anwendungen genutzt werden. Gerade die Entwicklung von neuen unterstützenden Werkzeugen ist eine wichtige Grundlage, um den Übergang von klassischen Rechnersystemen zu Ubiquitären Systemen zu gestalten.

In dieser Arbeit kann auch gezeigt werden, dass insbesondere eine aus der Theorie begründete Wahl der Meta-Modelle zu einem Effizienzgewinn sowohl bei der Entwicklung als auch bei der Ausführung Ubiquitärer Systeme führen kann. Durch die Ableitung formaler Modelle aus konkreten technischen Problemen, können in einfacher Weise theoretisch begründete Methoden auf konkrete softwaretechnische Probleme angewendet werden. Dabei führen konkrete technische Herausforderungen zur Weiterentwicklung der konkreten Modelle und die Modellierung durch Übertragbarkeit von Erkenntnissen zu neuen technischen Möglichkeiten. Besonders die Nutzung formaler Modelle macht die Softwareentwicklung in komplex interagierenden Ubiquitären Systemen beherrschbar. Am Beispiel praktischer Entwicklungsprobleme wird in den nächsten Kapiteln gezeigt, dass sich dieser Softwareprozess, welcher formale Modelle und optimierte technische Implementierung annähert und gleichzeitig weiterentwickelt, gerade auf Querschnittsprobleme Ubiquitärer Systeme erfolgreich anwenden lässt.

### 3.1.2 Methodische Struktur der Arbeit

> Nachdem die Abduktion uns eine Theorie eingegeben hat, nutzen wir die Deduktion, um von jener idealen Theorie eine gemischte Vielfalt von Konsequenzen unter dem Gesichtspunkt abzuleiten, dass wir, wenn wir gewisse Handlungen ausführen, uns mit gewissen Erfahrungen konfrontiert sehen werden. Wir gehen dann dazu über, diese Experimente auszuprobieren, und wenn die Voraussagen der Theorie verifiziert werden, haben wir ein verhältnismäßiges Vertrauen, dass die übrigen Experimente, die noch auszuprobieren sind, die Theorie bestätigen werden.

[Peirce, 1955]

Um zu belegen, dass mithilfe der Werkzeuge und Methoden der MDSD ein Middle-Out-Ansatz erfolgreich implementierbar ist, wählt diese Arbeit den induktiven Ansatz über die Implementierung praktisch relevanter Querschnittsprobleme. Dieses Vorgehen wird in Abbildung 14 anhand der Struktur der Arbeit verdeutlicht.

Auf Basis der Grundlagen im letzten Kapitel wurde eine Hypothese formuliert. Im folgenden Teil der Arbeit wird es um den Nachweis dieser Hypothese gehen. Um am Einzelfall die allgemeine Hypothese belegen zu können, müssen also vorhersagbare Eigenschaften formu-

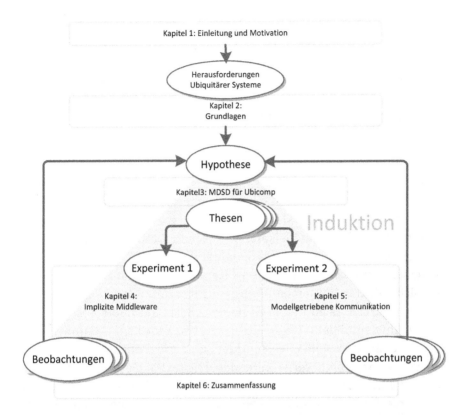

**Abbildung 14:** Methodische Struktur der Arbeit

liert werden, welche es nachzuweisen gilt. Die Formulierung dieser Thesen erfolgt dabei durch die deduktive Ableitung von bekanntem Wissen über MDSD.

Der deduktive Schritt lässt sich folgendermaßen skizzieren: Lässt sich modellgetriebene Entwicklung für Ubiquitäre Systeme erfolgreich anwenden, so kann man die in der Literatur erwarteten Effekte von MDSD Methoden auch bei der modellgetriebenen Entwicklung von Ubiquitären Systemen auf Basis theoretisch begründeter Modelle beobachten. So lassen sich zwei Kernthesen aus den von Stahl et al. [2007] beschriebenen Effekten ableiten, welche später noch genauer differenziert werden. Zu erwarten sind insbesondere folgende messbare Voraussagen:

1. These: Durch eine Formalisierung der Modelle im Sinne der MDSD wird größere Ressourceneffizienz bei gleichzeitig höherer Adaptivität Ubiquitärer Systeme erreicht.

2. These: Die Nutzung von modellgetriebener Codegenerierung führt zu einer besseren Integration von heterogenen Ubiquitären Systemen mit weniger Quell- und Laufzeitcode.

Die nächsten zwei folgenden Kapitel stellen den induktiven Schritt dar, wie er in Form von zwei unabhängigen Experimenten durchgeführt wird. Die Experimente sind so gewählt, dass sie jeweils zwei Grundvoraussetzungen genügen. Sie stehen exemplarisch für Grundprobleme Ubiquitärer Systeme, wie sie im vorherigen Kapitel dargestellt wurden. Das erste Beispiel in Kapitel 4 beschäftigt sich mit der optimalen Verteilung von Funktionalität über die Zeit in dynamischen Systemen. Das Beispiel, welches in Kapitel 5 betrachtet wird, beschäftigt sich mit der Implementierung von Kommunikation in heterogenen, ressourcenbeschränkten Systemen. Beide Beispiele basieren auf realen Anwendungen, wie sie innerhalb von Projekten zusammen mit Industriepartnern konzipiert wurden und die Potenziale Ubiquitärer Systeme in einen wertschaffenden Kontext setzen. Die genutzten Meta-Modelle und Modelltransformationen sollten dabei möglichst auf wohlerforschten und klar gegründeten Theorien basieren, um das Potenzial der methodischen Vorgehensweise bei der Entwicklung gegenüber einer Verbesserung der Implementierung zu ergründen.

## 3.2 THESE 1: HÖHERE RESSOURCENEFFIZIENZ BEI GLEICHZEITIG HOHER FLEXIBILITÄT

Wie im vorausgehenden Kapitel motiviert wurde, benötigen Ubiquitäre Systeme insbesondere im Gegensatz zu anderen Arten von Rechnersystemen hohe Anpassungsfähigkeit gegenüber sich verändernden und unterschiedlichsten Rahmenbedingungen. Dieser zeitveränderliche Ausführungskontext muss durch Ubiquitäre Systeme adressiert werden. Gleichzeitig fordert die Art der Rechnersysteme, durch die eingeschränkte Verfügbarkeit von Ressourcen, möglichst effiziente Implementierungen in Hinblick auf Energie, Rechenleistung und Speicher. Gerade im Bereich von Middleware stehen erhöhte Adaptivität sowie die Abstraktion möglichst vieler konkreter Technologien einer möglichst schlanken, skalierbaren Implementierung entgegen. Durch die Verlagerung der dynamischen Adaptionsfähigkeit von der Ausführung in den Entwicklungsprozess lässt sich dieser Widerspruch auflösen. Lässt sich die MDSD auf Ubiquitäre Systeme übertragen, wird folgende These zu beobachten sein:

> Durch die Nutzung generativer Technologien und der expliziten Modellierung von Optimierungswissen während der Entwicklungszeit, ermöglicht die modellgetriebene Entwicklung Ubiquitärer Systeme eine höhere Ressourceneffizienz, ohne die Flexibilität der Implementierung einzuschränken.

## 3.3   THESE 2: BESSERE INTEGRATION IN KOMPLEXE UND HETEROGENE SYSTEME BEI GERINGER CODEGRÖSSE

Durch die Heterogenität Ubiquitärer Systeme entsteht zusätzlich eine steigende Entwicklungskomplexität, welche typische Middlewaresysteme durch die Einführung von Abstraktionsschichten adressiert. Mit der steigenden Anzahl heterogener, optimierter Systeme wachsen auch schnell der Umfang und die Komplexität dieser Abstraktionsschichten und Schnittstellen. Es wird immer mehr Code sowohl zur Entwicklungszeit als auch zur Laufzeit benötigt, um verschiedenste Systeme miteinander zu integrieren. Middlewareabstraktionen werden dabei selbst zum Faktor von Heterogenität. MDSD verlagert auch die Problematik der Interoperabilität auf die Entwicklungszeit und ermöglicht die Bindung gerade auch existierender Abstraktionen und Technologien aufeinander. Durch Transformationen können so effizient Technologieabbildungen geschaffen werden. Die Reduktion auf gemeinsame Kernkonzepte verringert den Quellcodeaufwand und die Analysierbarkeit, während Codegenerierung die zur Laufzeit benötigte Codemenge begrenzt und die Implementierung optimiert. Durch die Anwendung von MDSD erwarten wir die Erfüllung folgender These:

> Durch die Abbildung von technologischen Umsetzungen auf gemeinsame wohldefinierte, problem-, aber auch technologieorientierte Grundkonzepte, ermöglicht die modellgetriebene Entwicklung Ubiquitärer Systeme die Integration heterogener Systeme bei geringerer Codegröße sowohl zur Entwicklungs- als auch zur Laufzeit.

## LITERATURVERZEICHNIS

[Bardram und Friday 2009] BARDRAM, J.; FRIDAY, A.: Ubiquitous Computing Systems. In: *Ubiquitous Computing Fundamentals.* 2009. – ISBN 9781420093605, S. 37–94

[Milner 2006] MILNER, R.: Ubiquitous computing: shall we understand it? In: *The Computer Journal* 49 (2006), Nr. 4, S. 383

[Peirce 1955] PEIRCE, C. S.: Abduction and induction. In: *Philosophical writings of Peirce* 11 (1955)

[Stahl et al. 2007] STAHL, T.; VÖLTER, M.; EFFTINGE, S. ; HAASE, A.: *Modellgetriebene Softwareentwicklung: Techniken, Engineering, Management.* 2., aktualisierte und erweiterte Auflage. Dpunkt Verlag, 2007. – ISBN 3898644480

[Weiser 1991] WEISER, M.: The computer for the 21st century. In: *Scientific American* 265 (1991), Nr. 3, 66–75. http://www.ubiq.com/hypertext/weiser/SciAmDraft3.html

# 4

## IMPLIZITE MIDDLEWARE

**ZIEL:** Ziel ist die optimierte verteilte Ausführung von Diensten auf zeitveränderlichen Ubiquitären Systemen.

**KONZEPT:** Die *Implicit Middleware* zerteilt automatisiert monolithische Java-Dienste auf Klassenebene und generiert bedarfsgerechte Middlewareschnittstellen. Mathematische Optimierungsmodelle werden in einen modellgetriebenen Transformationsprozess auf kompilierten Java-Bytecode angewendet.

**BEITRÄGE:** Das Konzept der homomorphen mathematischen Modelloptimierung ermöglicht effizient die Transformation des Programmmodells über die Formulierung eines erweiterbaren mathematischen Optimierungsproblems. Durch Darstellung der Bytecode-Transformationen auf Modellebene wird die Verteilung und Optimierung vollständig mittels MDSD automatisiert.

**VORAUSSETZUNGEN:** Die Transformationen integrieren mathematische Prototyping-Werkzeuge des Zuse Instituts mit Transformationssprachen innerhalb des Eclipse Modelling Framework. Das Laufzeitsystem nutzt JavaVMs für Sensorknoten sowie die Überwachungs- und Codeverteilungsinfrastruktur des CoBIs Projektes.

**ERGEBNIS:** Es können insbesondere die erwarteten Eigenschaften erhöhter Flexibilität und Performanz durch die formale Modellierung bei gleichzeitiger Reduktion der Implementierungskomplexität nachgewiesen werden.

## 4.1  EINLEITUNG

Das CoBIs System [Riedel et al., 2007b], welches innerhalb des gleichnamigen EU-Projektes entwickelt wurde, bildet Teile von Geschäftsprozessen auf kollaborativ agierende Smart-Items ab. Innerhalb des zentralen Anwendungsfalles wurden hierzu auf Chemietonnen angebrachte, neuartig vernetzte eingebettete Systeme mit existierender Lagerhaltungssystemen verbunden. Die Idee von CoBIs war es, die Verarbeitung und Berechnung in das Netzwerk zu verlagern. Die konkrete Fragestellung war also, wie eine nahtlose Migration von einer serverbasierten zu einer „dinge-basierten"' Ausführung von Diensten möglich ist, die es ermöglicht, Entscheidungen effizient lokal zu treffen und Reaktionen am *Point-of-Action* zu triggern [Kubach et al., 2004].

Der in diesem Kapitel vorgestellte Lösungsansatz ermöglicht eine solche angepasste Ausführung existierender Dienste auf heterogenen, in die Realität eingebetteten "Smart-Items" (SI).

Die Adaptionsmechanismen der hier vorgestellten *Implicit Middleware* gründen auf der Beobachtung, dass Zerteilung ohne Optimierung und vice versa keinen Effizienzgewinn birgt: Um Wissen flexibel nutzen zu können, muss sowohl Modularisierung wie Optimierung automatisiert werden.

Monolithische Javadienste werden zum formalen Modell im Sinne des MDSD erhoben. Dieses Modell wird vor Ausführung über ein vom Ausführungskontext abhängiges, aktuelles Kostenmodell optimiert. Code und Middleware werden für die verteilte Ausführung generiert.

So ist die *Implicit Middleware* gleichzeitig:

- eine optimierende Middleware für den Einsatz in Ubiquitären Systemen,

- ein modellgetriebener Middle-Out-Entwicklungsprozess auf Basis von mathematischen Optimierungen,

- ein System zur automatischen Modularisierung und Optimierung von monolithischen Java-Applikationen.

## Wichtige Vorarbeiten

Die Konzeption und Implementierung des in diesem Kapitel vorgestellten Systems basiert in Teilen auf der ursprünglichen Veröffentlichung "Implicit Middleware: A ubiquitous abstract machine" [Riedel
et al., 2008a]. Das Vorgehen wurde jedoch auf eine vollständig modell-
basierte Werkzeugkette übertragen.

Die Idee zu einer *Implicit Middleware* für Ubiquitäre Systeme entstand 2007 aus der Zusammenarbeit mit Prof. Arno Puder von der San
Francisco State University während seiner Zeit am SAP CEC Karlsruhe. Puder arbeitete zu dieser Zeit an der XML11 [Puder, 2005]. XML11
und die unterliegende XMLVM-Darstellung von Java Bytecode ermög-
lichte es bereits, grafische Nutzerschnittstellen zwischen einer Serveranwendung und einem Webbrowser zu verteilen. Der Begriff der *Implicit Middleware* wird erstmals von Puder et al. [2005] im Kontext au-
tomatischer Middlewaregenerierung verwendet.

Durch den Kontakt über das SAP CEC in Karlsruhe entstand
gemeinsam die Idee, mithilfe einer *Implicit Middleware* die Probleme
des CoBIs Projektes anzugehen. So wurde eine entsprechende
*Implicit Middleware* erstmalig in der Diplomarbeit von Célette [2007]
prototypisch implementiert. Die Implementierung der Middleware-
Bibliothek und der Codegenerierung wurden in der Studienarbeit von
Yordanov [2008] erstmals auf Sun SPOTS Knoten [Simon et al., 2006]
realisiert. Die ParticleVM [Riedel und Arnold, 2007], insbesondere
das Codeverteilungsrahmenwerk und die Virtuelle Maschine, wurden
innerhalb der Diplomarbeit von Arnold [2007] entwickelt.

## 4.2 SCOPING: UBIQUITÄRE MIDDLEWARE ALS MDSD-PROZESS

Kern dieses Kapitels ist eine Abstraktionsschnittstelle ähnlich einer
Middleware zu schaffen, welche es ermöglicht Programme transparent [ANSAware, 1993] auf verschiedenen Plattformen auszuführen.
Herausforderung bei Ubiquitären Systemen ist die starke Veränderlichkeit der Ausführungsumgebung und die Heterogenität der ein-

zelnen Plattformen bezüglich verfügbaren Ressourcen wie Rechenleistung, Energiereserven oder Sensoren.

Die Aufgabe, eine Anwendung möglichst optimal "am Geschehen" ausführbar zu machen (siehe Abbildung 15), wird dabei zum Kernproblem der Entwicklung praktischer Ubiquitärer Systeme. Das hier vorgestellte System verlagert die Entwicklung von Ubiquitären Systemen von der Portierung einzelner Dienste [Chaves et al., 2006] oder Anbindung über explizite Middlewareschnittstellen hin zur Schaffung von modellgetriebenen Transformationen, welche eine flexible, adaptierte Verteilung zur Laufzeit ermöglichen: einer *Implicit Middleware*.

*Implicit Middleware* baut auf der „ehrgeizigen" Idee [Stahl et al., 2007] auf, mithilfe von Reengineering und Annotation monolithische Systeme innerhalb eines modellgetriebenen Entwicklungsprozesses automatisiert verteilt neuzuimplementieren. Der MDSD-Prozess wird hier dazu genutzt, das Programm mit Wissen über die Verteilungsmöglichkeiten anzureichern und dieses Wissen automatisiert nutzbar zu machen.

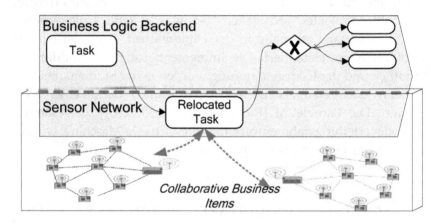

**Abbildung 15:** Verlagerung der Ausführung auf Collaborative Business Items [Riedel et al., 2007b]

Die Logik der Dinge (*business items*) wird oft bereits innerhalb von bestehenden Applikationen und Dienstarchitekturen dargestellt. Es handelt sich jedoch nicht um Ubiquitäre Systeme, da Aufgaben wie Überwachung von Logistikketten oder andere Prozesse, welche realweltliche Dinge umfassen, entfernt vom eigentlichen Geschehen lediglich auf Basis von Daten über die Realität ausgeführt werden. Dies führt klassischerweise zu einer Diskrepanz zwischen der virtuellen Darstellung und der realweltlichen Ausführung. Diese informationelle „Lücke" lässt sich durch eine Verlagerung der IT-Funktionalität und einen höheren Grad der Einbettung von Rechnersystemen schließen. Gerade die Verlagerung von Funktionalität aus Backendsystemen auf Kleinstrechner vor Ort stellt technologisch, wie aber auch für den Entwicklungsprozess, eine Herausforderung dar.

### 4.2.1 Motivierendes Beispiel: CoBIs

Das CoBIs Projekt war eines der ersten Forschungsprojekte, welches einen dienstbasierten Ansatz zur Verlagerung der Ausführung solcher Dienste in Sensornetze vorsah. Bis zu diesem Zeitpunkt beschäftigte sich ein großer Teil der Forschung bezüglich Applikations- und Dienstebene von Sensornetzwerken mit Problemen der Datenaquisition und -fusion sowie der Nutzung dieser Information innerhalb des Geschäftssystems Kubach et al. [2004].

Hauptanwendungsszenario des CoBIs-Projektes war die Gefahrengutanwendung [Kubach und Decker, 2004], welche innerhalb mehrerer Feldversuche in einem Chemiewerk in Hull, England implementiert wurde (siehe Abbildung 17). Hierzu wurde eine Überwachungsmethodik, welche innerhalb des SAP *Environment Health and Safety* Systems (SAP EHS) implementiert wird, auf eine ubiquitäre In-Situ-Überwachung durch smarte Chemiefässer in die physikalische Realität abgebildet. Das Ubiquitäre System stellte hierzu Dienste bereit, welche abhängig von geltenden Vorschriften und betroffenen Lagergütern ein Überwachungs- und Warnsystem implementieren. Ziel war die vorschriftskonforme gemeinsame Lagerung von reaktionsfähigen sowie brennbaren Chemikalien unter Berücksichtigung der Umgebung. Die hierzu benötigte Logik wurde auf "'intelligenten"' Chemiefässer implementiert.

Ein Beispiel hierfür ist ein Dienst, welcher die Lagersituation von Chemikalien überwacht. So hängt die Ordnungsmäßigkeit im Sinne der Gefahrstoffverordnung (bzw. das *Globally Harmonized*

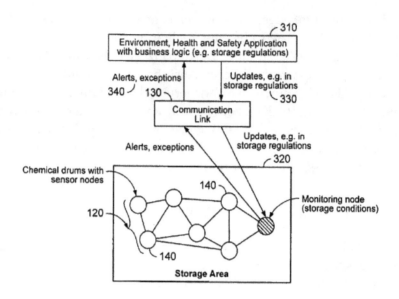

**Abbildung 16:** Gefahrengut als Collaborative Business Items aus [Kubach und Decker, 2004]

**Abbildung 17:** Feldversuch mit „intelligenten" Chemiecontainern bei BP in Hull

*System*) beim Gefahrguttransport bzw. bei der Gefahrstofflagerung von vielen sensorisch erfassbaren Faktoren ab. So kann z. B. die Überschreitung von Temperaturwerten über eine definierte Zeit erkannt und gemeldet werden. Ein beispielhafter Dienst umfasst Programmteile wie das Auslesen der Sensorwerte, ihre Filterung, den Vergleich gegen Kenngrößen, die zeitliche Erfassung des Zustandes und die Meldung von Überschreitungen. Viele dieser Teile lassen sich dabei problemlos auf einer intelligenten Sensorplattform abbilden und so entsprechend als Ubiquitäres System ausführen.

Kern der Verteilungsstrategie der ursprünglichen CoBIs-Middleware war die Dekomposition solcher Dienste und das Ersetzen durch Sensornetzwerkdienste. Hierzu stellt der Entwickler CoBiL-Dienstbeschreibungen bereit, die sowohl Dienst als auch potenzielle Ausführungsplattformen (stationäre und mobile Sensor-knoten und eingebettete Systeme als auch Backend-Server) anhand erweiterbarer Leistungsparameter und Beschränkungen beschreiben. Die CoBIs-Architektur sieht dazu eine Mapper-Komponente vor, welche Dienste auf Plattformen verteilt und dabei die Randbedin-gungen der unterliegenden Plattformen berücksichtigt [Chaves et al., 2006]. Praktisch stellt sich heraus, dass diese Möglichkeit oft deshalb nicht optimale Ergebnisse liefern kann, weil die Zahl der Freiheitsgrade nicht groß genug ist. Es waren demnach meist einfach nicht ausreichend viele unterschiedliche Implementierungen für verschiedene Plattformen vorhanden, um einen Dienst in mehr als einer Weise zu ersetzen.

## 4.2.2 Problemstellung

Für Dienste auf Smart-Items bewahrheitet sich die Feststellung von Banavar und Bernstein [2002]:

> Building reusable services will also be different for ubi-quitous environments. Not only will services encapsulate business logic and data but also "information interfaces" to physical artifacts, such as sensors and actuators.

Eine klare Abgrenzung zwischen Datenquellen und Berechnungen ist hier, wie beschrieben, nicht mehr gegeben. Gekoppelt mit dem Problem der effizienten lokalen Ausführbarkeit ergibt sich ein immenser Entwurfsraum, in dem sich immer nur im konkreten Anwendungsfall eine optimale Lösung finden lässt. Für die Frage, inwieweit eine Verarbeitung im Sensornetzwerk „Sinn macht", sind also nicht allgemeine Entwurfskriterien der Modularisierung entscheidend, sondern vielmehr die konkrete Verfügbarkeit und Ausnutzung von Ressourcen, welche der Entwickler nicht voraussehen kann.

Versucht man nun, ohne das Wissen über die verschiedenen Plattformen ein System zu entwerfen, so stellt man fest, dass statische Modularisierungsansätze hier versagen. Sie fordern entweder zu einem frühen Zeitpunkt informierte Entscheidungen oder arbeiten von vorneherein entweder auf zu feiner oder auch grobgranularer Ebene und können so nicht effizient auf der Hardware ausgeführt werden.

Da eine manuelle Modularisierung nicht möglich ist, muss das Domänenwissen des Entwicklers über die Verteilung und Adaption des Systems erfasst und der Prozess automatisiert werden. Dieses Wissen kann genutzt werden, logisch modularisierte Dienste weiter ressourcengewahr zu zerteilen.

Die *Implicit Middleware* ist also nicht als Ersatz für dienst- oder komponentenbasierte Systeme zu verstehen. Vielmehr versucht sie Dienste oder Komponenten unterhalb der Dienstebene zwischen im Feld befindlichen eingebetteten vernetzen Systemen mit starken Ressourcenbeschränkungen und Gateway sowie Frontend-Systemen, wie sie auch im Kontext von Geschäftssystemen momentan nicht wegzudenken sind, zu verteilen. So ermöglicht sie einen post-hoc Entwicklungsprozess, der sich nahtlos in einen bestehenden Entwicklungsprozess einfügt.

### 4.2.3 Implizite Middleware

Die *Implicit Middleware* ist, wie bereits einleitend angeführt, durch Anbindung von sogenannten Smart-Items an eine dienstorientierte Infrastruktur bzw. der Abbildung von Teilen des Geschäftssystems auf Smart-Items motiviert. Will man eine solche Verlagerung ausführen, so muss die Applikation unabhängig von der Ausführungsplattform sein bzw. gemacht werden. Anstatt Middleware explizit in dieses

Modell programmatisch zu integrieren, wie dies in der Middleware-Definition von Bernstein [1996] skizziert ist, ist die Idee der *Implicit Middleware* die Middleware nachträglich, dort wo sie benötigt wird, automatisiert zu erstellen.

Generell führt jede Middleware eine Abstraktionsschicht ein, welche sich jedoch aus Modellierungssicht auf gleicher Ebene (Instanzebene) wie der ausgeführte Code befindet. Im Sinne des MDSD ist Middleware eine Plattform. Die *Implicit Middleware* betrachtet Verteilung und Plattformbindung als einen Aspekt der Applikation, der nicht durch die eigentliche Dienstimplementierung vorgegeben wird. Die Verteilung wird als separater Aspekt betrachtet, welcher später mit der Dienstimplementierung zu einem lauffähigen System verwoben wird. Zur Entwicklungszeit wird aus Sicht der Implementierung eine verteilte Ausführung impliziert und erst unter Einbeziehung von Domänen- und Laufzeitinformation zur Ausführungszeit über Middleware explizit gemacht wird. Zur Entwicklungszeit muss nicht klar sein, welcher Teil als Serveranwendung, welcher Teil im Webbrowser, und welcher Teil als eingebettetes Programm auf einem *Smart Object* läuft. Und noch viel wichtiger: Im Vorhinein müssen keine optimal verteilbaren Module definiert werden.

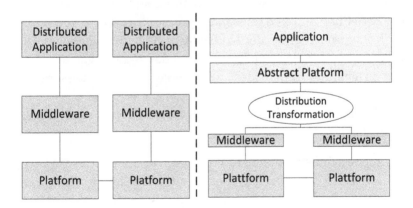

**Abbildung 18:** Klassische Middleware nach Bernstein [1996] im Vergleich zu *Implicit Middleware* (rechts)

Während die Verschiebbarkeit von Code eine wichtige Voraussetzung ist, ergibt sich die Nichtverschiebbarkeit aus der Implementierung. So ist eine SensorAPI über native Schnittstellen klar an den unterliegenden Sensor gebunden und kann nicht verteilt werden. Genauso braucht eine Benutzerschnittstelle Anzeige- und Eingabemöglichkeiten. Weitere nicht verschiebbare Klassen werden darauf aufbauend induktiv definiert, um die korrekte Ausführung im Sinne der ursprünglichen Programmsemantik gewährleisten zu können. Die eigentliche Aggregation und Vorverarbeitung von Daten, sowie bedingte Entscheidungen sind nicht unbedingt an eine Ausführungseinheit gekoppelt. Dienste, die funktionale Schnittstellen logisch gruppieren, sind also in sich nicht atomar und können verteilt werden. Die optimale Verteilung hängt dabei stark von den Ressourcen der unterliegenden Systeme ab.

Im Folgenden wird ein System zur nachträglichen Zerteilung von Komponenten vorgestellt. Die als Bytecode vorliegende bestehende Java-Anwendung wird auf Klassenbasis verteilt. Bei der Verteilung eines monolithischen Dienstes werden bewegte Klassen automatisch durch lokale Stellvertreter ersetzt. Hierzu wird Bytecode als Modell mit explizitem Meta-Modell interpretiert, welches transformiert wird. Auf der Basis von automatisch erstellten Ausführungsmetriken und einem Modell der aktuellen Systemlandschaft wird dazu eine optimale Zerteilung für eine Anwendung berechnet. Diese soll zum Beispiel Kommunikations- oder Laufzeitaspekte berücksichtigen. Auf Basis dieser sogenannten Allokation wird das System vor der Ausführung zerteilt und gemäß dem Verteilungsplan automatisiert ausgebracht.

Abbildung 19 gibt einen schematischen Überblick über das Vorgehen der *Implicit Middleware*:

1. zuerst wird eine optimale Verteilung des monolithische Dienstes anhand prognostizierter Kosten auf Basis des aktuellen Systemzustands und eines Ausführungsprofils berechnet,

2. dann werden auf Basis dieser Verteilung Middlewareschnittstellen generiert und das Programm auf das verteilte Ubiquitäre System ausgebracht.

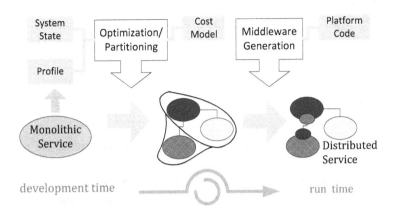

**Abbildung 19:** Schematisches Vorgehen der *Implicit Middleware*

Die Transformationen sind vollständig in eine Laufzeitumgebung integriert und laufen automatisch ab, sodass ausgehend von einem Dienst neue verteilte Implementierungen generiert werden können, sobald sich entweder Ausführungsprofil oder Systemzustand ändern.

Im Gegensatz zu anderen Bytecode-Partitionierungssystemen wie jOrchestra [Tilevich und Smaragdakis, 2009] setzt die *Implicit Middleware* möglichst größere Teile der Plattformadaption innerhalb der Codegenerierung um und ist daher auf sehr ressourcenbeschränkten Systemen lauffähig. So greift jOrchestra auch auf relativ schwergewichtige Java-Fernaufrufe (Java RMI) zurück, was eine Ausführung auf ressourcenbeschränkten Systemen momentan unmöglich macht. Ein System zur Applikationspartitionierung, das speziell für Sensorknoten entwickelt wurde, findet sich in [Iwasaki und Kawaguchi, 2007]. Es basiert auf nachrichtenbasierten Schnittstellen, welche speziell über den NesC Übersetzer von TinyOS bereitgestellt werden und ist daher nicht zur Zerteilung existierender Dienste geeignet.

Im Gegensatz zu klassischen Middleware-Systemen zerteilt eine *Implicit Middleware* die Anwendung erst nach der Entwicklung und kurz vor der Ausführung. Sie ermöglicht sogar eine vollständige Übersetzung des Programms ohne das Vorhandensein von Informationen über das Zielsystem. Informationen über das Zielsystem werden erst explizit kurz vor der Verteilung/Ausführung (just-in-time) in den Entwicklungsprozess eingebracht und ermöglichen das automatische Optimieren der Verteilung.

*Rahmenbedingungen und Eingliederung in die SAP Smart-Items Infrastructure*

Die initiale CoBIs-Architektur ist eine dienstorientierte Komponentenarchitektur. Die CoBIs-Architektur ist in verschiedenen Entwicklungsstufen in [Riedel et al., 2007b; Marin-Perianu et al., 2007; Chaves et al., 2006; Riedel et al., 2007a] beschrieben. Die in diesem Kapitel dargestellte Domänenarchitektur richtet sich nach diesen äußeren Vorgaben. Schnittstellen sind hier die genutzten Quellmodelle und die entsprechenden generierten Laufzeitartefakte.

Diese Geschäftslogik (siehe Abbildung 20) wird ausgehend von einem SAP Web Application Server (AS) ausgeführt. Für Smart-Item Dienste ist ein spezielles Repository und Service Lifecycle Management vorgesehen. Das Service Repository beinhaltet verschiedene Implementierungen gleicher Dienste, welche auf verschiedenen Smart-Items (Grundplattform mit spezifischen Basisdiensten) lauffähig sind und über das Service Lifecycle Management ausgebracht und überwacht werden. Zusätzlich enthält das Repository Dienstbeschreibungen in der CoBIL Sprache, die den Ressourcenbedarf und die funktionellen und nichtfunktionellen Schnittstellen der Dienstimplementierung beschreibt.

Weiterhin enthält die Smart-Item Infrastruktur einen System-State-Manager, welcher den aktuellen Systemzustand, die verfügbaren Knoten, die verteilten Dienste als auch Tracing-Informationen liefert. Fragt Service Mapper eine Verteilung von Geschäftslogik durch SI Dienste an, so führt der Device Manager diese durch die Verteilung von Diensten auf Plattformen aus.

Diese Verteilungsfrage optimiert und automatisiert zu lösen ist zentrales Element der CoBIs-Architektur, bzw. der SAP Smart-Item-Infrastructure. Die *Implicit Middleware* setzt an dieser Stelle an und ergänzt eine zusätzliche Komponente, welche konzeptionell zwischen Laufzeitsystem und manuellem Entwicklungsprozess liegt.

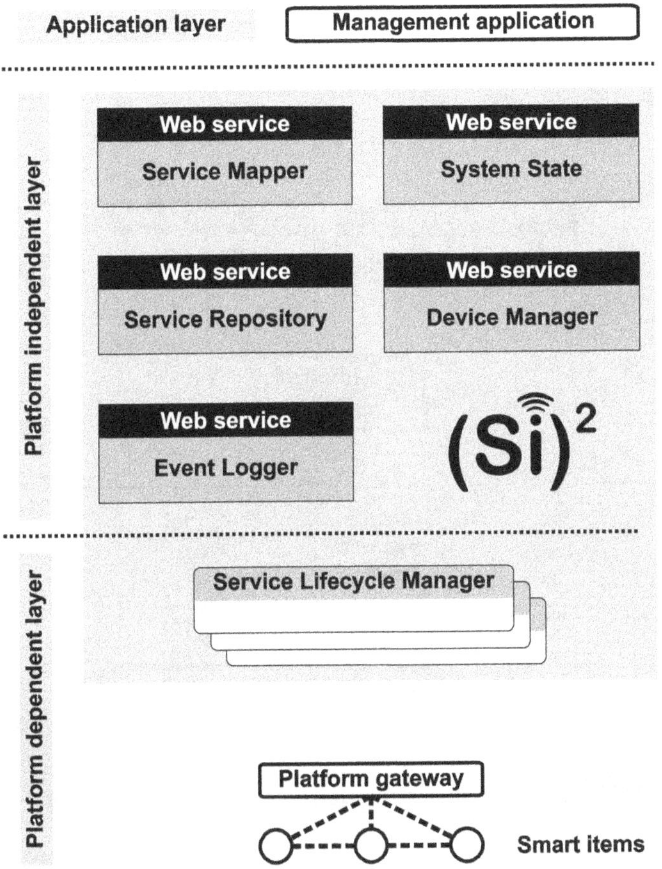

**Abbildung 20:** Die SAP Smart Item Infrastructure [Chaves et al., 2006]

Sie implementiert dabei insbesondere Teile der Service-Mapper-Komponente und des ursprünglichen Repository neu bzw. reduziert deren Komplexität. Sie nutzt außerdem Komponenten und Modelle des Laufzeitsystems. Aus Sicht der SI-Infrastruktur ist die *Implicit Middleware* eine abstrakte Maschine (Modell-Interpreter).

Abbildung 21 stellt die Einbindung der *Implicit Middleware* in die Smart-Item Infrastructure dar. Konzeptionell interessant ist, dass Teile der Entwicklungsplattform in die Dienstarchitektur integriert werden. Die *Implicit Middleware* ermöglicht so die Transformation der Dienste, anstatt diese in verschiedensten plattformspezifischen Variationen vor-

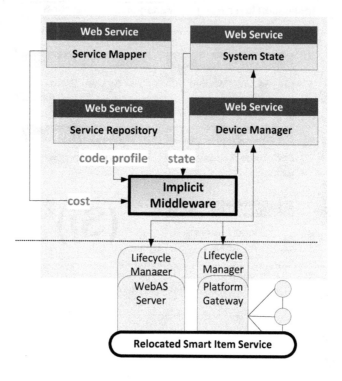

**Abbildung 21:** Integration der *Implicit Middleware* in $SI^2$

zuhalten und dynamisch zu komponieren, wie dies in dem ursprünglichen Repository der Fall war. Die *Implicit Middleware* entkoppelt somit den Plattform- und Deployment-Aspekt von der Dienstimplementierung. Während bei der ursprünglichen CoBIs-Architektur für jede Kombination von Plattformen verschiedenste Dienstabdeckungen vorzuhalten waren, um kompositionelle Dienste verteilt über Plattformen auszuführen, ist bei der *Implicit Middleware* nur ein universelles Binär-Artefakt notwendig, welches auf den Applikationskontext adaptiert wird.

## 4.3 DOMÄNENARCHITEKTUR

Die in Abbildung 22 dargestellte Domänenarchitektur setzt das in Abbildung 19 dargestellte Vorgehen als vollständig automatisierbare MDSD-Domänenarchitektur um. Die Schritte der Optimierung und Verteilung werden im Folgenden einzeln als Modelltransformationen dargestellt, welche über Modelle miteinander interagieren. Die *Implicit Middleware* implementierte eine Domänenarchitektur für eine typische „horizontale"' Domäne [Simos et al., 1996] in Ubiquitären Systemen. *Implicit Middleware* greift hierzu die existierenden Ideen auf und setzt sie in den Kontext einer einheitlichen Domänenarchitektur um.

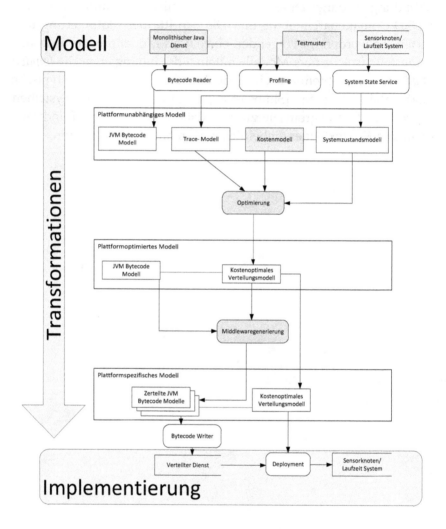

**Abbildung 22:** Domänenarchitektur der *Implicit Middleware*

## 4.3.1 Modelle

Die *Implicit Middleware* kennt in Anlehnung an die OMG MDA verschiedene Modellierungsebenen. Auf oberster Ebene der Domänenarchitektur steht, wie der in Abbildung 23 dargestellte Teil der Domänenarchitektur veranschaulicht, ein plattformunabhängiges Modell. Dieses besteht in Einklang mit der *SAP Smart-Item Infrastructure* aus:

- dem eigentlichen Dienst als Bytecode sowie ein Tracemodel, welche im *Service Repository* hinterlegt wurden,

- dem Kostenmodell nach der die Verteilung auf Anfrage des Service Mapper optimiert verteilt werden soll,

- dem aktuellen Systemzustandsmodell, wie es vom *System State* Dienst erfasst wurde.

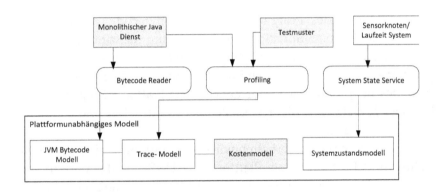

**Abbildung 23**: Plattformunabhängige Quellmodelle

Zusätzlich benötigt man spezifisches Wissen über die Programmausführung:

- Messung eines repräsentativen Programmverhaltens des Bytecodes anhand von hinterlegten Testfällen (Tracemodel),

- ein Modell, welches das Tracemodel anhand von (potenziellen) Kosten in Beziehung zu den Plattformen im System State setzt.

*Bytecode Meta-Model*

Modellgetriebene Entwicklung geht davon aus, dass aus jedem formalen Modell ausführbarer Code generiert werden kann [Stahl et al., 2007]. Dies gilt natürlich insbesondere für primär interpretierbare bzw. ausführbare Modelle wie z. B. Bytecode für eine Virtuelle Maschine. Solche Artefakte erhalten im Falle des Java-Bytecodes aufgrund der Notwendigkeit des dynamischen Linkens des Zielprogramms noch immer einen großen Teil an strukturellen Informationen. Die Idee Bytecode als Modelle der MDA wird auch von Puder et al. [2008] im Kontext der XMLVM beschrieben. Die *Implicit Middleware* implementiert hierzu erstmals ein vollständig OMG-konformes Meta-Modell für Java-Bytecode, welches auf Syntax und Semantik von Gosling et al. [1996]) aufbaut und implementiert einen Workflow zur Manipulation von Bytecode innerhalb des Eclipse Modelling Frameworks.

*Einbindung des Tracemodels*

Da das Modell des Programms, also der Bytecode, ausführbar ist, können durch eine Simulation der Ausführung relevante dynamische Parameter extrahiert werden. Zur Modellierung des erwarteten Programmverhaltens setzt die *Implicit Middleware* auf Werkzeuge und Modelle des Eclipse Test & Performance Tools Plattorm Project auf, welche über gemeinsame Meta-Modelle nahtlos integriert sind [Schneider und Toomey, 2006].

Um das *Tracemodel* zu erhalten wird das Programm mittels der Eclipse Test und Profiling Tools Plattform (TPTP,[Schneider und Toomey, 2006]) auf Basis einer Testbeschreibung simuliert. Eine Simulation des Java Bytecode liefert uns folgende Parameter:

- Anzahl der Kommunikationen zwischen Klassen (Methodenaufrufe),

- Größe der übertragenen Objekte (Aufrufparameter)

- und Berechnungsaufwand innerhalb von Klassen (Ausführungszeit einzelner Methodenaufrufe).

Die große Herausforderung dabei ist die Repräsentativität des Tracemodel. Hierzu ist es notwendig, dass entweder das System schon produktiv eingesetzt wurde und Profiling-Daten verfügbar sind, oder es müssen künstlich Interaktionen mit dem Programm simuliert werden. Die Repräsentativität des Tracemodel wird hier als gegeben angenommen. Durch die vollständige Automatisierung kann eine repräsentative Ausführung jedoch auch in mehreren Iterationen angenähert werden. Für die Erstellung des initialen Traces wird das Ausgangsprogramm unter Simulation der sensorischen Eingänge auf einer Referenzarchitektur simuliert. Ziel der Simulation ist, die Kommunikation und den Rechenaufwand bezüglich Programmteilen zu bemaßen, der durch den wiederholten Aufruf verschiedener Methoden entsteht. Das Tracemodel kann also automatisch auf Basis des Applikationsmodells, also des Bytecodes, erstellt werden.

*Kostenmodell und Maschinenmodell*

Um die Verteilung einer Applikation auf ein gegebenes Ubiquitäres System optimieren zu können, muss eine Metrik für die Kosten einer Verteilung festgelegt werden. Diese soll die zur Laufzeit entstehenden Kosten unter der Annahme einer konkreten Instanziierung des Systems abbilden.

Das Kostenmodell setzt den aktuellen Systemzustand, welcher von der System-State-Komponente ermittelt wird, mit den Kosten der Ausführung auf einer Plattform in Verbindung. Die *System State*-Komponente erzeugt in unserem Fall direkt ein Modell, welches für jedes von der Applikation nutzbare Gerät und für jede mögliche Netzwerkverbindung zwischen den Geräten leistungs- und ressourcenrelevante Daten liefert.

Es ist klar, dass es sich dabei nur um eine Schätzung handeln kann, da die Kosten für die Ausführung eines Programms im Allgemeinfall nicht berechenbar sind. Das Kostenmodell verknüpft Kostenfunktionen, welche verschiedene Aspekte des Tracemodels abhängig von der Plattform auf Kosten abbilden. Für das Kostenmodell der *Implicit Middleware* wird angenommen, dass die Kosten kompositionell sind. Das heißt, sie lassen sich auf Einzelkosten abbilden, welche entweder durch die Ausführung von Programmteilen (hier Klassen) auf einer Plattform oder durch Kommunikation von Programmteilen (hier Methodenaufrufe) untereinander entstehen und ebenfalls abhängig von der Verteilung der kommunizierenden Teile sind.

Kosten werden jeweils auf Basis des Profiling-Modells dargestellt. Das Kostenmodell lässt sich dazu in drei Teile unterteilen:

- plattformabhängige Kosten für die Ausführung von Klassen,

- Kosten für den Aufruf einer Methode zwischen zwei Plattformen,

- einer globalen Kostenfunktion, welche die Teile in Verbindung bringt.

*Verteilungsmodell*

Ziel des Optimierungsschrittes der *Implicit Middleware* ist ein plattformoptimiertes Modell. Plattformoptimiert soll ausdrücken, dass das Modell für die verfügbaren Plattformen eine optimierte Verteilung enthält, jedoch noch keine plattformspezifische Umsetzung. Das Verteilungsmodell, was auf dieser Modellebene hinzukommt, ist ein einfaches Verknüpfungsmodell zwischen Plattformen und der Codestruktur (d. h. hier der Klassen) des plattformunabhängigen Ausgangsmodells. Das Code-Modell bleibt in diesem Schritt unverändert.

Der Codegenerierungsschritt der Domänenarchitektur transformiert nun das Code–Modell anhand des Verteilungsmodells. Dabei wird vereinfachend davon ausgegangen, dass auch das plattformspezifische Code-Modell auf der JVM Spezifikation beruht. Das plattformspezifische Code-Modell wurde so verändert, dass für jedes Teilprogramm eine Kommunikation von der Zielplattform mit anderen Teilprogrammen gemäß dem Verteilungsmodell möglich ist. Aus dem plattformspezifischen Modell kann so über Codegenerierung eine beliebige Menge an Teilprogrammen erstellt werden, welche auf den durch das Verteilungsmodell vorgegebenen Plattformen ausgeführt werden können. Auch das Verteilungsmodell ist ein Ausgabeartefakt der Domänenarchitektur und kann vom *Device Manager* konsumiert werden, um die Verteilung der Programmteile auf die Plattformen zu veranlassen.

Die Modelle werden über entweder gegebene (TPTP), über Spezifikationen definierte (Java Bytecode) oder neu zu erstellende

Meta-Modelle (Verteilungs-Modelle) beschrieben, welche eine typisierte Transformation der Teile ermöglichen. Innerhalb der *Implicit Middleware* reicht hier teilweise eine abstrakte Syntax bzw. die Darstellung in textueller XMI-Syntax aus.

## 4.3.2 Transformationen

Wie Abbildung 24 veranschaulicht, werden im nächsten Schritt der Domänenarchitektur die Quellmodelle als Eingabe für einen automatisierten Optimierungsschritt genutzt. Ziel ist es, abhängig vom aktuellen Systemzustand des Tracemodels und Kostenmodells ein optimales Verteilungsmodell zu ermitteln.

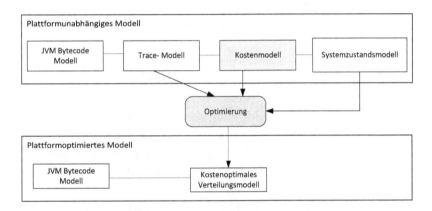

**Abbildung 24:** Optimierungsschritt von plattformunabhängigen zu plattformoptimierten Modellen

*Homomorphe Mathematische Modelloptimierung*

Ein Beispiel für eine architekturzentrische MDSD, welches gekoppelte Transformationen nutzt, um Performanzvorhersagen parallel zur Erstellung eines Komponentensystems zu ermöglichen, ist das Paladio Rahmenwerk [Becker et al., 2009]. In diesen Systemen spielt die Analyse der Performanz eine wichtige Rolle, um den Entwickler konstruktiv bei der Wahl der Abbildung zu unterstützen. In Ubiquitären

System mit stark veränderlichen Parametern, die der Entwickler nicht antizipieren kann, muss die Entwurfsentscheidung automatisiert werden, das heißt, das System muss diese autonom umsetzen und die Ausführung kontextgewahr optimieren.

Diese Überlegung führt zu der Notwendigkeit optimierender Modelltransformationen. Modelltransformation im Sinne der MDSD können typischerweise auf Graphtransformationen zurückgeführt werden [Amelunxen et al., 2006; Rensink und Nederpel, 2008]. Die Transformation für den Verteilungsschritt der *Implicit Middleware* geht über eine einfache Graphtransformation hinaus und optimiert die Transformation gemäß einer gegebenen globalen Kostenfunktion. So wird durch eine Modelltransformation die Klassenstruktur des Programms nicht nur valide auf eine Systemlandschaft aufgeteilt, sondern dies geschieht auch optimal gemäß des vorgegebenen Kostenmodells. Aus konkurrierenden validen Transformationen wird eine bestmögliche ausgewählt.

Ein Ansatzpunkt zur Einführung quantitativer Parameter in Transformationssprachen ist die Integration von Constraint Ausdrücken in Transformationssprachen [Petter et al., 2009]. Mit QVTR2 existiert auch [Drago et al., 2010] die Möglichkeit, QVTR Transformationen mit beliebigen Kostenfunktionen zu belegen, was jedoch zu einer hohen Laufzeit der Transformation führt. Statt eine allgemeine Erweiterung einer Transformationssprache anzustreben, geht die *Implicit Middleware* einen alternativen Weg, welcher die mathematische Optimierung und die Transformation explizit koppelt. Der hier vorgestellte Ansatz ähnelt damit dem Ansatz von White et al. [2009], welcher die aspektorientierte Modellverwebung über Constrained Satisfaction Probleme steuert.

Da die Transformation im Kern äquivalent zu dem unterliegenden mathematischen Optimierungsproblem ist, lässt sich die Optimierung als Homomorphismus darstellen (siehe kommutatives Diagramm in Abbildung 25). Betrachtet man die Menge aller Modelle $m$ gemäß eines Meta-Modells $M$ und die Transformation $t$, dann lässt sich ein Homomorphismus $\varphi$ des Modells auf eine mathematische Darstellung

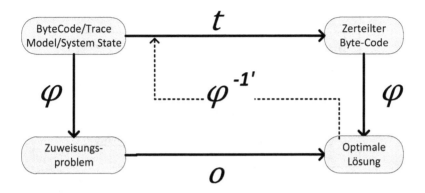

**Abbildung 25:** Kommutatives Diagramm einer optimierenden Transformation als Homomorphismus zu einer mathematischen Optimierung

$M'$ definieren und eine zur Transformation homomorphe Optimierungsfunktion $o$ formulieren, sodass:

$$o(\varphi(m)) = \varphi(t(m))$$

.

Der Homomorphismus $\varphi$ projiziert bzw. abstrahiert das Problem auf die für die optimale Verteilung relevanten Probleme. Bei der Modellierung und Lösung des abstrakten mathematischen Problems kann auf eine Vielzahl von bekannten Ansätzen zurückgegriffen werden [Schichl, 2004]. So kann ein mathematischer Modellierungsprozess (siehe Abbildung 26) in die modellgetriebene Softwareentwicklung integriert werden.

Da es der Zweck des Homomorphismus $\varphi$ ist, das Modell auf für die Optimierung relevante Aspekte zu abstrahieren und dazu notwendigerweise konkrete Informationen aus $m$ verworfen werden, ist $\varphi$ kein Isomorphismus, also $\varphi^{-1}$ nicht eindeutig bestimmbar. Da die mathematische Optimierung jedoch strukturerhaltend ist, ist es in der Praxis einfach ein valides

$$t(m) = \varphi^{-1}(o(\varphi(m)))$$

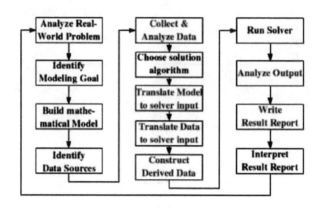

**Abbildung 26:** Detaillierter mathematischer Modellierungprozess nach [Schichl, 2004]

auf Basis einer bekannten Lösung zu definieren. Die Idee besteht darin, dass unter Kenntnis der Lösung $o(\varphi(m_0)$ die Transformation so beschränkt wird, dass sie nicht mehr eine beliebige Verteilung liefert, sondern genau die, welche gemäß $\varphi$ der Lösung entspricht. Es muss also $t(m)$ über $o(\varphi(m))$ bestimmt bzw. eingeschränkt werden.

Hierzu lässt sich eine Transformationsschablone $t'$ bestimmen, sodass

$$t(m) = t'(\varphi'^{-1}(o(\varphi(m))))(m)$$

Umgekehrt formuliert wird die Transformation dynamisch über die Lösung der Optimierung gesteuert.

*Coderewriting als Modelltransformation*

Die Middlewaregenerierung und und das Umschreiben der Java-Klassen wird innerhalb des nächsten Schritts der Domänenarchitektur umgesetzt, wie Abbildung 27 zeigt. Mittels Modelltransformationen wird der Bytecode als Ausgangsmodell anhand des Verteilungsmodells in ein verteiltes Programm transformiert. Hierzu werden bedarfsgerecht Middlewareschnittstellen eingebaut.

Da Java Programme von der Java Virtual Maschine (JVM) ausführbare Instanzmodelle sind, welche eine Abstraktion von der Ausfüh-

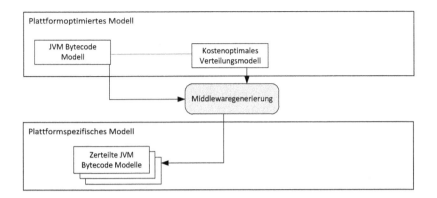

**Abbildung 27**: Middlewaregenerierung mittels Coderewriting-Transformation

rungsplattform, also vom Bytecode, erlauben, so ist, wie Puder et al. [2008] feststellt, der Bytecode ein plattformspezifisches Model.

Die *Implicit Middleware* verfolgt dieses Konzept konsequent. Die Darstellung ermöglicht Java-Bytecode als Instanz eines MOF-Meta-Modells zu behandeln und darauf aufbauend eine nahtlose Implementierung von Bytecode-Transformationen als Modelltransformationen innerhalb eines generischen Rahmenwerks wie dem EMF. Zur Adaption des Bytecodes baut die *Implicit Middleware* auf existierenden Plattformen wie dem ASM-Framework [Kuleshov, 2007] auf.

Durch die Integration des Zerteilens, der Profilanalyse, des Optimierungsschrittes und der Bytecode-Transformation wird prinzipiell ein vollständiger optimierender Übersetzer für eine Hochsprache als EMF-Werkzeugkette implementiert. Dies entspricht weitestgehend einer Abbildung von Hochsprachenübersetzungsschritten auf MDSD Werkzeuge, wie es auch von Floch et al. [2011] motiviert wird. Diese Verlagerung von klassischen Übersetzertechniken in den aktiven Entwicklungsprozess, bzw. die Abstraktion von der Implementierung auf eine Codegenerierungsebene, ermöglicht die aktive Umsetzung effizienter plattformnaher Implementierungen.

### 4.3.3 Plattform

Die Codegenerierung nimmt an, dass die Laufzeitmiddleware die Semantik des eigentlichen Aufrufes des Quellmodells, gemäß der *Java Virtual Machine Specification* erhält. Hierzu werden die auf der Quellplattform möglichen Kommunikations- und Ausführungsmechanismen genutzt. Für die Übertragung nebenläufiger Programme auf nichtunterbrechbare Virtuelle Maschinen wie die Particle Virtual Machine, wird eine zusätzliche statische Programmanalyse benötigt, die notwendig parallelisierbare Methoden markiert und die Verteilung entsprechend einschränkt. Die Speicherkonsistenz wird durch eine prinzipielle Einschränkung der Verteilung auf Klassenebene, durch eine klare Speicherpartitionierung und einer Gemeinsamverteilung von Unter- und Oberklassen proaktiv garantiert.

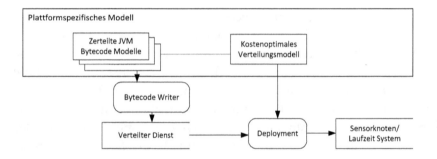

**Abbildung 28:** Abbildung des Verteilten Programms auf die Sensorknotenplattform

Abbildung 28 zeigt den letzten Schritt der Domänenarchitektur: die Abbildung auf die Zielplattform. Hierzu wird der Dienst als eine Menge von Bytecode-Artefakten dekomponiert. Neben dem Laufzeitsystem (also der VM auf dem einzelnen Knoten) greift die *Implicit Middleware* zur Verteilung dieser Teildienste und Überwachung der Ausführung auf die Smart Item Infrastruktur zurück (siehe auch Abbildung 21 auf Seite 74).

## 4.3.4 Auflösung von Entwicklungsabhängigkeiten

Durch die Formalisierung innerhalb der modellgetriebenen Vorgehensweise wird die Strukturierung des Entwicklungsprozesses ermöglicht. Durch die vollständig automatisierte Transformation des Ausgangsprogramms auf Basis einer Optimierung lässt sich das Problem der Verteilung von der Applikationsentwicklung trennen. Dies ist für den gegebenen Anwendungsfall von großer Bedeutung.

Während die Applikationslogik zur Entwicklungszeit klar spezifiziert werden kann, so kann das konkrete unterliegende Netzwerk oder Hardwaresystem im Feld oft nicht vorgegeben werden. Somit kann auch die optimale Verteilung der Funktionalität durch den Entwickler nicht bestimmt werden. Ein klassischer auf (nicht-ausführbaren) Spezifikationen beruhender Entwicklungsprozess wie er oben auf Seite 88 in Abbildung 29 anhand der beitragenden Rollen und Kommunikationsschnittstellen gegeben ist, muss gerade für Ubiquitäre Systeme extrem viel heterogenes Wissen sammeln, welches letztendlich in die Softwareimplementierung einfließt. Der Entwickler einer einfachen Überwachungsfunktionalität muss so Wissen über das eingebettete System, die Netzwerke und die Nutzungsmuster in die Entwicklung einfließen lassen.

In der Praxis führt das dazu, dass Teile, welche auf Sensorknoten ausgeführt werden, getrennt von logisch zusammengehörigen Teilen, welche in Geschäftssystemen laufen, entworfen werden. So muss auch die Implementierung der Applikationslogik zwischen mehreren Entwicklerrollen verteilt werden, wie es auch im CoBIs Projekt vonnöten war. Dies führt im besten Fall zu einem immensen Kommunikationsaufwand und der Notwendigkeit der (menschenverständlichen) Dokumentation von funktionalen und nicht-funktionalen Schnittstellen von Hardware und Software (siehe Abbildung 29) und im schlechtesten Fall zu einer nicht auf die Umgebung abgestimmten Implementierung. In der Praxis führen klar definierte und kontinuierlich verbesserte Schnittstellen zu einer Mischung von beidem.

Mithilfe der MDSD kann stattdessen das Wissen, das benötigt wird, um aus einer Spezifikation ausführbaren Code zu erstellen, in dem Sinne formalisiert werden, dass das Wissen ausführbar wird. Dies hat zwei entscheidende Vorteile. Zum einen muss das Wissen, nicht

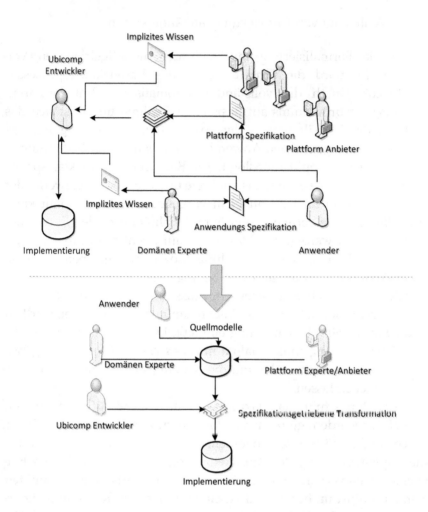

**Abbildung 29:** Auflösung der Abhängigkeiten zwischen verschiedenen Entwicklungsperspektiven durch Formalisierung des Wissens

gleichzeitig vorliegen. Bzw. es kann in Iterationen die Implementierung abgestimmt werden (falls sich wie bei der *Implicit Middleware* die Problemfelder klar trennen lassen). Zum anderen kann sich die kommunizierte Spezifikation einzelner Teilsysteme präzise auf die Teile beziehen, welche auch Einfluss auf die Freiheitsgrade der Implementierung und Ausführung haben.

Um die in Abbildung 29 dargestellten Abhängigkeiten zwischen den verschiedenen in der Entwicklung von SI Systemen beteiligten Rollen (und somit die Kosten) gering zu halten, war es insbesondere notwendig, die Softwareentwicklung von der Hardwareentwicklung zu trennen. Will man weder eine manuelle Anpassung noch manuelle Eingriffe im Falle einer Veränderung eines Teiles, so ist es wichtig, den Schritt soweit zu modularisieren, dass es zu keinen Veränderungen im jeweils nicht betroffenen Teil kommen kann. Da jedoch die Verteilung von Software ein komplexes Optimierungsproblem darstellt, das nur in der Interaktion beider Seiten zu lösen ist, kann die Modularisierung wie zuvor motiviert effizienter auf höheren Modellebenen geschehen.

Es wird daher zwischen dem Programmmodell, welches von Softwareentwicklern erstellt wird, und dem Kostenmodell, welchen vom Sensor Netzwerk Experten erstellt wird, unterschieden. Beide sollten optimalerweise so weit getrennt werden, dass sie jeweils keine Annahmen über die Ausprägungen des jeweils anderen Modells machen. Da es deutlich weniger Experten auf dem Gebiet von Smart-Item Hardware als im Bereich der für Smart-Items relevanten Anwendungsfelder gibt, ist es wichtig, dieses Wissen über effiziente Verlagerung möglichst breit nutzbar zu machen. Dienstleister im Bereich Sensornetzwerke werden vor allem vor Ort benötigt, wenn Hardware bereitgestellt wird bzw. wenn sich die Systemlandschaft verändert. Im laufenden Betrieb sollten sie dann nicht mehr benötigt werden. Das der *Implicit Middleware* zugrunde liegende modellgetriebene Vorgehen führt dazu, dass die Generierung der eigentlichen Implementierung, wie dies der untere Teil von Abbildung 29 darstellt, entkoppelt und bis kurz vor ihrer Ausführung verzögert werden kann. Das heißt implizit auch, dass Wissen, welches erst zur Laufzeit durch die Selbstgewahrheit des Systems z. B. durch Monitoring vorliegt, noch in die Implementierung einfließen kann.

Da bei hochoptimierten Systemen (wie im CoBIs Anwendungsfall) davon ausgegangen werden muss, dass im Falle einer Veränderung des Zielsystems eine ausgewählte Allokation von Funktionalität suboptimal im Sinne der Kostenfunktion ist, ist es wichtig den Optimierungs- wie den Verteilungsschritt vollkommen zu automatisieren und zu einer beliebigen Zeit (wieder-)ausführbar zu halten. Im Gegensatz zu Laufzeitoptimierungen bietet generative Programmierung eine frühe Bindung des Modells auf die Plattform und führt zu einem effizienteren Code zur Laufzeit [Czarnecki und Eisenecker, 2000]. Im Fall der *Implicit Middleware* ist durch die vollständige Automatisierung des Prozesses im Vergleich zu anderen Softwareprozessen zusätzlich eine maximal späte Bindung und damit eine maximale Adaption auf ein zeitveränderliches System möglich.

## 4.4 FORMALE MODELLIERUNG

Ein wichtiger Faktor der MDSD ist die Definition und Nutzung problemorientierter, d. h. domänenspezifischer Sprachen und Modelle. Die Chance liegt in der Abstraktion des Problems und seiner effizienten Lösung auf Modellebene.

Die Domänenarchitektur ermöglicht es, Teilprobleme als separate Domäne abzukoppeln. Das Verteilungsproblem der *Implicit Middleware* ist eine solche Teildomäne, welche formal modelliert werden kann. Dieser Abschnitt entwickelt die formale Darstellung des Verteilungsproblems der *Implicit Middleware* als Optimierungsproblem. Gerade im Bereich der mathematischen Optimierungsprobleme kann so auf einen bestehenden „Tower of Models" [Milner, 2006] aufgebaut werden.

Wie einleitend motiviert stellte es für den existierenden Softwareprozess ein qua Definition unlösbares Problem dar, den "richtigen" Entwurf unter Unwissen der Anforderungen zu finden. Entwicklungsprozesse in anderen Ingenieurwissenschaften nutzen an dieser Stelle einen rechnergestützten Entwurf, um Wissen über Entwurfsentscheidungen zu formalisieren und zu einem späteren Zeitpunkt durch Eingabe der Parameter automatisiert umzusetzen.

Ein Beispiel ist das quadratische Zuweisungsproblem (*quadratic assignment problem*, QAP, [Koopmans und Beckmann, 1957]), welches sehr stark mit dem Zuweisungsproblem verwandt ist. $n$ Produktionsstätten sollen auf $n$ Standorte abgebildet werden. Zwischen jeder Produktionsstätte existiert ein definierter Warenfluss und zwischen jedem Standort eine Distanz (siehe Abbildung 30). Ziel ist es, die Produkti-

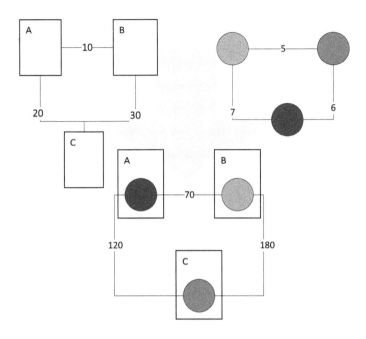

**Abbildung 30**: *Quadratic Assignment Problem*: n Produktionsstätten werden optimal auf n Produktionsstandorte verteilt

onsstätten nun so auf mögliche Standorte zu verteilen, dass die Summe der Produkte von Distanz und Warenfluss global minimiert wird. Alleine in dieser einfachen Form ist dieses kombinatorische Optimierungsproblem NP-hart und schon bei einem relativ kleinen *n* kaum manuell zu lösen.

Das Problem ist wohlverstanden und in der Praxis existieren eine immense Anzahl an immer neuen Lösungsansätzen. Die meisten Ansätze nutzen zur Formulierung Ganzzahlige (ILP) oder Gemischt Ganzzahlige (MILP) Lineare Programme [Loiola et al., 2007]. Betrachtet man also allein die über 100 Artikel, die theoretisch das Thema diskutieren, und die nochmals zahlreicheren Artikel, welche algorithmische Lösungen betrachten, so bekommt man einen Eindruck wie ein „Tower of Models"' für Ubiquitäre Systeme aussehen könnte.

Auch wenn es der Art dieser Arbeit geschuldet ist, dass eine eher mathematische Betrachtung folgt, ist der Ansatz im Kern doch ein ingenieursmäßiger. Auf Basis der mathematischen Modellierung des Problems kann eine spezifische Definition von Kostenfunktion, Randbedingungen und Optimierungsziel erweitert werden. Die folgenden Zusammenhänge wurden praktisch mithilfe der *Zuse Institute Mathematical Programming Language* (ZIMPL) [Koch, 2004] entwickelt. Lesern, welche gerade bei der folgenden etwas umständlichen Herleitung an der Intuitivität der Problemdarstellung zweifeln, sei nahegelegt, im Implementierungsteil folgende dreizeilige Implementierung mittels ZIMPL in Listing 4.6 nachzuschlagen.

Die folgende Implementierung beschreibt den Prozess der formalen Modellbildung des MDSD-Softwareprozesses (siehe Abbildung 13), welcher praktisch durch ein iteratives Prototyping der mathemischen Modelle [Koch et al., 2005; Schichl, 2004] umgesetzt wurde (siehe Abbildung 26).

### 4.4.1  Verteilungsproblem

Allgemeine mathematische Optimierungsprobleme über einen reellwertigen Möglichkeitsraum lassen sich generell in der Form

$$
\begin{aligned}
&\text{minimize}_x && f(x) \\
&\text{subject to} && g_i(x) \le 0, && i = 1, \ldots, m \\
&\wedge && h_i(x) = 0, && i = 1, \ldots, p
\end{aligned}
$$

darstellen. Zentral ist die Definition einer Zielfunktion $f : \mathbb{R}^n \to \mathbb{R}$, welche es über die Variable $x$ zu minimieren gilt. Der Möglichkeitsraum von x kann über zwei Arten von Randbedingungen eingeschränkt werden: Ungleichheiten der Form $g_i(x) \le 0$ und Gleichheiten der Form $h_i(x) = 0$. Lineare Optimierungen sind ein gut lösbarer Spezialfall bei dem $f(x)$ und $g(x)$ lineare Funktionen sind.

$$\begin{aligned} \text{minimize}_x \qquad & c^T x \\ \text{subject to} \qquad & Ax - b \le 0 \\ \wedge \quad & x_i \le 0; \quad i = 1, \dots, m \end{aligned}$$

Bei vielen Problemen, einschließlich der Zuweisungsprobleme, gibt es jedoch die wichtige Einschränkung, dass die Variablen nur (bestimmte) ganzzahlige Werte annehmen. Obwohl lineare Optimierungsprobleme an sich sehr effizient lösbar sind, führt die Einschränkung dazu, dass das Optimierungsproblem im Allgemeinen NP-äquivalent, d. h. im Allgemeinen wahrscheinlich niemals effizient lösbar ist.

Trotzdem existieren für diese Klassen von Optimierungsproblemen, welche einen gut beherrschbaren Spezialfall der konvexen Optimierungsprobleme darstellen, eine ganze Reihe hocheffizienter Lösungsalgorithmen. Gerade für gemischt ganzzahlige Programme (nicht alle Variablen müssen ganzzahlig sein) existieren viele freie wie kommerzielle Problemlöser (*solver*). Obwohl bereits in den 1950er-Jahren erfolgreich eingesetzt, hat sich durch die Erhöhung der Rechenleistung und der Verbesserung der Lösungsverfahren eine Anwendbarkeit auf viele realistische Probleme, z. B. in Produktionsplanung, Logistik und Telekommunikationsnetzen ergeben [Schichl, 2004].

Zur Formulierung des Verteilungsproblems der *Implicit Middleware* wird eine Relation gesucht, welche die Applikation auf den Ausführungskontext valide abbildet, und eine Kostenfunktion, welche die Kosten für eine mögliche Abbildung repräsentiert und die es zu optimieren gilt. Wenn im Folgenden von einer validen Verteilung gesprochen wird, so impliziert dies indirekt, dass diese Verteilung von Java auf Klassenbasis „sinnvoll" technisch möglich ist, was an dieser Stelle jedoch einfach als gegeben angenommen wird.

Nimmt man also die Menge der Klassen der zu optimierenden Applikation $A$
$C_A = \{c_1, \dots, c_n\}$ und die der Plattformen $P_S = \{p_1, \dots, p_n\}$, welche für die Verteilung in einem abstrakten Systemzustand $S$ zur Verfügung stehen, so kann nun eine Funktion

$$m : C_A \rightarrow P_S$$

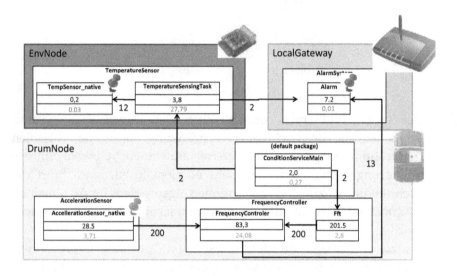

**Abbildung 31:** Beispielhaftes Verteilungsproblem n; Klassen werden optimal auf m Plattformen verteilt

definiert werden, welche jedem Element aus $C_A$ genau ein $P_S$ zuordnet. Die Funktion entspricht einer möglichen Belegung des Systems.

$m$ ist also eine linkstotale, rechtseindeutige Relation, deren charakteristische Funktion

$$\chi_m : C_A \times P_S \to \{0, 1\}$$

genau dann den Wert 1 annimmt, wenn $(c, p) \in m$ bzw. $m(c) = p$. Um die durch die Funktion beschriebene Belegung später als Variable $\mu_{c,p}$ im Optimierungsproblem nutzen zu können, wird die charakteristische Funktion $\chi_m$ punktweise mithilfe von Binärvariablen

$$\bigvee_{c,p \in C_A \times P_S} \chi_m(c, p) = \mu_{c,p}$$

definiert. Die Variable $\mu_{c,p}$ ist also genau dann 1, wenn die Klasse $c$ der Plattform $p$ zugewiesen wird.

Ziel ist es, Werte für $\mu$ zu berechnen, sodass zum einen der Funktionscharakter von $m$ erhalten bleibt (also alle Klassen auf Plattformen abgebildet werden), weitere zu definierende Randbedingungen und

Abhängigkeiten erhalten bleiben und dass die ebenfalls zu definierenden Kosten $||m||$ minimiert werden.

## 4.4.2 Definition kontextueller Randbedingungen

Im Allgemeinen ist demnach nicht jede mögliche Belegung aller $\mu_{c,p}$ eine gültige Belegung gemäß $m$. Notwendig für die korrekte Ausführung eines verteilten Programms auf einer heterogenen Systemumgebung ist die Erfüllung zusätzlicher Randbedingungen. Die wichtigste, wenn auch trivialste Bedingung für eine korrekte Verteilung ist die Verfügbarkeit aller Programmteile. Hierzu muss man fordern, dass alle Klassen je auf mindestens einer Plattform verfügbar sind:

$$\bigvee_{c \in C_A} \sum_{p \in P_S} \mu_{c,p} > 0$$

Dies entspricht der Definition der Funktion $m$. Im Gegensatz zum quadratischen Optimierungsproblem wird nicht die eineindeutige Zuweisung

$$\bigvee_{p \in P_S} \sum_{c \in C_A} \mu_{c,p} = 1$$

gefordert.

Andere Einschränkungen ergeben sich aus der konkreten Problematik der Verteilung von JVM Klassen mithilfe der einfachen Middleware. So ist eine Verteilung einer Klasse unabhängig von der Oberklasse nur möglich, wenn bei einer Manipulation der Klassenvariablen der Oberklasse, von Unterklassen ausgehend, Konsistenz hergestellt werden kann. Da die *Implicit Middleware* diesen Fall nicht adressiert, muss zur Wahrung der Semantik eine gemeinsame Verteilung von Unter- und Oberklasse gemäß der Vererbungsrelation (*super*) gefordert werden (die „Object"-Klasse kann davon ausgenommen werden).

$$\bigvee_{(c_1,c_2) \in (super), p \in P_S} \mu c_1, p = \mu c_2, p)$$

Neben diesen prinzipiellen Randbedingungen gibt es ressourcenabhängige Randbedingungen. Die Gleichartigkeit der Plattformen ist hier nicht gegeben und auch nicht gewollt. Das System besteht aus den verschiedensten Artefakten, welche je nach Objektkontext verschiedene Schnittstellen zur Umgebung haben. Dieser innere wie äußere Zustand ist nicht beliebig replizierbar und durch lokale Sensoren und Aktuatoren definiert. So muss sichergestellt werden, dass solche kontextabhängigen Klassen an der richtigen Stelle ausgeführt werden. Zum Beispiel müssen so auch Benutzerschnittstellen beim Benutzer ausgeführt werden, während Sensortreiber auf dem zu betrachtenden Objekt ausgeführt werden müssen.

Solche festen Bezüge müssen auch formal abgebildet werden können. Hierzu werden zusätzlich einzelne Klassen mittels einer Randbedingung folgender Art eingebunden:

$$\mu_{c_m, p_n} = 1$$

Dadurch wird auf eine einfache Art und Weise der Objektkontext eines Programms oder eines Programmteils abgebildet. Typischerweise sind dies solche Klassen, welche nur auf dem Knoten verfügbare Implementierungen aufweisen. Diese Klassen werden im Gegensatz zur Applikation als "firmware" auf die Knoten aufgebracht (siehe auch [Riedel et al., 2008b]).

Die so formulierten Randbedingungen beschreiben den Möglichkeitsraum für die Verteilungsfunktion und somit für die Verteilung einer Applikation innerhalb des vorgegebenen Modells. Verteilungen von Klassen, die die Bedingungen nicht erfüllen, d. h. außerhalb dieses Raumes liegen, führen zwangsläufig zu einer nichtkorrekten Verteilung. Umgekehrt enthält der Raum alle möglichen korrekten Verteilungen von Klassen auf Plattformen gemäß dem vorgegebenen Verfahren. Weitere Randbedingungen sind möglich und reale Einschränkungen können ohne Schwierigkeit nachmodelliert werden (s. u.).

### 4.4.3 Abbildung dynamischer Kosten

Während alle entsprechend durch die Verteilungsfunktion vorgegebenen Verteilungen gültig sind, so ist es das Ziel der *Implicit Middleware*, eine bestmögliche Verteilung für den aktuellen Systemzustand zu finden und umzusetzen. Hierzu werden jedem Punkt innerhalb des Möglichkeitsraumes Kosten zugewiesen. Eine Funktion wird definiert, welche jede Verteilungsfunktion $m$ auf einen skalaren Wert $||m||$ abbildet.

Ausgehend von der verfügbaren Information des realweltlichen Problems kann formal eine kompositionelle Kostenfunktion abgeleitet werden, welche die verschiedenen Kosten einer Abbildung auf Plattformen darstellt. Zwei Arten von abstrakten Kosten werden definiert:

- Ausführungskosten $c_{\text{exec}} : (C_A \times P_S) \rightarrow \mathbb{R}^+$,
  welche bei der Ausführung einer Klasse auf einer Plattform innerhalb einer gegebenen Applikation entstehen können.

- Kommunikationskosten $c_{\text{link}} : (C_A \times C_A \times P_S \times P_S) \rightarrow \mathbb{R}^+$,
  welche bei der Kommunikation einer Klasse auf einer Plattform zu einer Klasse auf einer anderen Plattform innerhalb einer gegebenen Applikation entstehen können.

Diese Modellierung abstrahiert von etwaigen Seiteneffekten, die beispielsweise durch die gemeinsame Ausführung zweier Klassen auf derselben Plattform oder durch die gemeinsame Nutzung eines Kommunikationskanals auftreten. Folgend definiert sich die Gesamtkosten eines Programms als die Summe dieser Einzelkosten in Abhängigkeit der Abbildungsfunktion $m$. Damit erhält man folgende Gesamtkostenfunktion:

$$\sum_{c,p \in C_A \times P_S} c_{\text{exec}}(c,p) * \mu_{c,p} +$$
$$\sum_{c,p,c',p' \in C_A \times P_S \times C_A \times P_S} c_{\text{link}}(c,p) * \mu_{c,p} * \mu_{c',p'}$$

Daraus lässt sich trivial ein Optimierungsproblem formulieren, welches die Problematik der optimierten Verteilung von Programmteilen modelliert. Nimmt man nun zusätzlich an, dass alle Kostenfunktionen $c_{\text{exec}}$ mit einem Faktor $c_{\text{exec}}p(p)$ linear abhängig von den Kosten der Ausführung auf einer Referenzplattform $c_{\text{exec}_c}(c)$ sind, so ist

$$c_{\text{exec}}(c,p) = c_{\text{exec}_c}(c) \cdot c_{\text{exec}}p(p)$$

und analog als Skalarprodukt für alle Verbindungen

$$c_{\text{link}}(c, p, c', p') = c_{\text{link}_c}(c, c') \cdot c_{\text{link}_p}(p, p')$$

Die Vereinfachung des Problems beruht auf der Annahme, dass die Kosten für die Ausführung von Klassen (zumindest auf Basis von Instruktionsklassen) linear zwischen den Plattformen skalieren (Was zumindest bei einer hier genutzten Interpretation des Bytecodes in der Praxis eine beobachtbare Modelleigenschaft ist).

Damit erhält man eine Erweiterung des quadratischen Zuweisungsproblems:

$$
\begin{aligned}
minimize\ cost : \\
\sum_{c,p \in C_A \times P_S} c_{\text{exec}_c}(c) \cdot c_{\text{exec}}p(p) * \mu_{c,p} + \\
\sum_{c,p,c',p' \in C_A \times P_S \times C_A \times P_S} c_{\text{link}_c}(c, c') \cdot c_{\text{link}_p}(p, p') * \mu_{c,p} * \mu_{c',p'}
\end{aligned}
$$

Da es sich bei der Optimierungsfunktion noch nicht um eine quadratische binäre Form handelt, wird die Funktion zuletzt in eine lineare Form gebracht. Hierzu wird der binäre Produkt-Ausdruck $\mu_{c,p} * \mu_{c',p'}$ durch eine einzelne Binärvariable $\mu'_{c,p,c',p'}$ ersetzt, welche über Randbedingungen so definiert ist, dass

$$\bigvee_{c,p,c',p' \in C_A} \mu'_{c,p,c',p'} = \mu_{c,p} * \mu_{c',p'}$$

.

Wenn $\mu'_{c,p,c',p'}$ also 1 ist, so folgt daraus, dass sowohl $\mu_{c,p}$ als auch $\mu_{c',p'}$ 1 sind. Umgekehrt muss $\mu'_{c,p,c',p'}$ also 0 sein, wenn entweder $\mu_{c,p}$ oder $\mu_{c',p'}$ 0 ist. Aufgrund der Verwendung von $\mu'_{c,p,c',p'}$ innerhalb einer Minimierung kann die Randbedingung, da *clink* $> 0$ , auf

$$\bigvee_{c,c',p,p' \in C_A^2 \times P_S^2} \mu'_{c,p,c',p'} \geq \mu_{c,p} + \mu_{c',p'} - 1$$

reduziert werden.

### 4.4.4 Ermittlung der Kostenfaktoren

Die Abbildungstreue des Modells beruht neben der Art der linearen Abbildung immer auf der Verfügbarkeit von Daten zur Parametrisierung. Die Ausführungskosten $c_{\text{exec}}$ können gut über die Ausführungszeit innerhalb einer Klasse dargestellt werden aus der sich beispielsweise Energieverbrauch und absolute Ausführungszeit eines sequenziellen Programmlaufs kompositionell ableiten lassen. Da diese Funktion (wie auch andere Kostenfunktionen, welche auf möglichen konkreten Ausführungsfolgen beruhen) offensichtlich für beliebige Applikationen $A$ nicht berechenbar ist (Halteproblem), kann man allgemein einen Schätzer definieren, welcher auf der repräsentativen Ausführungsabfolge (*progam trace*) beruht.

Beispielhaft kann so für jede Klasse lediglich $c_{\text{exec}_c}(c)$ gleich der simulierten Ausführungszeit auf der Referenzplattform gesetzt werden. Alternativ können hier auch die Anzahl der verschiedenen Bytecode-Instruktionen genutzt werden. Analog definiert man einen Schätzer, welcher den Kommunikationsaufwand zwischen verschiedenen Klassen $c$ auf Plattform $p$ und $c'$ auf Plattform $p'$ abbildet. Als einfache Kostenfunktion $c_{\text{link}_c}(c, c')$ nimmt man die Anzahl der Aufrufe zwischen $c$ und $c'$.

Um nun die Kostenfunktion zu vervollständigen, können die Faktoren $c_{\text{exec}_p}(p)$, $c_{\text{link}_p}(p, p')$ abhängig vom aktuellen Systemmodell für alle verfügbaren Plattformen $p$ ermittelt werden. Beides sind Skalierungsfaktoren für die variablen anwendungsbezogenen Kosten. Die (skalare Vektor-)Multiplikation beider Faktoren $c_{\text{exec}_p}(p) \cdot c_{\text{exec}_c}(c)$ ergibt wie oben definiert die Kosten für die Ausführung der Klasse und analog die potenzielle Interaktion zweier Klassen auf zwei Plattformen. Die Wahl der Kostenparameter für die Plattform ist also abhängig vom klassenabhängigen Kostenparameter zu definieren. Für das obige Beispiel für die Ausführungszeit ist also $c_{\text{exec}_p}(p)$ die relative Beschleunigung oder (bei Sensorknoten typischerweise) Verlangsamung der Ausführung auf der Plattform gegenüber der Zielplattform. Diese kann über die Ausführung einfacher Benchmarks auf Zielplattform und Referenzplattform ermittelt werden.

Genauso intuitiv kann der Skalierungsfaktor für die Kommunikation festgelegt werden. Ist $c_{\text{link}_c}(c, c')$ über die Anzahl der Aufrufe definiert, so kann $c_{\mathrm{link}_p}(p, p')$ als die für einen Aufruf benötigte Zeit oder Energie zwischen zwei Plattformen $p$ und $p'$ definiert werden. Besteht keine direkte Verbindung zwischen $p$ und $p'$, über die Kommunikation möglich ist, so können je nach unterliegendem Netzwerk verschiedene Kosten angenommen werden. Ist keine Kommunikation möglich, so setzt man die Kosten auf $\infty$ (o. B. d. A. ist es möglich, die Zielmenge von $c_{\mathrm{link}_p}(p, p')$ um diesen symbolischen Maximalwert zu erweitern). Alternativ kann auch ein Routinealgorithmus über die kürzesten Pfade vorausgesetzt werden, sodass sich die fehlenden Kosten additiv mit dem Floyd-Warshall-Algorithmus approximieren lassen.

Hierbei wird klar, dass das Modell an dieser Stelle nur eine Abstraktion der Wirklichkeit darstellen kann. Nimmt man einen iterativen Prozess wie in Abbildung 26 an, so können genauere Daten während der Ausführung gesammelt werden und das Modell anhand weiterer realer Ausführungstraces weiter angenähert werden. Innerhalb des linearen Modells ist es außerdem möglich, Kostenfaktoren weiter zu differenzieren. Hierzu kann man zum Beispiel zwischen verschiedenen Bytecode-Instruktionsklassen oder unterschiedlich langen Methodenaufrufen unterscheiden. Wichtig für die Ausführung der Optimierung innerhalb der *Implicit Middleware* ist, dass die Berechnung der Kosten des plattformabhängigen Teils zu einem späteren Zeitpunkt geschehen kann, da hierdurch eine (Neu-)Optimierung kurz vor Ausführung des Programmes möglich wird, ohne dass das Programmmodell neu erstellt werden muss.

## 4.4.5 Erweiterbarkeit der Modellierung

Der Vorteil der formalen Modellierung des Problems durch eine mathematisch klar definierte Semantik ist die Erweiterbarkeit der Optimierung. Die oben dargestellte Optimierung der Ausführungszeit ist ein Beispiel eines domänenspezifischen Kostenmodells. So können auch andere Kostenfunktionen gewählt werden, welche nicht unbedingt realen Kosten entsprechen müssen.

Essenziell für das Ergebnis der Optimierung ist die Wahl des Verhältnisses der Kosten der Instruktionsausführung zu denen der Kommunikation. Für eine sequenzielle, zeitliche Betrachtung ist hier der

Zusammenhang zwischen Kommunikationslatenz und Instruktionszeiten klar definiert. Analog können Kostenfaktoren für den Energieverbrauch gewählt werden. Die Optimierung liefert je nach Proportion der Kommunikations- und der Ausführungskosten sowie der einzelnen Plattformen zueinander unterschiedliche Ergebnisse. Einfach auszudrücken ist auch eine Multiparameteroptimierung, um z. B. Latenz und Energieverbrauch gemeinsam zu optimieren. Will man nach mehreren Optimierungsparametern optimieren, so ist die oben genannte Form einfach zu erweitern:

$$minimize\ cost:$$
$$\sum_{c,p\in C_A\times P_S} c_{\text{exec}_c}(c)\cdot$$
$$(\kappa_{\text{exec}} * c'_{\text{exec}_p}(p) + c_{\text{exec}_p}(p)) * \mu_{c,p} +$$
$$\sum_{c,p,c',p'\in C_A\times P_S\times C_A\times P_S} c_{\text{link}_c}(c,c')\cdot$$
$$(\kappa_{\text{link}} c'_{\text{link}_p}(p,p') + c_{\text{link}_p}(p,p')) * \mu_{c,p} * \mu_{c',p'}$$

Bei orthogonalen Kosten ist jedoch die Wahl der Faktoren $\kappa_{\text{exec}}$ und $\kappa_{\text{link}}$, also des Trade-offs zwischen den Kostenfaktoren, nur durch Domänenwissen bestimmbar.

Zusätzliche Erweiterungen lassen sich weiterhin über die Definition von Randbedingungen einfach definieren. So kann man z. B. zusätzliche Randbedingungen über den benötigten Programmspeicher definieren. Hierzu kann man eine weitere Kostenfunktion $s_c(c)$ derart definieren, dass sie den Speicherverbrauch von $c$ in Relation zu dem verfügbaren Speicher $s_p(p)$ einer Plattform $p$ beschreibt. Das Summenprodukt des Speicherbedarfs $s_c$ aller Klassen auf einer Plattform

$$\bigvee_{p\in P_S} \sum_{c\in C_A} s_c(c) * \mu_{p,c} <= s_p(p)$$

kann entsprechend durch den verfügbaren restlichen Platz auf einer Plattform $s_p$ begrenzt werden.

Gleiches kann theoretisch für den Laufzeitspeicher geschehen. Hierzu müsste allerdings der maximale Speicherverbrauch für Instanzen einer Klasse durch das Profilingmodell begrenzt werden, was durch das aktuelle automatisierte Profilingverfahren nicht gewährleistet werden kann, sondern allenfalls zur Laufzeit approximativ geschieht.

Im folgenden Kapitel wird dargestellt, wie aus der mathematischen Darstellung konkret eine klare Domänenarchitektur abgeleitet werden kann, welche sowohl an das Laufzeitsystem als auch an die Entwicklungswerkzeugkette gekoppelt werden kann.

## 4.5 IMPLEMENTIERUNG DER IMPLIZITEN MIDDLE-WARE

Im Folgenden wird die Implementierung der *Implicit Middleware* in einer MDSD-Domänenarchitektur dargestellt. Die vollständige Implementierung geht in wenigen Punkten über das Dargestellte hinaus, es sollte beim Lesen jedoch klar werden, dass gerade Erweiterungen, wie sie am Ende des vorherigen Abschnitts vorgestellt wurden, sich in einfacher Form integrieren lassen. Die *Implicit Middleware* zeichnet sich zum einen durch den Fakt aus, dass ganz im Sinne der MDSD auf handgeschriebenen Code verzichtet wird. Die Transformation und Codegenerierung kann vollständig automatisiert ablaufen. Zum anderen werden die zugrunde liegenden Modelle (wie die Trace- und Systemmodelle) im Gegensatz zu anderen typischen Domänenarchitekturen auch automatisiert und nicht wie üblich vom Menschen erstellt.

Dieser Abschnitt konzentriert sich im Wesentlichen auf die Implementierung des Optimierungsschritts und der Codegenerierung, welche über diesen gesteuert wird. Wichtigster Aspekt ist die Auslagerung der „Intelligenz" der Middleware in die Domänenarchitektur, wodurch die entstehende Implementierung besonders leichtgewichtig ist.

### 4.5.1 Middleout-Modellierung

Die Betrachtung möglichst aller Artefakte eines Entwicklungsprozesses als formale Modelle bietet große Vorteile in der Beschreibung von automatisierten generativen Entwicklungsprozessen und stellt Werkzeugketten auf eine formale Grundlage. Es zeigt sich in der Praxis die Effizienz der Adaption einer einheitlichen Sichtweise. Innerhalb des EMF heißen Artefakte Ressourcen und dienen zum Austausch von Modellen in sogenannten *RessourceSets* oder über das Filesystem.

*Bytecode in EMF*

Das Meta-Modell, welches in Abbildung 32 dargestellt ist, bildet die abstrakte Syntax einer Java-Klasse gemäß der JVM-Spezifikation [Gosling et al., 1996] vollständig ab. Die konkrete Syntax, also die Java-Bytecode Repräsentation, wird durch das ASM-Framework zerteilt und mithilfe des XMLVM-Bytecode Meta-Modells als EMF-Modell interpretiert und in den Speicher geladen. Durch die Darstellung als XMLVM Model können nun alle Transformationen innerhalb der EMF Werkzeugkette durchgeführt werden. Des Weiteren erlaubt ein Import als ECore Model die eindeutige Verknüpfung von Informationen mit Programmstrukturen wie Klassen.

Durch die intelligente Nutzung existierender Werkzeuge beschränkt sich die Implementierung auf die Modellierung und Anpassung des in [Gosling et al., 1996] definierten Meta-Modells innerhalb des EMOF Meta-Meta-Modells und dessen Abbildung auf einen SAX-Adapter. Durch die erweiterbare Ressourcenfacade von EMF können beliebige Artefakte als Ressourcen dargestellt werden. Hierzu ist lediglich eine entsprechende Serialisierungs- (save) und De-Serialisierungs-Schnittstelle (load) zu implementieren und diese anhand der Dateiendung zu registrieren. Listings 4.1 und 4.2 verdeutlichen den geringen Programmieraufwand.

Hier zeigt sich die Mächtigkeit des MDSD Ansatzes in der Kombination von Werkzeugen zur Erstellung und Manipulation von Modellen. Der Arbeitsablauf zum Auslesen, Transformieren und Schreiben von Java-Bytecode unterscheidet sich bis auf die Registrierung der RessourcenFactory nicht von der Manipulation anderer Modelle (siehe Listing 4.3).

Das direkte Einlesen von Klassenartefakten ermöglicht so die Anbindung von allen JVM-Sprachen (z. B. Java, Scala, Groovy und Clojure) über existierende Compiler an die *Implicit Middleware*-Domänenarchitektur. Über (XSLT-basierte) Transformationen, welche

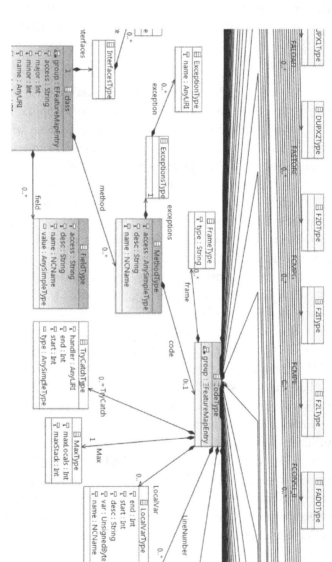

**Abbildung 32:** MOF-Model für Java-Bytecode

Listing 4.1: Klassenmodell-De-Serialisierer der *ClassRessourceImpl*

```
@Override
public void
 load(XMLResource resource, InputSource src, Map<?,?> opt)
  throws IOException
{
 org.objectweb.asm.ClassReader cr =
  new org.objectweb.asm.ClassReader
    (src.getByteStream());

 cr.accept(
  new org.objectweb.asm.xml.
   SAXClassAdapter(getDefaultHandler(), false),
   o);
}
```

Listing 4.2: Klassenmodell-Aerialisierer der *ClassRessourceImpl*

```
@Override
public void
save(XMLResource res, OutputStream out, Map<?,?> opt)
  throws IOException
{
 super.save(res,out,opt);

 org.objectweb.asm.ClassWriter cw =
   new org.objectweb.asm.ClassWriter();

 SAXParserFactory.newInstance().newSAXParser().parse(
   new ByteArrayInputStream(
     new ByteArrayOutputStream().toByteArray()),
   new org.objectweb.asm.xml.ASMContentHandler(cw));

 out.write(cw.toByteArray());
}
```

Listing 4.3: Workflow zur Stubgenerierung

```
Workflow {
 bean = edu.teco.m.w.plugin.GlobalResourceSetSetup {
  platformUri = ".."
  registerEcoreFile=
   "platform:/plugin/edu.teco.im/model/XMLVM.ecore"
  extensionMap = {
   from = "class"
   to = \
    "edu.teco.m.cr.impl.ClassResourceFactoryImpl"
  }
 }

 component = org.eclipse.emf.mwe.utils.Reader {
  useSingleGlobalResourceSet = true
  modelSlot = "inclass"
  uri = "${app}/${class}.class"
 }

 component = edu.teco.m.w.c.qvtr.QVTRTransformer {
  direction = "target"
  transformation = "ClassToStub"

  qvtFile = \
   "platform:/plugin/edu.teco.im/qvt/ClassToStub.qvt"
  inputSlot = "inclass"
  outputSlot = "stubclass"
 }

 component = org.eclipse.emf.mwe.utils.Writer {
  useSingleGlobalResourceSet = true
  modelSlot = "stubclass"
  uri = "${app}/${class}_stub.class"
 }

}
```

vom XMLVM-Projekt entwickelt wurden, lassen sich auch Microsoft CLR basierte Sprachen [Hamilton, 2003] aus dem .NET Framework wie z. B. C# anbinden.

*Simulationsprofile*

Die Eclipse Test und Profiling Tools Plattform (TPTP) stellt bereits Trace-Modelle mit entsprechenden Meta-Modellen über das EMF bereit, sodass keine zusätzliche Modellierung notwendig ist. Die Trace-Modelle werden als Ausgabe eines Programmlaufs generiert. Das Verfahren zur Generierung der Traces wurde im Rahmen der Diplomarbeit von Célette [2007] entwickelt. Der Vorteil der Nutzung des TPTP liegt in der nahtlosen Einbindung in den Entwicklungsprozess mithilfe weitverbreiteter Tools. So sind ein hoher Automatisierungsgrad sowie eine große Erweiterbarkeit erreichbar. Des Weiteren nutzt das TPTP bereits intern Ecore-Modelle, auf die direkt mit EMF-Werkzeugen zugegriffen werden kann. Das TPTP stellt (wie auch andere Profiling Tools) alle Informationen zur Verfügung, die zur Parametrisierung des Kostenmodells nötig sind.

Hierzu werden auf Basis des Trace-Modells einfache OCL-Abfragen für die Aggregation aller Ausführungszeiten und zur Auswertung der Aufrufhäufigkeit erstellt. Die Klassen des Traces können über den innerhalb des Programms eindeutigen Namensraum einfach miteinander in Beziehung gesetzt werden. Die Ausführung der `main`-Methode der Klasse A aus 4.4 führt zu dem auszugsweise dargestellten Trace-Modell aus Listing 4.5.

In diesem Fall ist der Programmaufruf unabhängig von möglichen Ein- und Ausgaben, welche den Programmfluss verändern. In der Realität ist es wichtig, einen möglichst repräsentativen Programmablauf über Testzyklen oder Instrumentierung einer realen Ausführung zu erhalten. Beide Fälle werden über das TPTP Framework unterstützt.

*Systemlandschaften und Kostenmodell*

Das Systemmodell und das entsprechende Kostenmodell für die Plattform sind vereinfachte Versionen der CoBIL Sprache CoBIs [2005]. Es basiert auf einem erweiterbaren Meta-Modell, welches

**Listing 4.4:** Minimales 2 Klassen Java Beispiel

```
public class A {
  public static void main(String args[]){run();}
  static void run(){new B(123).foo();}
}
public class B {
  int n;
  public B(int i) {n=i;}
  public void foo(){n=n*n;}
}
```

**Listing 4.5:** Trace zu Listing 4.4

```
<TRACE>
...
<classDef threadIdRef="2" name="A" ...
  classId="3040" objIdRef="3041"
  time=".178383588" />
<methodDef name="main" signature="([Ljava/lang/String;)V" ...
  methodId="3038" classIdRef="3040" />
<methodEntry threadIdRef="2"
  time="4.178369760" methodIdRef="3038" classIdRef="3040" ... />
<methodDef name="run" signature="()V" ...
  methodId="3037" classIdRef="3040" />
<methodEntry threadIdRef="2"
  time="4.181521892" methodIdRef="3042" classIdRef="3044" ...
  stackDepth="3" />
<methodExit threadIdRef="2"
  methodIdRef="3042" classIdRef="3044" ...
  time="4.183601140" overhead="0.000014285" cpuTime="0.0" />
<methodExit threadIdRef="2"
  methodIdRef="3037" classIdRef="3040" ...
  time="4.183609485" overhead="0.000010084" cpuTime="0.0"/>
<methodExit threadIdRef="2"
  methodIdRef="3038" classIdRef="3040" ...
  time="4.183617353" overhead="0.000044257" cpuTime="0.0" />
...
</TRACE>
```

die Performanz-Eigenschaften einer Plattform anhand von einigen Performanz-Indikatoren beschreibt.

Wie in Abschnitt 4.4.4 beschrieben, beschränkt sich die Betrachtung hier auf einen skalaren Performance-Index, jeweils zur Beschreibung von Kommunikations- und Ausführungskosten. Ist sich ein neuer Knoten selbst beziehungsweise das Netzwerk (z. B. durch vorheriges Benchmarking [Schoeberl et al., 2010]) seiner Leistung gewahr, so kann er dynamisch in das Kostenmodell eingefügt werden. Hierzu sind neben der Deployment-Schnittstelle also weitere Schnittstellen im *System Monitor* zu implementieren. Genauso können dynamische Randbedingungen, wie unbewegliche oder bereits verteilte Klassen oder begrenzt vorhandener Speicherplatz dynamisch erfragt werden. Diese Information wird über die *System Monitor* Schnittstelle der *SAP Smart-Item Infrastruktur* abgefragt. In der Proof-of-Concept-Implementierung wird diese Schnittstelle direkt an interne Schnittstellen der ParticleVM und der SunSpots weitergeleitet.

*Formulierung des Optimierungsproblems*

Besonders im Kontext von Optimization Services (d. h. Optimierung als Dienstleistung) gibt es bereits Bestrebungen, domänenspezifische Sprachen [Fourer et al., 2010] zu definieren: Die LP-FML [Fourer et al., 2005] ist als Ausgangspunkt für die Erstellung von Kostenmodellen ohne entsprechende Werkzeugunterstützung nur sehr eingeschränkt anwendbar. Die *Implicit Middleware* geht hier stattdessen den pragmatischen Weg über eine einfache textuelle DSL, welche die einfache Programmierung von mathematischen Optimierungen mit direktem Bezug zum Meta-Modell erlaubt.

## 4.5.2 Automatisierte Ausführungsoptimierung als Modelltransformation

Kern der *Implicit Middleware* sind die Transformationen der Eingangsmodelle zu einem Verteilungsmodell und zu einem mit Middleware-Aufrufen instrumentierten Ausführungsmodell.

Zur Implementierung der Optimierung wird das Konzept der homomorphen mathematischen Modelloptimierung genutzt, welche in

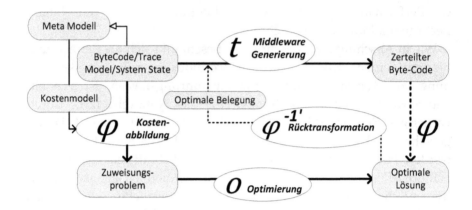

**Abbildung 33:** Implementierung des Transformationshomomorphismus aus Abbildung 25 als MDSD Transformation

Abschnitt 4.3.2 skizziert wurde. Abbildung 33 zeigt die Implementierung innerhalb der MDSD. Die Projektion auf das Optimierungsproblem wird anhand einer Metatransformation dargestellt, welches aus dem Kostenmodell (mit Bezug auf das Meta-Modell) eine Modelltransformation erstellt, welche jede Instanz des Modells in ein mathematisches Kostenmodell umwandelt. Dieses kann dann mathematisch optimiert werden. Das Ergebnis der Optimierung wird in ein Zuweisungsmodell umgewandelt, welches das Eingangsmodell annotiert. Diese Annotationen werden dann von der Transformation des Quellmodells in das eigentliche Zielmodell überführt. Dieses Konzept ist prinzipiell generisch auf die verschiedensten Kosten und Meta-Modelle anwendbar.

Für die *Implicit Middleware* wird in drei Schritten analog zur Abbildung 33 vorgegangen:

- Im ersten Schritt werden die einzelnen Kosten und Rahmenbedingungen, welche auf dem Tracemetamodell, dem Systemzustandsmetamodell definiert sind (links oben), durch eine auf Basis des Kostenmodells automatisch erstellten Transformation $\varphi$ zusammen mit der Zielfunktion auf das mathematische Zuweisungsproblem abgebildet.

◦ Als Resultat der Kostentransformation erhält man ein Zuweisungsproblem (links unten). Mittels eines Optimierungsschrittes $o$ wird anschließend aus dem parametrisierten Kostenmodell ein optimales Verteilungsmodell berechnet (rechts unten). Dieses wird über die Rücktransformation $\varphi'^{-1}$ an die homomorphen Entitäten des Ausgangsmodells annotiert.

◦ Diese Annotation, welche im Fall der *Implicit Middleware* die Zuordnung von Klassen zu Plattformen enthält, wird dazu genutzt, die Transformation $t$ des Bytecodes zu steuern. Es wird anhand der Annotation entschieden, welche Klasse jeweils in eine Stub-Klasse transformiert wird.

◦ Optional kann die Kostenabbildung $\varphi$ auf dem transformierten System wiederholt werden, um die Validität der Transformation bzgl. der Lösung zu überprüfen.

Das Kostenmodell aus Abbildung 33 besteht aus vier Teilen:

◦ dem allgemeinen Optimierungsziel, welches in der ZIMPL DSL beschrieben wird,

◦ einer Abbildungsrelation zwischen Entitäten des Meta-Modells zu Entitäten des Kostenmodells,

◦ Kostenparametern, welche das Quellmetamodell referenzieren und den äquivalenten Entitäten des Kostenmodells Kosten zuordnen,

◦ Vorbelegungen des konkreten Quellmodells (z. B. Bindungen einer fixen Sensorklasse an eine Plattform)

Konzeptionell kann so eine beliebige Transformation durch die Abbildung auf Randbedingungen und Kostenfunktionen gesteuert werden. Die Implementierung dieser Schritte innerhalb einer Werkzeugkette wird im Folgenden kurz dargelegt.

*Optimierung: Modell-zu-Modell Transformation*

Basis für die Formulierung des Kostenmodelles bildet die frei verfügbare Zuse Institute Mathematical Programming Language (ZIMPL)

[Koch, 2004], welche die Grundkonzepte gängiger Optimierungsprobleme abdeckt und gerade im Gegensatz zu anderen Dateiformaten wichtige modellrelevante Abstraktionen, wie Mengen von abstrakten Entitäten, unterstützt. So werden Meta-Modellelemente und Modellentitäten auf Mengen von eindeutigen Modell-IDs abgebildet. Die Kostenkomponenten werden als Parameter über diese Identifikatormenge definiert. Diese werden dann bei der Formulierung in der ZIMPL DSL von Zielfunktionen und Rahmenbedingungen genutzt.

Die Modellierung und Erzeugung des durch den Solver lösbaren Optimierungsproblems nutzt direkt die mathematische Darstellung in ZIMPL [Koch et al., 2005]. Ausgangspunkt für die Transformation der Eingabemodelle in ein Optimierungsproblem stellen die in Abschnitt 4.4 gemachten Überlegungen zur Darstellung als ILP dar. Die Spezifikation des Optimierungsziels innerhalb der DSL ist eine sehr geradlinige Angelegenheit, bei der bis auf wenige syntaktische Feinheiten die zuvor erstellte mathematische Darstellung eins zu eins übernommen wird, wie das Listing 4.6 verdeutlicht.

Die Kostenparameter werden über die Modelldarstellung des Profilingmodells gebunden. Die Kostenfaktoren werden mittels einfacher OCL-Aggregationsausdrücke auf die Aufrufe bzw. Klassen des Trace-Meta-Modells zurückgeführt (siehe Listing 4.7). Analog werden die Faktoren $c_{\mathrm{link}_p}, c_{\mathrm{exec}_p}$ definiert. Weiterhin werden lediglich die gebundenen Klassen als Randbedingungen dem Optimierungsmodell hinzugefügt.

Mithilfe dieser textuellen Implementierung des Kostenmodells wird mithilfe einer einfachen Meta-Transformation eine Transformation erstellt. Diese überträgt die graphenbasierte Struktur automatisiert auf die Mengendarstellung des mathematischen ZIMPL Modells. Zusätzlich werden die Kostenfaktoren als Parameter über diese Mengen definiert, hier wird also $c_{\mathrm{link}_c}$ in eine zweidimensionale Parametermatrix bzw. $c_{\mathrm{exec}_c}$ als Parametervektor übertragen bzw. dargestellt. Die Klassen und Mengenelemente werden über eindeutige Modellbezeichner identifiziert. Die *Implicit Middleware* nutzt als Transformationsquelle direkt die Darstellung im Trace-Modell, welches das Eclipse TPTP Framework auf Basis des Interaktionsmodells generiert hat.

Listing 4.6: Kern der Implementierung des Optimierungsproblems

```
minimize cost:
  sum <p,c> in PLATFORMS*CLASSES:
    c_exec_c[c] * c_exec_p[p] * mu[p,c]
    + sum <po,p1,co,c1> in
        PLATFORMS*CLASSES*PLATFORM*CLASSES:
      c_link_c[co,c1] * c_link_p[po,p1]
* mu[po,co,p1,c1];


subto single_assign: forall <c> in CLASSES:
  sum <m> in MACHINES : mu[m,c] == 1;

#mu_times_mu(co,po,c1,p1) equals mu(co,po)*mu(c1,p1)

subto if_mu_and_mu_then_smu:
  forall <po,p1,co,c1> in MAP2 do
    smu[mo,m1,co,c1] >=
    mu[mo,co]+mu[p1,c1,po,c1]-1;
#assume that mu_times_mu
#defaults to o else (minimal cost)
```

Listing 4.7: Berechnung der Kostenfaktoren über XTend/OCL

```
Float c_exec_c(TRCClass c):
      c.baseTime;

Integer c_link_c(TRCClass co, TRCClass c1):
  co.methods.invocations.select(
  e|e.invokedBy.method.definingClass.name==c1.name).size;
```

Durch den ZIMPL-Compiler wird dann das Optimierungsmodell, welches aus den generierten Kostenfaktoren und Randbedingungen und der vom Entwickler definierten Kostenfunktion besteht, über einen weiteren Transformationsschritt in ein ganzzahliges lineares Programm für das SCIP Solver Rahmenwerk [Koch, 2004] in Form eines MPL-Modells überführt und an den Solver übergeben. Dieser generiert ein Modell mit der Belegung für die optimale Lösung des Problems. Obwohl es auch hier typisierte und strukturierte Formate wie [Fourer et al., 2008] oder das XML-Schema basierte Format des CPLEX-Solvers existieren, gibt es keine flächendeckende Verbreitung. Durch EMFText (www.emftext.org) kann die entstandene Adjazenz-matrix (mit 1 oder 0 parametrisierte Relation) zwischen Systemmodell und Codemodell als Annotationsmodell zugänglich gemacht werden.

*Zerteilung: Modellgetriebene Bytecodetransformation*

Auf Basis des Verteilungsmodells kann nun mit der Transformation des Programms begonnen werden. Die Darstellung des Java-Bytecode als MOF-Meta-Modell (siehe Abschnitt 4.5.1) ermöglicht eine effiziente Implementierung von Bytecodetransformationen als Modelltransformationen innerhalb des EMF.

Grundlage für die transparente Verteilung eines Dienstes durch die *Implicit Middleware* ist die Zerteilung des Programms durch die Einführung von sogenannten Stub-Klassen. Diese Stub-Objekte sind Stellvertreter für entfernt ausgeführte Klassen und übernehmen das sogenannte Marshalling der Aufrufparameter. Typischerweise werden solche Stub-Objekte durch explizite Beschreibungssprachen erstellt, wie der Interface Definition Language (IDL) bei CORBA oder der Web Service Description Language (WSDL). Die *Implicit Middleware* geht den Weg einer vollständig impliziten wie transparenten Zerteilung des Bytecodes.

Hierzu werden:

- alle Objekt- und Klassenvariablen sowie alle Instruktionen aus Methoden und Konstruktoren entfernt,

- ein Attribut für den Verweis auf das entfernte Objekt eingefügt,

- ein Finalizer eingefügt, der die entfernte Garbagecollection steuert,

- Bytecode für die Serialisierung der Parameter und den Fernaufruf erzeugt.

Die "Aushöhlung" der Klasse zu einer Stub-Klasse kann mit minimalem Aufwand in QVT formuliert werden, wie Listing 4.8 zeigt.

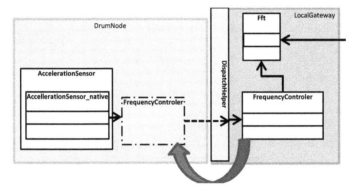

**Abbildung 34:** Erstellung des Stubs und Dispatchers am Beispiel des Programms aus Abbildung 31

Die *MethodToStub*-Transformation (Listing 4.8) ist eine einfache Transformation, welche aus der Signatur der Methode einen Fernaufruf erstellt. In der Codeerzeugung werden folgende Methodentypen unterschieden:

- Instanziierung

- Virtuelle Methoden

- Statische Methoden

Hierfür werden, wie in Abbildung 34 dargestellt, Methodenstubs für entfernte Klassen sowie ein zentraler Dispatcher für entfernt aufgerufene Klassen erzeugt. Jeder dieser Fernaufrufe nimmt als Argument einen Identifikator für die Zielmaschine, das Objekt, die Methode, Eingabeargumente und ein Ausgabeargument oder eine Ausnahme. Der Kern jeder ersetzten Methode ist dabei identisch aufgebaut. Zunächst

**Listing 4.8:** QVTR      Implementierung      der      Klassen-zu-Stub-M2M-
    Transformation

```
top relation ClassToStub
{
enforce domain source srcClass: Asm:: class {
 interfaces = ifc : Asm:: InterfacesType {},
 minor = mi,
 major = mj,
 access = acc,
 name = nm,
 parent = p,
 source = src : Asm:: SourceType {},
 innerclass = ic : Asm:: InnerclassType {},
 method = mtd : Asm:: MethodType {}
};

enforce domain target tgtClass: Asm:: class {
 interfaces = ifc : Asm:: InterfacesType {},
 minor = mi,
 major = mj,
 access = acc,
 name = nm,
 parent = p,
 source = src : Asm:: SourceType {},
 innerclass = ic : Asm:: InnerclassType {},
 method = stub : Asm:: MethodType {}
};

where {
 MethodToStub(mtd, stub );
}
}
```

werden die Argumente im Keller der Virtuellen Maschine auf einen expliziten Byte-Keller übertragen. Dieser wird dann dem Fernaufruf übergeben, dessen Resultat direkt zurückgegeben wird. Durch die Symmetrie der beiden Keller ist keine lokale Variable notwendig und die Keller können jeweils umgeschichtet werden. Da der Keller in umgekehrter Reihenfolge verschickt wird, ergibt sich dadurch für den Dispatcher eine Symmetrie, die es ermöglicht, auf beiden Seiten minimalen Code zu erzeugen. Eine spezielle Behandlung erfordern Objekte, welche gegen einen Schlüssel in einer lokalen HashMap (also einem expliziten Heap) ausgetauscht werden. Dieser Schlüssel stellt auch sicher, dass die Speicherverwaltung die Objekte nicht vorzeitig entfernt und jeweils einen Zähler enthält, der für jede Weitergabe hochgezählt wird. Serialisierbare Objekte wie Strings können direkt in den Aufruf eingepackt werden.

Abbildung 35 zeigt das Resultat der Transformation in einer hierarchischen Modellansicht. Da der Klassenname als auch die Signatur beibehalten werden, geschieht der Austausch von Klasse und Stub-Klasse vollständig transparent für aufrufende Methoden. Auf der Zielmaschine kann die Zielklasse ohne die Notwendigkeit weiterer Operationen aufgerufen werden. Die Umsetzung eines einfachen Aufrufs beim Aufrufer ist in Abbildung 36 dargestellt, der Kontrollfluss auf dem Zielsystem in Abbildung 37. Hierbei sei anzumerken, dass der Ablauf prinzipiell auch nebenläufige Aufrufe unterstützt.

Hier zeigt sich jedoch die Einschränkung bei der Erhaltung des Verhaltens des Originalprogramms. Es kann mit der aktuellen *Implicit Middleware* nicht sichergestellt werden, dass das Ausführungsverhalten mehrsträngiger Programme auf einem Sensorknoten ohne Threadunterstützung erhalten bleibt.

### 4.5.3 Leichtgewichtige Plattformschnittstelle

Abbildung 38 zeigt eine einfache Anwendung, welche verteilt auf einem Particle Sensorknoten und auf einem PC System ausgeführt wird. Dabei werden die grafischen Teile auf das PC System gebunden, während die Sensorik-Teile auf den Sensorknoten gebunden werden. Die restlichen Klassen werden frei durch die *Implicit Middleware*

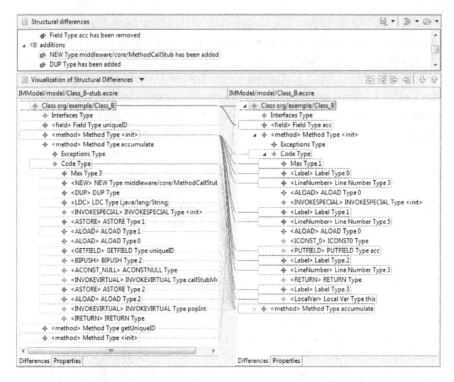

**Abbildung 35:** Modell einer Klasse vor und nach der Bytecode-Transformation

verteilt. Hierzu ist es notwendig, dass PC und Sensorknoten beide Programmteile ausführen können und miteinander kommunizieren. Hierzu interagieren, wie in Abbildung 39 dargestellt, die generierten Programmteile mit einer Laufzeitumgebung.

An dieser Stelle soll nur kurz auf die Plattform eingegangen werden, welche in Zusammenhang mit der Arbeit zur *Implicit Middleware* entstanden ist und die Basis für die verteilte Ausführung auf realen Systemen bildet. Basis für die Ausführung der Klassen auf dem Sensornetzwerk bildet die ParticleVM [Riedel und Arnold, 2007; Arnold, 2007] für Particle und die SquawkVM [Simon et al., 2006] für SunSPOTS Sensorknoten. Im Gegensatz zur SquawkVM ist die ParticleVM auf 8bit Microcontroller optimiert. Dies wird durch eine vorgeschaltete zusätzliche Transformation des JavaBytecodes ermöglicht,

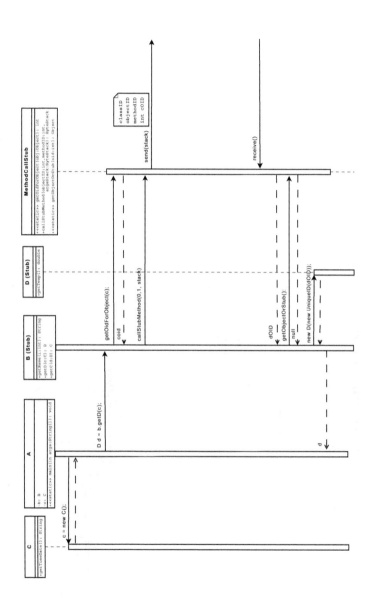

**Abbildung 36: Verteilter Ablauf beim Aufrufenden**

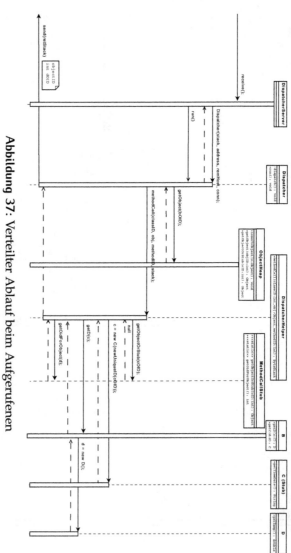

**Abbildung 37: Verteilter Ablauf beim Aufgerufenen**

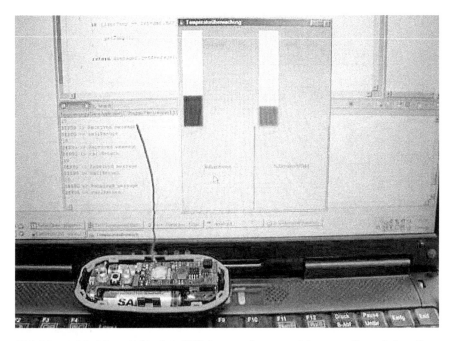

**Abbildung 38**: Monolithische GUI Anwendung, welche verteilt auf dem Sensorknoten läuft

welche ebenfalls in die Codegenerierung der Domänenarchitektur eingebettet wurde.

Neben Fernaufrufe stellt die Laufzeit-Middleware eine verteilte Speicherverwaltung bereit. Diese erstellt und verwaltet Objekte auf der Zielmaschine. Global adressierbare Objekte werden auf einer Halde referenziert. Die Referenzen der verteilten Speicherverwaltung verhindern, dass lokal ungebrauchte Instanzen von einer Speicherbereinigung erfasst werden. Wichtig ist, dass Objekte über die ganze Applikation hinweg eindeutig adressierbar sind. In diesem Fall geschieht das durch die Netzwerkadresse des Knotens, welche das Objekt enthält. Diese Referenz wird in den Stub-Objekten gespeichert, welche der Codegenerator für alle verteilbaren Klassen erstellt hat. Um das Problem zu vereinfachen, können Objekte während der Laufzeit nicht ihre Adresse wechseln, sodass es nicht zu Inkonsistenzen bei den in den Stubs gespeicherten Referenzen kommen kann. Wird nun der Stub aufgerufen, wird der Aufruf

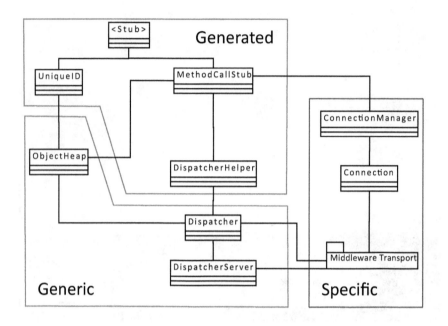

**Abbildung 39:** Aufteilung der Laufzeitimplementierung in generierte Teile, plattformunabhängigen Teil und Plattform [Riedel et al., 2008a]

an das eigentliche Zielobjekt weitergegeben. Die Garbagecollection wird durch Erhöhen und Erniedrigen von Referenzzählern in den generierten Stub-Objekten realisiert.

Der Fernaufruf wird für die ParticleVM auf ungesicherten unidirektionalen Nachrichtenaustausch abgebildet. Bezüglich des Problems der effizienten Umsetzung von Kommunikation über Plattformgrenzen hinweg sei hier auf das nächste Kapitel verwiesen. Aufgrund der Natur des Systems ist die Nachrichtenzustellung im Funknetz nicht immer möglich. Kommt der Aufruf nicht wie vorgesehen zu einem Ende, so kann er durch einen VirtualMachineError (also eine Exception) signalisiert werden. Diese Ausnahmen könnten theoretisch im Programmfluss abgefangen werden, falls der Programmierer proaktiv eine generische Fehlerbehandlung vorsieht. Kann der Fehler nicht abgefangen werden oder tritt er beispielsweise aufgrund des Ausfalls eines Knotens immer wieder auf, so kann durch die Management-komponente eine Neuverteilung des Programms initiiert werden. Eine Neuverteilung kann prinzipiell immer dann geschehen, wenn die Annahmen der Optimierung nicht mehr zutreffen und das Systemverhalten degradiert.

## 4.6 BEOBACHTUNGEN

Während im vorherigen Teil gezeigt wurde, wie die Problemstellung der verteilten Ausführung von monolithischen Java-Diensten in Ubiquitären Systemen innerhalb von MDSD umgesetzt werden kann, soll im Folgenden diese experimentelle Implementierung anhand verschiedener Kriterien bewertet werden. Insbesondere sollen die in Kapitel 3 abgeleiteten Thesen quantitativ und qualitativ belegt werden. Hierzu wird neben der Performanz des Produktes auch der Umfang des durch die Nutzung von MDSD eingesparten Codes analysiert. Betrachtet man beide Faktoren im Vergleich zur erreichten Flexibilität und Integrierbarkeit, welche Grundvoraussetzungen für eine erfolgreiche Migration von monolithischen Systemen zu Ubiquitären Systemen sind, so lässt sich daraus ableiten, dass MDSD zu den erwarteten Verbesserungen gegenüber reinen Top-down- oder Bottom-up-Entwicklungsansätzen geführt hat.

### 4.6.1 Ausgangssituation

Im Kontext eines Feldtestes in der Chemiefabrik in Hull zeigt Bild 40 die auf den Containern versuchsweise angebrachten Sensorknoten, die jeweils am Griff angebracht wurden. Die Sensorknotenplattform wurden auf Basis der in Abschnitt 2.1.1 vorgestellten Particle Sensorknoten entwickelt. Diese integriert insbesondere Sensoren zur Überwachung der Position und Bewegung der Chemietonnen. Die Knoten sind mit zwei AAA Batterien getrieben und waren so ausgelegt, dass sie unter Berücksichtigung der maximalen Latenz bei der Alarmierung drei Jahre im Betrieb bleiben können. Hierzu wurden neben dem Einsatz einer sehr energieeffizienten Hardware, das Netzwerk

**Abbildung 40:** Verbindung zu Backend-System über 2.4Ghz WiFi mit linux-basierten Gateway auf MIPS-Basis

und die Knoten in einen zentral koordinierten Duty-Cycle getaktet, welcher durch Schlafphasen die Lebenszeit stark verlängerte.

Der Duty-Cycle der Knoten wird konfiguriert und hat direkte Auswirkungen auf Netzwerklatenz und Ausführungsgeschwindigkeit von Programmen. Verkürzt man die Wachzeit der Knoten gegenüber der Schlafzeit, so verringern sich automatisch die verfügbare Prozessorzeit und damit die relative Leistung. Der zweite Faktor eines typischen Duty-Cycle ist die Länge eines Schlaf-Wach-Zyklus. Dieser bestimmt auch die Reaktivität bzw. Latenz des Netzwerks. Da nur in der Wachphase (u. U. sogar nur zu Beginn dieser) Nachrichten ausgetauscht werden können, verlängert sich automatisch die Latenz eines Aufrufs linear zur Länge des Schlaf-Wach-Zyklus.

Das gesamte Ubiquitäre System besteht aus drei Plattformen mit unterschiedlichen Leistungsparametern, welche miteinander vernetzt sind:

- Particle-Sensorknoten, welche mobil auf den Chemietonnen angebracht wurden,

- Sensorknoten die zur Temperaturüberwachung, welche in der Lagerhalle angebracht wurden,

- einem Wi-Fi Gateway, der im Falle eines Alarms, diesen propagiert.

Die lokalen Wi-Fi Gateways, welche auf Abbildung 40 zu sehen sind, sind im Gegensatz zu den mobilen Knoten mit Strom versorgt. Sie bilden die Brücke zwischen den verschiedenen Kommunikationsschnittstellen, können aber auch Code ausführen (entweder MIPS-glibc nativ oder Javacode über die JamVM).

Es handelt sich bei den Geräten genauso um eingebettete Systeme, auf Basis einer Broadcom MIPS32-Architektur mit 128MHz und 8MB Speicher, die sich Applikationen mit dem Netzwerkteil teilen müssen. Die Schnittstellen zu den Sensorknoten werden über serielle Schnittstellen (USB) zu dedizierten Brückenknoten realisiert. Die Plattform selbst ist wiederum mithilfe eines werksinternen Wi-Fi Netzes mit einem lokalen Server verbunden, welcher über eine Internetschnittstelle verfügt. Eine Gatewaykomponente [Riedel et al., 2007b] ist dafür verantwortlich den IP-basierten Teil der Dienstschnittstelle (UPnP) auf die Smart-Item-Dienste umzusetzen und neue Dienste auf Anforderung auszubringen [Riedel et al., 2007a].

Ein Beispiel dafür, dass eine Auslagerung des Dienstes auf ein Sensornetz nicht zwangsläufig die erhoffte Skalierung des Systems bedeutet, wurde im Rahmen des dreimonatigen Versuchs in der Chemiefabrik in England erbracht. So reagierte zwar das lokale System zuverlässig, doch es kam trotz der Einfachheit des Systems und prinzipiell ausreichenden Ressourcen zu unkontrollierten Überlastungen der Kommunikation zwischen Sensorknotendienst und Backend (siehe Abbildung 41) [Riedel et al., 2007b]. Neben der Verteilung der Funktionalität war ein weiterer Teil des Problems die Schaffung vieler, expliziter Dienstschnittstellen zum Sensornetzwerk. So führte der feingranulare Dienstansatz dazu, dass Komponenten definiert wurden, welche möglichst wiederverwendbar sein sollten. Demnach sollten diese reichhaltige Funktionalität bereitstellen, welche von den Applikationsentwicklern bereitwillig konsumiert wurde, ohne Konsequenzen für das Laufzeitverhalten zu berücksichtigen.

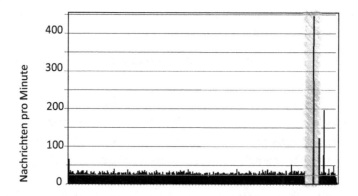

**Abbildung 41:** Überlastsituation mit kurzfristigem Aussetzen der Benachrichtigungen im Alarmfall (Nachrichten über Zeit aus [Riedel et al., 2007b])

Im Folgenden wird dargestellt, inwieweit eine *Implicit Middleware* dazu beitragen kann, die optimierte Entwicklung des verteilten Systems durch Nutzung einer automatisierten Domänenarchitektur grundlegend zu verbessern.

## 4.6.2 Höhere Ressourceneffizienz bei großer Flexibilität

Gegenüber der manuellen Implementierung der *Implicit Middleware* wird insbesondere durch die Formalisierung des Optimierungsproblems und Nutzung von Modelltransformationen zur Bytecode-Modifikation die Möglichkeit eröffnet, das System einfach zu erweitern und mit anderen Werkzeugen zu kombinieren, um weitere Anpassungen auf kontextuelle Parameter zu ermöglichen. Danach wird nachgewiesen, dass die dynamische Anpassbarkeit der Implementierung Ubiquitärer Systeme ohne Einbußen der Effizienz des Laufzeitsystems möglich ist.

Zum Nachweis der Flexibilität reicht das qualitative Argument, dass durch die Automatisierung und Verlagerung der Verteilung der Applikation bis kurz vor die Ausführung auf eine größere Menge möglicher Implementierungen zurückgegriffen werden kann. Durch die Nutzung von Java als Programmiersprache wird der Programmierer nicht in seiner Ausdruckskraft gegenüber einer rein manuellen Implementierung eingeschränkt. Aktuelle Einschränkungen bei Nebenläufigkeit und öffentlichen Attributen gründen hingegen auf Entwurfsentscheidungen bzw. auf der Unvollständigkeit der Implementierung und lassen sich nicht auf die Verwendung von MDSD zurückführen.

Als erstes Experiment wird die Optimierung des Überwachungsdienstes aus Abbildung 31 anhand der in Abschnitt 4.4.1 entwickelten Kostenmodells und Optimierungsziele betrachtet. Der vorgegebene Testtrace entspricht dem Auslösen der Alarmsituation. Der entsprechende Trace misst das Verhalten der Sensornetzwerkanwendung über einen Zeitraum von 60 Sekunden. Ziel der Optimierung ist es, die Zeit bis zur Auslösung des Alarms zu minimieren. Die Anwendung soll zerteilt und auf drei Maschinen verteilt werden: einem mobilen Sensorknoten, der auf der chemischen Tonne *drum* angebracht ist, einem stationären Knoten *env*, welcher die Umgebung überwacht, und dem lokale Wi-Fi-Gateway *gw*, der auf Embedded Linux-Basis läuft und die Schnittstelle nach außen darstellt sowie den lokalen Alarmgeber steuert. Wird in der initialen Testkonfiguration dieselbe Netzwerklatenz für alle Knoten angenommen, so ergibt sich die in Abbildung 42 dargestellte Verteilung.

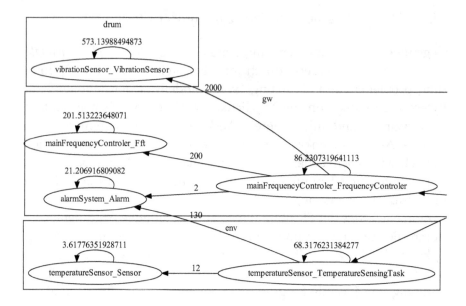

**Abbildung 42:** Verteilung unter niedriger Netzwerklatenz

Verändern sich die Rahmenbedingungen und dominiert statt der Anzahl der Aufrufe die Rechendauer innerhalb der Klassen, somit die Ausführungszeit, stellt sich die Situation ganz anders dar. Im Experiment haben die Maschinen *env, drum* und *gw* bereits unterschiedliche Ausführungsgeschwindigkeiten. *env* und *gw* haben als Sensorknoten jeweils nur Taktraten von 4 respektive 5 MIPS. *gw* dagegen ist ein festinstalliertes eingebettetes System und mit 200 M<IPS deutlich performanter. Erhöhen sich nun die Kosten der Kommunikation, z. B. weil die Netzwerkparameter geändert werden, so resultiert dies wie in Abbildung 43 dargestellt.

Um den Effekt der Optimierung unter unterschiedlichen Kostenfunktionen darzustellen, werden in der folgenden Tabelle für die Verteilung *V1* aus Abbildung 42 und für die Verteilung *V2* aus Abbildung 43 die expliziten Kosten unter den veränderten Gegebenheiten berechnet. Es zeigt sich, dass die beiden Verteilungen Latenzzeiten zur Folge haben, die sich um fast ein Drittel unterscheiden:

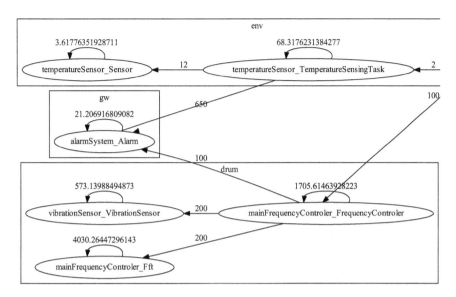

**Abbildung 43:** Verteilung unter Dominanz der Netzwerklatenz

| Klasse | Kosten($V_1$) | Kosten($V_2$) |
|---|---|---|
| TemperatureSensingTask | 27.793 | 27.793 |
| Sensor | 0.026 | 0.026 |
| VibrationSensor | 3.705 | 3.705 |
| FrequencyControler | 24.079 | 0.185 |
| Starter | 0.267 | 0.002 |
| Alarm | 0.007 | 0.007 |
| Fft | 2.796 | 0.021 |
| **Gesamtkosten** | **58.677** | **31.741** |

**Tabelle 1:** Ausführungskosten gemäß der jeweiligen Verteilung

| Aufruf | Kosten($V_1$) | Kosten($V_2$) |
|---|---|---|
| TemperatureSensingTask - Sensor | 0.0 | 0.0 |
| TemperatureSensingTask - Alarm | 13.0 | 13.0 |
| FrequencyControler - VibrationSensor | 0.0 | 7.0 |
| FrequencyControler - Alarm | 2.0 | 0.0 |
| FrequencyControler - Fft | 0.0 | 0.0 |
| Starter - TemperatureSensingTask | 2.0 | 2.0 |
| Starter - FrequencyControler | 0.0 | 0.0 |
| **Gesamtkosten** | 17.0 | 22.0 |

**Tabelle 2:** Kommunikationskosten gemäß der jeweiligen Verteilung

Durch die Veränderung der Verteilung auf langsame Knoten ändern sich entsprechend die Ausführungskosten.

Um das Optimierungspotenzial der *Implicit Middleware* innerhalb des Entwurfsraums zu verdeutlichen, zeigt Abbildung 44 die optimale Ausführungszeit der Beispielanwendung bei konstanten Ausführungskosten für eine veränderliche Netzwerklatenz. Die markierten Bereiche zeigen dabei das jeweilige Optimierungspotenzial. Abhängig vom Systemzustand ist so eine Einsparung von mehreren Größenordnungen durch die richtige Wahl der Verteilung der Beispielanwendung möglich. Noch komplexer zeigt sich der Zusammenhang, wenn zusätzlich die Rechenkapazität der Sensorknoten z. B. über längere Schlafphasen reduziert wird.

Die erste Kurve der Abbildung zeigt den nicht durch die *Implicit Middleware* optimierten Fall. Hier ist klar ersichtlich, dass aufgrund der fehlenden Adaption der Ausführung bei Veränderung der Parameter, die Geschwindigkeit nur linear mit der Netzwerklatenz skalieren kann. Die *Implicit Middleware* adaptiert jedoch die Verteilung entsprechend, wodurch die markierte Effizienzsteigerung gegenüber der manuellen Implementierung bei gleichen Parametern resultiert (in der Abbildung grau markiert).

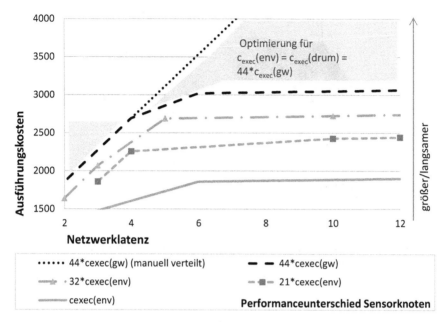

**Abbildung 44:** Optimale Ausführungskosten abhängig von der Kommunikationslatenz

Abbildung 45 zeigt die optimale Ausführungszeit für den gleichen Testlauf mit den dazu ausgewählten Implementierungen als dreidimensionalen Plot. Für beide Sensorknotenplattformen wurde hier wieder die gleiche Ausführungsleistung und gleiche Latenzen angenommen, was dem veränderlichen Schlaf-Wach-Zyklus entspricht. Die Höhe der Fläche zeigt wie in Abbildung 44 wieder die Kosten der optimierten Implementierung. Gleichzeitig wird der jeweils optimalen Verteilung ein Farbwert zugeordnet, der den entsprechenden Kosten entspricht. Es ist klar ersichtlich, dass sich schon bei der linearen Veränderung dieser zwei Parameter verschiedene optimale Verteilungsmuster ausbilden, die sich nicht trivial über eine einheitliche lokale Verteilungsstrategie darstellen lassen. Die *Implicit Middleware* ermöglicht hier die Wahl der optimalen Verteilung gemäß eines globalen Kostenmodells.

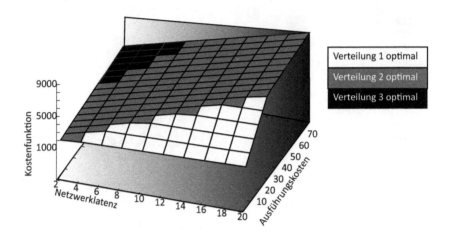

**Abbildung 45:** Ausführungskosten abhängig von der Kommunikationslatenz und Performanceunterschied

## Validierung des linearen Modells

Die vorherigen Ergebnisse sind rein simulativ gemäß dem zur Optimierung genutzten Modell. Um die Modelltreue einer realen Anwendung nachzuweisen, wurde exemplarisch eine einfache Anwendung auf einem PC und einem SunSpots Sensorknoten ausgeführt. Die Kommunikation wurde entsprechend so verteilt, dass entweder absichtlich Kommunikations- bzw. Middlewareaufrufe maximiert oder minimiert wurden (siehe schematische Darstellung in Abbildung 46).

Die Kommunikation über die USB-Schnittstelle der SUN-Spots-Basisstation wurde dabei durch die Einbindung der gleichen Kommunikationsbibliothek transparent für beide Programme (Pakete vom PC an den mobilen Knoten können direkt adressiert und über die Basisstation weitergeleitet werden und umgekehrt). Die Messungen der lokalen Ausführung, welche im Rahmen von [Yordanov, 2008] durchgeführt wurden, zeigen klar den Overhead durch die *Implicit Middleware*, der im schlimmsten Fall angenommen werden kann. Für die bei der Optimierung genutzte Modellierung ist es wichtig, dass dieser Overhead jedoch konstant vom Aufruf abhängt. Hierzu wurden die Latenzen für verschiedene Java-Aufrufe zwischen den Knoten gemessen.

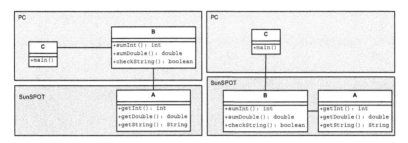

**Abbildung 46:** Verteilung eines trivialen Testprogramms

Wichtig für die spätere Definition der Kostenfunktion für die Netzwerkkosten ist, dass die genaue Größe der übertragenen Daten für den Testfall eine untergeordnete Rolle spielt. Bei den Versuchen wurden typische Aufrufe verschiedener Methoden mit Integer- (4 Byte), Double- (8 Byte) und String-Argumenten (mit einer Größe von 14 Byte) übertragen. Wie in Abbildung 47 und 48 zu sehen ist, hing die Ausführungsdauer der Aufrufe im Test unabhängig von Methodentyp linear von der Aufrufhäufigkeit ab (dies ist dadurch zu erklären, dass alle Argumente in ein Paket passen). Die beobachteten Schwankungen liegen bei der Kommunikation mit dem Sensornetz in der Größenordnung von einem Prozent, was auch bei einer Ungleichverteilung der Abweichung eine akzeptable Modellabweichung darstellt. Interessant ist, dass die Kommunikation zwischen zwei lokalen Komponenten, wie in Abbildung 47 dargestellt, ähnlich lange Latenzen hat wie ein Aufruf zu einem Sensorknoten. Dies liegt daran, dass die Middleware lokale Aufrufe nicht gesondert behandelt, sondern über den Dispatcher einen neuen Ablaufstrang erzeugt. Eine Differenzierung des Spezialfalls bzw. effiziente Interprozesskommunikationsmechanismen (IPC) würden hier Abhilfe schaffen ist dies jedoch bei einer statischen Optimierung und Zerteilung gar nicht nötig.

Um die Behauptung nachweisen zu können, dass eine Verbesserung der Performanz gegenüber handgeschriebenem Code möglich ist, wird die gleiche Anwendung ohne die Verwendung der "Impliziten Middleware" durch fest verdrahtete Middleware implementiert.

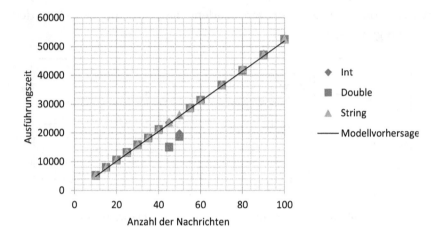

**Abbildung 47:** Gemessene Zeit für lokale Übertragungen mit Middleware vs. lineares Modell

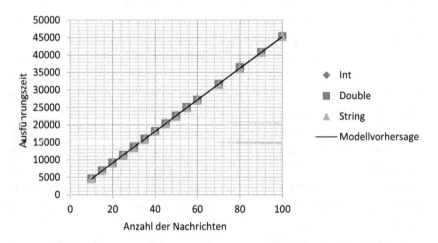

**Abbildung 48:** Gemessene Zeit für Übertragungen zwischen Rechner und SunSpots mit Middleware vs. lineares Modell

Während die manuelle Implementierung alle nichtgebundenen Teile auf dem PC implementiert, was im Falle einer schnellen Kommunikation die optimale Strategie darstellt, wird anschließend mithilfe der *Implicit Middleware* die Verteilung auf den veränderten Ausführungskontext optimiert. Die kommunikationsintensiven Schnittstellen werden als Resultat lokal gehalten und die Middleware nur an Stellen eingeführt, an denen sie explizit benötigt wird.

Abbildung 49 zeigt die Messerergebnisse für die Testanwendungen, welche zwischen einem SunSpots Sensorknoten und einem PC verteilt wurde. Im ersten Vergleichsfall wird zwar die optimale Verteilung gewählt, es wird jedoch auf eine automatische Generierung der Middleware verzichtet. Aufgrund des hohen Overheads durch den wiederholten Aufruf der Middlewareschnittstelle auf den SunSpots ist hier, eine unakzeptabel langsame Ausführung zu beobachten. Dieser Fall entspricht einer manuell eingeführten Middleware, welche erst zur Laufzeit dynamisch optimiert.

Deutlich besser ist das Ergebnis, wenn man nur das Nötigste auf dem Sensorknoten ausführt und sich auf die suboptimale Verteilung festlegt, aber die Middlewareschnittstellen nur an den notwendigen Stellen einfügt. Hierdurch ist im Test trotz der statischen suboptimalen Verteilung, im Beispiel eine Verbesserung von 83% gegenüber der "dynamischen"Middleware zu erreichen. Dieser Fall entspricht einer statischen manuellen Implementierung unter unvollständigem Wissen.

Nur durch die *Implicit Middleware* lässt sich eine optimale Strategie ohne Wissen über den Ausführungskontext wählen und darauf aufbauend die Middlewareschnittstelle minimieren. Hierdurch waren nochmals 86% Einsparungen gegenüber der statischen Implementierung erreichbar. Diese Zahlen sind nicht repräsentativ für beliebige Anwendungen, belegen jedoch die Aussage, dass durch die *Implicit Middleware* eine Verbesserung gegenüber alternativen Implementierungen möglich ist. In realistischen Anwendungen fallen die Einsparungen, wie auch vorangegangenen Experimente zeigen, entsprechend geringer aus.

### 4.6.3 Bessere Integration in komplexe und heterogene Systeme bei geringer Codegröße

Die Anforderung der dynamischen Anpassbarkeit der Verteilung über heterogene Systeme mit unterschiedlichen Vernetzungs- und Ausführungseigenschaften stellt gemeinhin eine hohe Anforderung an Midd-

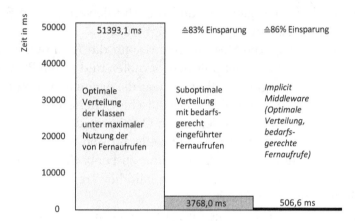

**Abbildung 49:** Durchschnittliche Ausführungszeit über 100 Versuche

lewaresysteme dar. Dabei ist gerade Ressourceneffizienz eine Herausforderung, da komplexere Strategien nur unter erhöhtem Aufwand zur Laufzeit implementiert werden können.

Neben der Ausführungsgeschwindigkeit ist dabei die Programmgröße von komplexen Implementierungen ein begrenzender Faktor für viele Ubiquitäre Systeme. Auf hoch eingebetteten Systemen wie dem verwendeten Particle Computer steht, trotz einer sehr einfachen (wie unvollständigen) JavaVM-Implementierung wie der ParticleVM, nur sehr begrenzter Speicherplatz zur Verfügung (siehe Abbildung 50). Selbst eine minimalistische Middlewareschicht und zusätzlich generierter Code wie die der *Implicit Middleware* ist hier kritisch. In Abbildung 3 wurde abhängig von der Anzahl der von einer Verteilung betroffenen Klassen und Methoden der zusätzliche Programmspeicher gemessen, welcher von der *Implicit Middleware* zur Laufzeit benötigt wird. Die Laufzeitbibliothek wird hierzu auf beiden Plattformen benötigt.

Zum Zeitpunkt ihrer Entwicklung war die *Implicit Middleware* damit die einzige transparente Java Middleware, welche auf dieser Plattformklasse ausführbar war. Im Jahr 2011 wurde von Junior et al. [2011] die SpotShout Middleware entwickelt, welche auf der Serialisierungs-

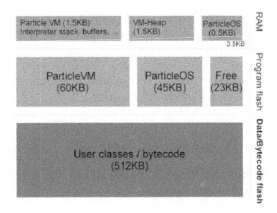

**Abbildung 50:** Speichernutzung der ParticleVM auf einem Particle Computer [Riedel und Arnold, 2007]

|  | einmalig | pro Klasse | pro Methode |
|---|---|---|---|
| Bibliothek | 37 |  |  |
| Stubklasse |  |  | 1,3 |
| DispatchHelper | 1,15 | 0,024 | 0,035 |

**Tabelle 3:** Speicheraufwand in kB abhängig von der Programmkomplexität

schnittstelle des Karlsruher Sensornetwork Projekts aufsetzt [Bestehorn et al., 2009]. Die SpotShout Middleware nutzt ähnlich wie die *Implicit Middleware* Codegenerierung, setzt aber zur Entwicklungszeit an. So werden die Stubklassen auf Basis des Java-Sourcecodes erstellt und der Programmierer muss explizit die Middlewareschnittstelle und die Stubklassen einbinden.

Andere minimale Implementierungen von Java Fernaufrufen setzen hingegen auf Reflexionsmechanismen auf, welche von den meisten eingebetteten Virtuellen Maschinen für Sensorknoten wie [Caracas et al., 2009; Brouwers et al., 2009; Aslam et al., 2008; Riedel und Arnold, 2007] nicht unterstützt werden. Ein Beispiel für eine Implementierung ist das LipeRMI Projekt. Modellgetriebene Entwicklung kompensiert die fehlende Reflexion zur Laufzeit und erzielt eine kompakte Darstellung im Programm.

Abbildung 4 vergleicht die verschiedenen Laufzeitbibliotheken zur Unterstützung von Fernaufrufen. Zum Vergleich wurde den leichtge-

| GNU RMI | LipeRMI | SpotShout +KSN Ser | Implicit Middleware |
|---|---|---|---|
| 12575/21653 | 474/615 | 791+735/1016+1001 | 425/606 |

**Tabelle 4:** Quellcodezeilen (logisch/physikalisch) verschiedener Java Middleware für den Methodenfernaufruf

| SpotShout | | Particle Computer | PlainJava |
|---|---|---|---|
| 588/747 | 169/237 | 168/233 | 163/229 |

**Tabelle 5:** Quellcodezeilen (logisch/physikalisch) für die Bindung gegen Kommunikationsplattform

wichtigen Implementierungen zusätzlich eine vollständige Implementierung von Java RMI auf Basis von Corba IoP entgegengesetzt. Die *Implicit Middleware* Implementierung, welche auf Codegenerierung beruht, benötigt neben der reflexionsbasierenden Implementierung am wenigsten Laufzeitcode und ist als Einzige vollständig automatisiert auf bestehende Javaprogramme ohne Veränderung des Quellcodes anwendbar. Darüber hinaus braucht sie deutlich kleinere Schnittstellen und Anpassungen auf existierende Sensornetzwerkplattformen. Tabelle 5 stellt den für die Plattformbindung benötigten Quellcode in Relation zu der SpotShout-Implementierung dar, welche jedoch momentan lediglich auf SunSpots-Sensorknoten lauffähig ist.

Für die Abschätzung des Implementierungsaufwandes nutzen wir die Anzahl der Quellcodezeilen (SLOC) für äquivalente Codeanteile in den verschiedenen Implementierungen. Um Vergleichbarkeit über verschiedene Programmiersprachen hinweg sicherzustellen, wurde die SLOC-Zähl-Implementierung des USC CodeCount-Werkzeugs (UCC) genutzt, welches eine klare Zählmethode definiert [Nguyen et al., 2007]. Das Tool unterstützt die Berechnung der Quellcodezeilen für die meisten gängigen Programmiersprachen. Da Modelltransformationssprachen keine vorimplementierten Zählregeln existieren, wurde für diese Arbeit ein eigener UCC-Zähler für die Epsilon Transformationssprache (ETL) entwickelt. Aufgrund der strukturellen Ähnlichkeit konnten hierzu die Zählregeln für Java angepasst und um Transformationsdefinitionen erweitert werden.

|  | Implicit Middleware Referenzimpl. | Implicit Middleware mit MDSD | jOrchestra |
|---|---|---|---|
| Optimierung | 853/1233 | 0* | 1631/2129** |
| Kostenfunktion | 31/41 | 6* | -** |
| Modell-zu-Kosten | 144/232 | 14/19 | -** |
| Stellvertretererst. | 1060/1723 | 245/200 | 1025/1446 |
| EMF-Adapter | - | 126/183 | - |

**Tabelle 6:** Implementierungsaufwand Bytecodepartitionierungsysteme (* implizit/DSL,**Heuristik)

Interessanter als die Komplexität der für die Domänenarchitektur benötigten Plattform ist jedoch die Implementierung der *Implicit Middleware* an sich. Die herausragende Motivation für die Adaption eines MDSD Prozesses ist die Effizienz der Entwicklung. Dabei ist diese Entwicklungseffizienz nicht alleine auf die Codegenerierung zurückzuführen. Vielmehr soll gezeigt werden, die Generierung von ausführbarem Code auf Basis von MDSD die Entwicklung beschleunigt. Hierzu ist es hilfreich, dass eine funktionsäquivalente Implementierung der *Implicit Middleware* ohne MDSD bereits in [Célette, 2007; Yordanov, 2008] entwickelt wurde. Gleichzeitig existiert mit jOrchestra [Tilevich und Smaragdakis, 2009] ein System, welches ähnlich wie die *Implicit Middleware* monolithische Java-Programme auf Klassenbasis zerteilen kann. Auch wenn jOrchestra durch seine Laufzeitkomplexität weder auf Sensorknoten lauffähig ist noch eine statische Optimierung der Ausführungskosten bezüglich der Umgebung ausführt, konnten teilweise äquivalente Teile für einen Vergleich herangezogen werden. Der Vergleich der Quellcodezeilen, welcher in Tabelle 6 aufgeführt ist, zeigt eine deutliche Reduktion des notwendigen Implementierungsaufwandes für relevante Teile des Systems. Wichtig ist, dass es sich bei den verglichenen Systemen ebenfalls um Codegeneratoren handelt, die jedoch nicht eine Abbildung auf MDSD Werkzeuge und Meta-Modelle abbilden. Entscheidender Faktor ist die Integration existierender, stabiler, optimierter Werkzeuge; im Fall der *Implicit Middleware* von mathematischen Solvern wie soplex oder CPlex (über die ZIMPL DSL). Hierdurch entfallen relevante Teile der Entwicklung lediglich auf die Abbildung des Problems auf bestehende Werkzeuge, welche effizient das spezifische Problem lösen. Die zentrale Definition der Kostenfunktion kann hierdurch in 6 Zeilen Quelltext abgehandelt werden, welche in entsprechend gekapseltem Java-Code (Besuchermuster) noch das 5-fache an Code einnimmt. Die manuell implementierte Optimierung aus [Célette, 2007] entfällt vollständig. Auch transitive Randbedingungen wie die Zusammenverteilung von Klassen mit der jeweiligen Oberklasse lassen sich auf mathematischer Modellebene effizient ausdrücken.

## 4.7 ZUSAMMENFASSUNG

Ausgangspunkt für die Überlegungen in diesem Kapitel war die Herausforderung, Dienste, wie die Überwachung von chemischen Gütern, durch Ubiquitäre Systeme näher an der Realität auszuführen. Ziel war ein nahtloser Übergang von monolithischen Systemen zu Ubiquitären Systemen, ohne Sensorknoten lediglich als Datenlieferanten zu sehen. Grundlage hierfür stellte die Portierung einer virtuellen Javamaschine auf Sensorknoten und die Dienstinfrastruktur dar, welche innerhalb des CoBIs Projektes erstellt wurde. Motiviert durch die praktischen Erfahrungen innerhalb des CoBIs Projekts adressiert die *Implicit Middleware* das Problem einer optimalen Verteilung ohne Wissen über den Ausführungskontext zur Entwicklungszeit. Grundlegende Idee ist es daher, auf explizite Middleware zu verzichten und monolithische Dienste direkt automatisiert auf zeitveränderlichen Ubiquitären Systemen zu verteilen.

Die *Implicit Middleware* ermöglicht es, vorkompilierte Java-Dienste modularisiert auf Sensorknoten auszuführen. Durch die Automatisierung und Verlagerung der Modularisierung von der Entwicklungszeit bis zur letztendlichen Ausführung kann die *Implicit Middleware* die Verteilung des Dienstes auf die kontextuellen Gegebenheiten der Ausführungsumgebung adaptieren. Durch die Integration mit der CoBIs-Infrastruktur, kann die *Implicit Middleware* die Verteilung anhand der lokal verfügbaren, aktuellen Netzwerk- und Rechenressourcen dynamisch anpassen und das Programm dazu auf den Bytecode umschreiben.

Hierzu wurde ein MDSD-Prozess entworfen, welcher von ausführbarem Bytecode, Profiling-Traces und dem aktuellen Systemzustand ausgeht und über Kostenfunktionen - vom Entwickler spezifiziert - in ein mathematisches Optimierungsmodell transformiert. Auf Basis dieses Modells wurde ein gekoppelter Transformationsprozess definiert, welcher das Ausgangsmodell, also hier den ausführbaren Dienst, analog der Lösung des Optimierungsproblems transformiert. Die Optimierung ist auf Basis von mathematischer Programmierung durch die Einbettung der Zuse Institute Mathematical Programming Language leicht erweiterbar.

Die Domänenarchitektur wurde vollständig in das Eclipse Modelling Framework integriert und

- zerteilt eine Java-Applikation automatisiert in verteilte Artefakte,

- optimiert diese nach vorgegebenen Kostenmodellen

- und generiert bedarfsgerechte Middlewareschnittstellen.

Wie gezeigt wurde, kann die Transformation existierender Anwendungen zur Laufzeit zu einem vielfachen Geschwindigkeitsgewinn bei der Ausführung auf dem Zielsystem führen. Neben der Automatisierbarkeit des Prozesses können als Effekt des modellgetriebenen Entwicklungsprozesses insbesondere die erwarteten Eigenschaften erhöhter Flexibilität und Performanz bei Reduktion der Implementierungskomplexität durch die Nutzung formaler Modellierung und elegante Einbindung problemspezifischer Werkzeuge nachgewiesen werden. Auch wenn die *Implicit Middleware* innovative Konzepte für die Verteilung von Funktionalität auf Ubiquitären Systemen nutzt, sind die erstellten Systeme in der Praxis nur begrenzt einsetzbar:

+ Die Nutzung kompilierter Javaprogramme ermöglicht die verteilte Ausführung von monolithischen Javaprogrammen auf Ubiquitären Systemen ohne Eingriff in den Quelltext und ohne explizit zusätzliche Programmierabstraktionen einzuführen.

+ Die Generierung von Middleware kann den zusätzlichen Over-head auf den Bedarfsfall reduzieren. Modelladaptive Codetrans-formation ist damit eine Alternative zu reflexiven Middleware-mechanismen für ressourcenbeschränkte Ubiquitäre Systeme.

+ Durch die Integration existierender Modellschnittstellen und ma-thematischer Optimierungstechniken zur Modelltransformation konnte der Implementierungsaufwand der *Implicit Middleware* stark reduziert werden.

− Durch die Nutzung der Java-Applikationsstruktur als Modell-grundlage ist die Zerteilung und damit die Optimierung auf die Klassenstruktur begrenzt.

− Der Erhalt der Semantik der JavaVM kann nur unter einschrän-kenden Annahmen garantiert werden und hängt stark von den Implementierungen des Laufzeitsystems der Sensorknotenplatt-form ab.

− Sensornetzwerktypische Interaktionsformen wie nebenläu-fige Aggregation können durch die Transformation auf Bytecodeebene nicht dargestellt werden.

⊢ Durch die Formalisierung des Optimierungswissens durch MDSD können existierende Applikationen automatisiert auf den Ausführungskontext Ubiquitärer Systeme angepasst werden.

+ Durch die Verschiebung der Plattformbindung bis kurz vor die Laufzeit und der Einbindung der Domänenarchitektur in das Laufzeitsystem kann die *Implicit Middleware* im Gegensatz zu einem menschlichen Entwickler mit dem maximal verfügbaren Wissen arbeiten.

# LITERATURVERZEICHNIS

[Amelunxen et al. 2006] AMELUNXEN, C.; KÖNIGS, A.; RÖTSCHKE, T. ; SCHÜRR, A.: MOFLON: A standard-compliant metamodeling framework with graph transformations. In: *Model Driven Architecture–Foundations and Applications*, 2006, S. 361–375

[ANSAware 1993] ANSAWARE, A. P. M.: 4.1 Application Programming in ANSAware. In: *Document RM* 102 (1993)

[Arnold 2007] ARNOLD, A.: *Ein objektorientierter Ansatz zur Programmierung von Sensorknoten.* Karlsruhe, Universität Karlsruhe (TH), Diplomarbeit, 2007

[Aslam et al. 2008] ASLAM, F.; SCHINDELHAUER, C.; ERNST, G.; SPYRA, D.; MEYER, J. ; ZALLOOM, M.: Introducing TakaTuka: a Java virtual-machine for motes. In: *Proceedings of the 6th ACM conference on Embedded network sensor systems*, 2008, S. 399–400

[Banavar und Bernstein 2002] BANAVAR, G.; BERNSTEIN, A.: Software infrastructure and design challenges for ubiquitous computing applications. In: *Communications of the ACM* 45 (2002), 12. – doi: 10.1145/585597.585622. – ISSN 00010782

[Becker et al. 2009] BECKER, S.; KOZIOLEK, H. ; REUSSNER, R.: The Palladio component model for model-driven performance prediction. In: *Journal of Systems and Software* 82 (2009), 1, Nr. 1, 3–22. – doi: 16/j.jss.2008.03.066. – ISSN 0164–1212

[Bernstein 1996] BERNSTEIN, P. A.: Middleware: a model for distributed system services. In: *Communications of the ACM* 39 (1996), Nr. 2, S. 86–98

[Bestehorn et al. 2009] BESTEHORN, M.; KESSLER, S. ; MEISINGER, S.: KSN Serialization Manual / IPD, KIT. Version: 3 2009. www.ipd.uni-karlsruhe.de/KSN/Serialization/downloads/ KSN\%20Serialization\%20Manual.pdf. 2009. – Manual

[Brouwers et al. 2009] BROUWERS, N.; LANGENDOEN, K. ; CORKE, P.: Darjeeling, a feature-rich vm for the resource poor. In: *Proceedings of the 7th ACM Conference on Embedded Networked Sensor Systems*, 2009, S. 169–182

[Caracas et al. 2009] CARACAS, A.; KRAMP, T.; BAENTSCH, M.; OESTREI-CHER, M.; EIRICH, T. ; ROMANOV, I.: Mote Runner: A Multi-language Virtual Machine for Small Embedded Devices. In: *Sensor Technologies and Applications, International Conference on* Bd. 0. Los Alamitos, CA, USA : IEEE Computer Society, 2009. – ISBN 978-0-7695-3669-9, S. 117–125. doi: http://doi.ieeecomputersociety.org/10.1109/SENSORCOMM.2009.27

[Chaves et al. 2006] CHAVES, L. W. F.; SOUZA, L. M. d.; MÜLLER, J. ; ANKE, J.: Service lifecycle management infrastructure for smart items. In: *Proceedings of the international workshop on Middleware for sensor networks*. Melbourne, Australia : ACM, 2006 (MidSens '06). – ISBN 1-59593-424-3, S. 25–30. – ACM ID: 1176871. doi: 10.1145/1176866.1176871

[CoBIs 2005] CoBIs: Relocatable services and service classification scheme. Version: 2 2005. http://www.cobis-online.de/files/Deliverable_D104V2.pdf. 2005 (D101). – Forschungsbericht

[Czarnecki und Eisenecker 2000] CZARNECKI, K.; EISENECKER, U.: *Generative Programming: Methods, Tools, and Applications*. 1. Addison-Wesley Professional, 2000. – ISBN 0201309777

[Célette 2007] CÉLETTE, J.: *Implizite Middleware*. Karlsruhe, Universität Karlsruhe (TH), Diplomarbeit, 2007

[Drago et al. 2010] DRAGO, M.; GHEZZI, C. ; MIRANDOLA, R.: QVTR 2: a rational and performance-aware extension to the relations language. In: *Proceedings of the 2010 international conference on Models in software engineering*, 2010, S. 328–328

[Floch et al. 2011] FLOCH, A.; YUKI, T.; GUY, C.; DERRIEN, S.; COMBEMA-LE, B.; RAJOPADHYE, S. ; FRANCE, R.: Model-Driven Engineering and Optimizing Compilers: A bridge too far? Wellington, New Zealand, 2011

[Fourer et al. 2005] FOURER, R.; LOPES, L. ; MARTIN, K.: LPFML: A W3C XML schema for linear and integer programming. In: *INFORMS Journal on Computing* 17 (2005), Nr. 2, S. 139

[Fourer et al. 2010] FOURER, R.; MA, J. ; MARTIN, K.: OSiL: An instance language for optimization. In: *Computational optimization and applications* 45 (2010), Nr. 1, S. 181–203

[Fourer et al. 2008] FOURER, R.; MA, J. ; MARTIN, K.: OSiL: An instance language for optimization. In: *Computational Optimization and Applications* 45 (2008), 1, Nr. 1, 181–203. – doi: 10.1007/s10589-008-9169-6. – ISSN 0926–6003

[Gosling et al. 1996] GOSLING, J.; JOY, B. ; STEELE, G. L.: *The Java Language Specification*. Addison-Wesley Longman Publishing Co., Inc. Boston, MA, USA, 1996

[Hamilton 2003] HAMILTON, J.: Language integration in the common language runtime. In: *SIGPLAN Not.* 38 (2003), 2, Nr. 2, 19–28. – doi: 10.1145/772970.772973. – ISSN 0362–1340

[Iwasaki und Kawaguchi 2007] IWASAKI, Y.; KAWAGUCHI, N.: *An Automatic Software Decentralization Framework for Distributed Device Collaboration*. IEEE Computer Society, 2007. – ISBN 0–7695–2838–4

[Junior et al. 2011] JUNIOR, M. R.; COSTA, F. M. ; SACRAMENTO, V. J.: spotSHOUT: Um Middleware de Objetos Distribuıdos para Redes de Sensores Sem Fio, 2011

[Koch 2004] KOCH, T.: Rapid mathematical programming. Version: 2004. http://citeseerx.ist.psu.edu/viewdoc/summary?doi=10.1.1.87.379. 2004. – Forschungsbericht

[Koch et al. 2005] KOCH, T.; HAASIS, H.; KOPFER, H. ; SCHÖNBERGER, J.: Rapid Mathematical Programming or How to Solve Sudoku Puzzles in a Few Seconds. In: *Operations Research Proceedings 2005* Bd. 2005, Springer Berlin Heidelberg, 2005 (Operations Research Proceedings). – ISBN 978–3–540–32539–0, 21–26. doi: 10.1007/3-540-32539-5

[Koopmans und Beckmann 1957] KOOPMANS, T.; BECKMANN, M.: Assignment problems and the location of economic activities. In: *Econometrica: Journal of the Econometric Society* (1957), S. 53–76

[Kubach und Decker 2004] KUBACH, U.; DECKER, C.: *Real-time monitoring using sensor networks*. Google Patents, 2004. – US Patent App. 11/021,477

[Kubach et al. 2004] KUBACH, U.; DECKER, C. ; DOUGLAS, K.: *Collaborative control and coordination of hazardous chemicals*. Baltimore, MD, USA : ACM Press, 2004. – ISBN 1–58113–879–2

[Kuleshov 2007] KULESHOV, E.: Using the ASM framework to implement common Java bytecode transformation patterns. In: *on Aspect-Oriented Software Development, ASIC, ed.: AOSD07 Sixth International Conference on Aspect-Oriented Software Development*, 2007

[Loiola et al. 2007] LOIOLA, E. M.; ABREU, N. M. M.; BOAVENTURA-NETTO, P. O.; HAHN, P. ; QUERIDO, T.: A survey for the quadratic assignment problem. In: *European Journal of Operational Research 176* (2007), 1, Nr. 2, 657–690. – doi: 10.1016/j.ejor.2005.09.032. – ISSN 0377–2217

[Marin-Perianu et al. 2007] MARIN-PERIANU, M.; MERATNIA, N.; HAVINGA, P.; SOUZA, L. de; MULLER, J.; SPIESS, P.; HALLER, S.; RIEDEL, T.; DECKER, C. ; STROMBERG, G.: Decentralized enterprise systems: a multiplatform wireless sensor network approach. In: *Wireless Communications, IEEE 14* (2007), Nr. 6, 57–66. – doi: 10.1109/MWC.2007. 4407228. – ISSN 1536–1284

[Milner 2006] MILNER, R.: Ubiquitous computing: shall we understand it? In: *The Computer Journal 49* (2006), Nr. 4, S. 383

[Nguyen et al. 2007] NGUYEN, V.; DEEDS-RUBIN, S.; TAN, T. ; BOEHM, B.: A SLOC counting standard. In: *COCOMO II Forum*, 2007

[Petter et al. 2009] PETTER, A.; BEHRING, A. ; MÜHLHÄUSER, M.: Solving constraints in model transformations. In: *Theory and Practice of Model Transformations* (2009), S. 132–147

[Puder 2005] PUDER: An XML-Based Cross-Language Framework. In: *On the Move to Meaningful Internet Systems 2005: OTM Workshops* (2005). http://dx.doi.org/10.1007/11575863_10

[Puder et al. 2008] PUDER, A.; HAEBERLING, S. ; TODTENHOEFER, R.: An MDA Approach to Byte Code Level Cross-Compilation. In: *Software Engineering, Artificial Intelligence, Networking, and Parallel/Distributed Computing, 2008. SNPD'08. Ninth ACIS International Conference on*, 2008, S. 251–256

[Puder et al. 2005] PUDER, A.; RÖMER, K. ; PILHOFER, F.: *Distributed Systems Architecture: A Middleware Approach*. Morgan Kaufmann, 2005. – ISBN 1558606483

[Rensink und Nederpel 2008] RENSINK, A.; NEDERPEL, R.: Graph Transformation Semantics for a QVT Language. In: *Electron. Notes Theor. Comput. Sci.* 211 (2008), 4, 51–62. – doi: 10.1016/j.entcs.2008.04.029. – ISSN 1571–0661

[Riedel et al. 2008a] RIEDEL, T.; BEIGL, M.; BERCHTOLD, M.; DECKER, C. ; PUDER, A.: Implicit Middleware. In: *On the Move to Meaningful Internet Systems: OTM 2008 Workshops* Bd. 5333, 2008 (LNCS), S. 830–840. doi: 10.1007/978-3-540-88875-8_108

[Riedel et al. 2008b] RIEDEL, T.; SCHOLL, P.; DECKER, C.; BERCHTOLD, M. ; BEIGL, M.: Pluggable real world interfaces Physically enabled code deployment for networked sensors. In: *Networked Sensing Systems, 2008. INSS 2008. 5th International Conference on*, 2008, 111–114. doi: 10.1109/INSS.2008.4610909

[Riedel und Arnold 2007] RIEDEL, T.; ARNOLD, A.: An OO Aproach to Sensor Programming. In: *Adjunct Proceedings of the 4th European Confererence on Wireless Sensor Networks*, 2007, S. 39–40

[Riedel et al. 2007a] RIEDEL, T.; DECKER, C.; BERCHTOLD, M. ; BEIGL, M.: Life Cycle Management of Pervasive Services. In: *Advances in Pervasive Computing*. Toronto, Canada : Austrian Computer Society, 2007. – ISBN 978–3–85403–219–9, S. 65–68

[Riedel et al. 2007b] RIEDEL, T.; DECKER, C.; SCHOLL, P.; KROHN, A. ; BEIGL, M.: Architecture for Collaborative Business Items. In: *Architecture of Computing Systems - ARCS 2007*, 2007, S. 142–156. doi: 10.1007/978-3-540-71270-1_11

[Schichl 2004] SCHICHL, H.: Models and History of Modeling. In: KALLRATH, J. (Hrsg.): *Modeling languages in mathematical optimization* Bd. 88. Springer, 2 2004. – ISBN 9781402075476

[Schneider und Toomey 2006] SCHNEIDER, S. E.; TOOMEY, J.: *Achieving Continuous Integration with the Eclipse Test and Performance Tools Platform*. 2006

[Schoeberl et al. 2010] SCHOEBERL, M.; PREUSSER, T. B. ; UHRIG, S.: The embedded Java benchmark suite JemBench. In: *Proceedings of the 8th International Workshop on Java Technologies for Real-Time and Embedded Systems*. New York, NY, USA : ACM, 2010 (JTRES '10). – ISBN 978-1-4503-0122-0, 120–127. doi: 10.1145/1850771.1850789

[Simon et al. 2006] SIMON, D.; CIFUENTES, C.; CLEAL, D.; DANIELS, J. ; WHITE, D.: JavaTM on the bare metal of wireless sensor devices: the squawk Java virtual machine. In: *Proceedings of the 2nd international conference on Virtual execution environments*. Ottawa, Ontario, Canada : ACM, 2006 (VEE '06). – ISBN 1-59593-332-8, S. 78–88. – ACM ID: 1134773. doi: 10.1145/1134760.1134773

[Simos et al. 1996] SIMOS, M.; CREPS, D.; KLINGLER, C.; LEVINE, L. ; ALLEMANG, D.: Organization domain modeling (ODM) guidebook version 2.0 / STARS. Version: 6 1996. http://www.sei.cmu.edu/str/descriptions/odm.html. 1996 (STARS-VCA025/ 001/00). – Forschungsbericht

[Stahl et al. 2007] STAHL, T.; VÖLTER, M.; EFFTINGE, S. ; HAASE, A.: *Modellgetriebene Softwareentwicklung: Techniken, Engineering, Management*. 2., aktualisierte und erweiterte Auflage. Dpunkt Verlag, 2007. – ISBN 3898644480

[Tilevich und Smaragdakis 2009] TILEVICH, E.; SMARAGDAKIS, Y.: J-Orchestra. In: *ACM Transactions on Software Engineering and Methodo-*

*logy* 19 (2009), 8, Nr. 1, 1–40. – doi: 10.1145/1555392.1555394. – ISSN 1049331X

[White et al. 2009] WHITE, J.; GRAY, J. ; SCHMIDT, D. C.: Constraint-Based Model Weaving. In: *Transactions on Aspect-Oriented Softwa-re Development VI* 5560 (2009), 153–190. http://www.springerlink.com/content/375237014777rj32/references/

[Yordanov 2008] YORDANOV, D.: *Implicit Middleware for Sun SPOTS.* Karlsruhe, University of Karlsruhe (TH), Studienarbeit, 2008

# MODELLGETRIEBENE KOMMUNIKATION

**ZIEL:** Ziel ist die Entwicklung hoch-optimierter, plattformspezifischer Kommunikationsmechanismen, welche gleichzeitig Interoperabilität in heterogenen Ubiquitären Systemen sicherstellen.

**KONZEPT:** Mittels MDSD wird heterogene Kommunikation zunächst auf ein formales Grundgerüst reduziert, auf dessen Basis technologische Abbildungen entworfen werden. Codierungen und Schnittstellen werden mit geringem Aufwand an den technologischen Kontext wie z. B. Web Services und proprietäre Sensornetzwerke adaptiert.

**BEITRÄGE:** Typische technologisch relevante Problemstellungen Ubiquitärer Systeme, wie Nachrichtenaustausch, -kompression und -übersetzung werden auf ein formal fundiertes, leicht erweiterbares Entwicklungsrahmenwerk abgebildet, welches syntaktischen und semantischen Transformation von Nachrichten auf eingebetteten Systemen unterstützt.

**VORAUSSETZUNGEN:** Die Referenzimplementierungen der Sensorknoten-Gateways entstanden innerhalb des Aletheia Projektes und erweitern die Basis-Bibliotheken für Devices Profile for Web Services des WS4D Projektes. Die aspektorientierte Codegenerierung in EMF nutzt insbesondere xPand-Schablonen.

**ERGEBNIS:** Speziell die erwarteten Eigenschaften erhöhter Flexibilität und Ressourceneffizienz durch die Codegenerierung konnten als Effekt der formalen Modellierung innerhalb des MDSD-Ansatzes nachgewiesen werden.

## 5.1 EINLEITUNG

Die Schaffung eines globalen Netzwerks verschiedener ubiquitärer Netzwerke ist eine der treibenden technologischen Visionen innerhalb Ubiquitärer Systeme. Dahinter steht maßgeblich die wirtschaftliche Vision der Schaffung von domänen- und netzwerkübergreifenden Geschäftsfeldern und Nutzungsszenarien durch durchdringende Informationsvernetzung. Das sogenannte '"Internet der Dinge" (IoT, *Internet of Things*) [Union, 2005], [Gershenfeld et al., 2004] spielt damit doppelt, einmal technisch und zum anderen ökonomisch, auf das Internet an. Zum einen referenziert es das globale IP-basierte Netzwerk, welches über 5 Milliarden Geräte verschiedenster Netzwerke verbindet, und zum anderen den daraus seitdem entstandenen Kern wirtschaftlichen Wachstums [Research, 2010]. Genauso wie in der Evolution des Internets ist die Voraussetzung für wirklich ubiquitäre Anwendungen die Harmonisierung von existierenden Technologien und die Ermöglichung von übergreifenden Kommunikationssystemen.

Heutzutage sind 98% aller Rechnerkerne (Mikroprozessoren) innerhalb von eingebetteten Systemen verbaut [Turley, 2003], welche zunehmend vernetzt werden. Die globale Kommunikation zwischen den Geräten und Entitäten des realen Lebens birgt durch die stärkere Interaktion mit alltäglichen Problemen und Prozessen über Domänengrenzen hinweg einen enormen Mehrwert [Buckley, 2006]. Eine solch globale übergreifende Kommunikation bedarf jedoch einer globalen Sprache bzw. ubiquitär einsetzbarer Übersetzungsmechanismen.

Ein System, welches z. B. drahtlose Sensorknoten und klassische RFID Technologie umfasst, muss zudem verschiedensten technischen Anforderungen Rechnung tragen. Spezialisierte Protokolle adressieren Ressourcenbeschränkungen wie Energie, Kommunikationsbandbreite, Kommunikationstopologie sowie Rechenkraft der verschiedenen Systeme. Die Entwicklung optimierter Protokolle, die immer neue Anwendungen ubiquitärer Informationstechnologien in verschiedenen Anwendungsfällen erlauben, ist ein komplexes Unterfangen.

In diesem Kapitel wird gezeigt, dass sich mit einer einzigen anpassbaren Domänenarchitektur auf Basis von existierenden Schnittstellensprachen wie der Web Service Description Language, proprietäre und standardisierte ubiquitäre Technologien effizient untereinander vernetzen. So werden Gateways generiert, welche genutzt werden, um mobile Diagnoseapplikationen mit ad hoc-vernetzten Systemen zu verbinden. Der Entwurf basiert nicht nur auf einem formalen Rahmenwerk, sondern das formale Rahmenwerk selbst stellt die Implementierung dar. Die hier entwickelte modellgetriebene Gateway-Architektur nutzt hierzu aspektorientierte Codeerzeugung, welche auf aktuellen Forschungen zu einer mächtigen, jedoch gut beherrschbaren Klasse von eingabegetriebenen Kellerautomaten (*Input-Driven Automata*, IDA [Mehlhorn, 1980] oder auch *Visibly Pushdown Automata*, VPA [Alur und Madhusudan, 2004]) aufbaut. Auf Basis dieser wohldefinierten Formalismen kann der Nachrichtenaustausch in eine plattformunabhängige ausführbare Darstellung transformiert werden. Davon ausgehend wird plattformspezifischer Code erstellt, welcher den Informationsaustausch gemäß dem Entwicklungsrahmen technisch realisiert. Im Gegensatz zu anderen Middlewaresystemen werden nicht nur bestehende Kommunikationsstandards implementiert, sondern die Implementierung (fast beliebiger) effizienter, flexibler Technologieabbildungen in den Mittelpunkt gestellt. Eine MDSD Domänenarchitektur ermöglicht es dem Entwickler, konkret neue plattformoptimierte Implementierungen zu entwickeln oder an bestehende Systeme anzubinden.

Das hier vorgestellte Rahmenwerk für modellgetriebene Kommunikation erlaubt

- die automatisierte Erzeugung von ressourceneffizienten Übersetzern für drahtlose, nachrichtenbasierte Ad-hoc-Kommunikation,

- die Entwicklung effizienter angepasster Nachrichtenformate und plattformabhängiger Schnittstellen für eingebettete Systeme auf Basis von abstrakten Dienstdefinitionen,

- sowie die Abbildung von Codierung, Übersetzung und Abfrage von Nachrichten auf ein wohldefiniertes formales Rahmenwerk.

### 5.1.1 Wichtige Vorarbeiten

Die Forschungen zur Transformation von Nachrichten mittels leichtgewichtigen Gateways haben, wie auch die Überlegungen des vorangegangenen Kapitels, bereits ihren Ursprung im CoBIs Projekt. Neben der verteilten Ausführung von Code, wie sie dem letzten Kapitel zugrunde liegt, ist ein Problem in heterogenen Systemen (wie dem CoBIs System) die Unterstützung und Vereinheitlichung des Nachrichtenaustausches.

Die Konzepte zur syntaktischen und semantischen Transformation wurden dazu erstmalig in [Riedel et al., 2007b] veröffentlicht und auf global verteilte *peer-to-peer* Sensornetze in [Isomura et al., 2006] angewendet. Der Transformationsprozess in der CoBIs Gatewayarchitektur, insbesondere die Abbildung auf die UPnP Dienstarchitektur, wird in dieser Arbeit stark verallgemeinert und von der Laufzeit auf die Entwicklungszeit übertragen.

Die Nutzung der Modellierung auf Basis von eingabegetriebenen Transduktoren, wie sie dieser Arbeit zugrunde liegt, wurde erstmals in [Riedel et al., 2010b] veröffentlicht. Hier wird auch bereits der modellgetriebene Entwicklungsprozess skizziert. Dieser wurde erstmals innerhalb der Diplomarbeit von Yordanov [2009] prototypisch implementiert. Der Entwurf der dynamischen Laufzeitumgebung für die Web-Service-Gatewayarchitektur, welche die Basis für den Anwendungsfall liefert, wurde innerhalb der Studienarbeit von Genaid [2011] erstmalig implementiert. Ein Überblick der Domänenarchitektur speziell für die Web-Service-Gateways wurde in [Riedel et al., 2010a] veröffentlicht.

Diese Anwendung und die Anforderungen an modellgetriebene Kommunikationstechnologien innerhalb von industriellen Szenarien wurden in [Fantana und Riedel, 2009] und [Fantana und Riedel, 2010] in Zusammenarbeit mit Nicolaie Fantana erarbeitet. Die Eingliederung der Technologien in eine semantische Informationsföderation innerhalb des Aletheia Projektes, welche den übergeordneten Projektrahmen der vorliegenden Arbeit bilden, wird in [Wauer et al., 2011] beschrieben.

## 5.2 SCOPING: MDSD FÜR HETEROGENE KOMMUNI-KATION

In diesem Kapitel wird ein modellgetriebener Entwicklungsprozess vorgestellt, der die Modellierung von verschiedenen Aspekten eines heterogenen Nachrichtenaustauschs erlaubt und die Erstellung konkreter Kommunikationsschnittstellen zwischen heterogenen Diensten weitestgehend automatisiert. Die Domänenarchitektur verfolgt das Ziel, die Entwicklung verschiedenster Protokollübersetzer, Nachrichtencodierungen und Kommunikationsschnittstellen auf einfache Prinzipien zu reduzieren und gleichzeitig auf eine große Menge heterogener, strukturell ähnlicher Technologien zurückgreifen zu können. Sowohl die erzeugten Nachrichteninstanzen als auch die Schnittstellenbeschreibungen können von unterschiedlichster, dem aktuellen Entwicklungs- und Ausführungskontext angepasster Natur sein. Wie der folgende Anwendungsfall zeigt, kann durch einen Middle-Out-Ansatz eine plattformübergreifende Kommunikationsabstraktion geschaffen werden. Diese lässt sich mithilfe eines MDSD-Ansatzes technologisch effizient innerhalb der vorgegebenen Umgebung und mit technisch als auch menschlich begrenzten Ressourcen effizient implementieren.

### 5.2.1 Motivierendes Beispiel: Wartung industrieller Anlagen mittels ad hoc ausgebrachter Sensorik

Historische und Echtzeit Informationsquellen sind für die Instandhaltung industrieller Anlagen sehr wertvoll. Eine Diskrepanz zwischen der Welt, wie sie modelliert wird, und dem realen Zustand führt im Umkehrschluss oftmals zu suboptimalen Wartungsstrategien führt. Insbesondere bietet hier der Einsatz von drahtlosen Sensorknoten, welche kostengünstigen Mikrosystem(MEMS)-Sensoren und energieeffiziente drahtlose Kommunikationsschnittstellen verbinden, neue Möglichkeiten für zustandsbasierte Wartung [Thanagasundram und Schlindwein, 2006; Albarbar et al., 2009, 2008; Badri et al., 2010].

Neben Daten, die von den Anlagen selbst bereitgestellt werden, können gerade flexible, spontan ausgebrachte Sensoriksysteme dazu beitragen, Fehlerquellen an Anlagen zu identifizieren, welche teilweise über 40 Jahre im Einsatz sind. Heutiger Stand ist jedoch, dass gerade Wartungsingenieure vor Ort nur einen begrenzten Zugang zu wichtigen Informationen über den Zustand einer Maschine und deren Umgebung haben.

Als Aspekt der Informationsföderation bildet die Anbindung von heterogenen Diagnosesystemen den Kern einer informierten Wartungsstrategie [Fantana und Riedel, 2009; Wauer et al., 2011]. Gesammelte Diagnosedaten können zusätzlich den Zugriff auf bestehende Datenbestände stark verbessern. Gezielte spontane Messung von Signalen, wie z. B. Schwingungsmustern vor Ort, helfen bekannte Fehlerquellen zu identifizieren. Innerhalb einer mobilen Wartungsstrategie sind gerade drahtlose Sensorknoten eine geeignete technische Plattform, welche jedoch aufgrund ihrer technischen Eigenheiten sowie der beschränkten Ressourcen schwer direkt in generische Informationsföderationssysteme einzubinden sind.

Nur durch den Einsatz standardisierter, wohldefinierter Schnittstellen lässt sich im Produktionsumfeld nicht nur nachhaltige, kostengünstige, sondern auch hochqualitative, sichere und nahtlose Daten- und Informationserfassung gewährleisten. Abbildung 51 zeigt schematisch wie eine entsprechende Gatewayarchitektur aufgebaut ist und wie sie sich in den Kontext der Aletheia-Architektur für das mobile Wartungsszenario einfügt [Wauer et al., 2011].

Geht man davon aus, dass in Zukunft der Servicetechniker eine ganze Reihe verschiedenartiger drahtloser Meßsysteme unterschiedlicher Hersteller mitführt, so muss dem Messprogramm die Semantik aller Schnittstellen bekannt sein. Weiterhin ist die Fähigkeit das System, welches aus heterogenen Komponenten besteht, im Feld zu integrieren, zu konfigurieren und zu kalibrieren von entscheidender Bedeutung für die Anwendung von ad hoc vernetzter Sensorik im Wartungsszenario. Lose gekoppelte, dokumentenbasierte Web-Services bieten einen wohldefinierten Weg um Konfigurations- und Messdaten von drahtlosen Ad-hoc-Systemen und Automatisierungssystemen auszutauschen [Jammes und Smit, 2005; Fantana und Riedel, 2010], haben jedoch den Nachteil einen im Verhältnis zur enthaltenen Information sehr hohen Laufzeitaufwand zu erzeugen.

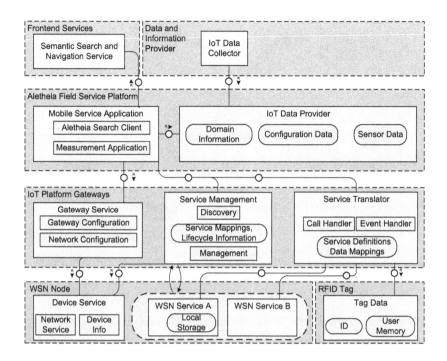

**Abbildung 51:** Einbindung der Nachrichtenübersetzung in die Aletheia-Gesamtarchitektur

Anhand dieses in Abbildung 52 schematisch dargestellten Anwendungsfalls aus dem Aletheia-Projekt können schnell verschiedene Herausforderungen ausgemacht werden. Erstens müssen standardisierte Wege gefunden werden, um vergleichbar hochwertige Daten-Sets mit opportunistischen, verteilten Messungen zu erhalten. Neben den Anforderungen an die Sensorik sind hierbei auch gerade Kommunikationsaspekte betroffen. Bei verteilten Messungen ist z. B. feingranulare Synchronisation von verteilten Messungen von Bedeutung, weswegen optimierte MAC-Protokolle (z. B. [Krohn et al., 2007]) benötigt werden. Zweitens muss bei einer Live-Datenerfassung ein hoher Durchsatz an Messdaten (z. B. 2 kHz * 3 Kanäle à 16 bit = 96 kbps) gewährleistet werden, was bei gleichzeitiger Energieeffizienz der Hardware eine hohe Effizienz bei der Bandbreitennutzung voraussetzt. Der IEEE 802.15.4-2006 2.4 GHz PHY unterstützt optimalerweise eine fixe Kanal-

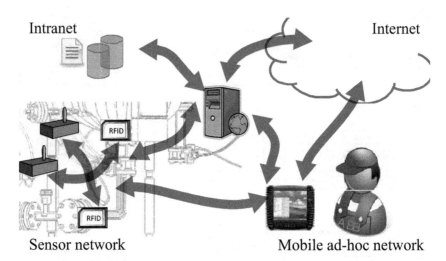

Intranet                                                    Internet

Sensor network                          Mobile ad-hoc network

**Abbildung 52:** Schematische Darstellung der Datenflüsse im Anwendungsfall

Datenrate von 250 kbps, was ungefähr einer maximalen Nutzdatenra-
te von 101 kbps entspricht [Jennic, 2006]. Ohne Optimierung ist die
Abtastung und Übertragung eines dreiachsigen Beschleunigungswer-
tes mit 1 kHz Bandbreite nicht möglich. Eine Codierung als XML-
Nachricht wie bei Webservices ist nicht denkbar.

Dies erklärt auch, warum trotz verstärkter Anstrengungen Standar-
disierungen in diesem Bereich nur begrenzten Einfluss gezeigt haben
Standards wie IEEE 802.15.4 adressieren die verschiedenen applika-
tionsspezifischen Anforderungen dadurch, dass sie sich zum einen
bei der Standardisierung auf einen sehr kleinen Teil der Kommunikation, wie die Adressierung und den konkurrierenden Kanalzugriff,
beschränken. Zum anderen lässt gerade 802.15.4a eine Reihe nicht in-
teroperabler Optionen für die physikalische Umsetzung zu. Während
im WLAN Standard 802.11 es noch geglückt ist, die Interoperabilität der Geräte sicherzustellen, so stellt 802.15.4 global lediglich die
Interoperabilität bezüglich der Adressierung sicher. Dieser Trend zu
einer hohen Diversität nehmen auch Standardisierungsbestrebungen
wie ISA 100.11a zur Kenntnis und versuchen Interoperabilität auf einer höheren Ebene anzusetzen. Zu nennen sind aus jüngster Zeit z. B.
ZigBee(Pro), Wireless HART oder das OPC Binärprotokoll sowie eine

Reihe von breit eingesetzten proprietären Protokollen. Das vorherrschende Problem ist, dass es statt zu einer Vereinheitlichung nur zu dem parallelen Entstehen verschiedenster Standards kommt.

## 5.2.2 Problemstellung

Erweitert man die Betrachtung auf ein Internet der Dinge, so ist die Anzahl der Protokolle und Kommunikationsparadigmen noch diverser. Die eingesetzten Techniken rangieren von Web Services und Wireless LAN über proprietäre Sensor- und Heimautomatisierungsnetze zu global eingesetzten Funktechnologien wie die EPC Protokolle für RFID Anwendungen. Weitere Diversität wird durch verschiedenste Programmiermodelle, Werkzeugunterstützung, Betriebssysteme, Nebenläufigkeitsmodelle und Programmiersprachen eingeführt. Die Möglichkeit und der Zwang innerhalb dieser Systeme möglichst effiziente Implementierungen von Kommunikation zu schaffen, hat zu einer Plethora an Protokollen und Datenformaten geführt. Das Resultat ist ein babylonisches Sprachgewirr, das mit Übersetzungsmechanismen wie Protokollgateways und integrativen Middlewarelösungen adressiert werden muss.

Man sieht, dass die Heterogenität als Konsequenz von plattformspezifischen Optimierungen

- durch bessere Ressourcenausnutzung neuartige Geräte für das Internet der Dinge ermöglicht;

- durch fehlende Interoperabilität dem Internet der Dinge entgegenwirkt.

In der Praxis führt die Heterogenität zu einer Reihe von Plattformen $X$, welche nach Standard $Y$ kommunizieren können. Jeder Standard kommt oft mit einer Vielzahl von Werkzeugketten daher, welche sich für verschiedene Plattformen eignen. Trotz des Generalismusanspruches all dieser Systeme hat sich bis jetzt trotz der Ähnlichkeiten keine dieser Beschreibungen durchsetzen können. Will man innerhalb eines verteilten Systems verschiedenste Quell- und Zielformate zur Kommunikation zwischen verschiedenen Plattformen und Programmiersprachen nutzen, so führt dies schnell zu einer hohen Komplexität an Übersetzungscode. Es entstehen $\binom{n*m}{2}$ Möglichkeiten für die direkte Kommunikation bzw. $\binom{m}{2} * m$ für Gateways auf m Plattformen für n Kommunikationsprotokolle. Trotzdem beobachtet man, dass sich sowohl die Formate als auch der Übersetzungscode stark ähneln und oft redundant sind, es aber keinen Ansatz gibt, diese wieder zu nutzen. Dies führt schnell zu einer schlechten Wartbarkeit solcher Systeme.

Im Gegensatz zu existierenden Lösungen, soll also nicht ein einzelner Standard wie Web Services ([Spiess et al., 2009]), UPnP [Riedel et al., 2007b] oder REST [Guinard et al., 2011] im Vordergrund stehen, sondern die auf die Anforderungen angepasste Entwicklung wohldefinierter Schnittstellen auf heterogenen Systemen. Das Ziel ist eine Kommunikation über alle technischen Barrieren hinweg zu ermöglichen, ohne kontextuelle Optimierungen zu verlieren. Abstrakte, konzeptionelle Modelle sollen den Bezugspunkt bilden, um diese unabhängig vom Medium abstrakt darzustellen.

Viele Anforderungen sind so stark gekoppelt, dass schon kleinste Änderungen eines Parameters beispielsweise über Anwendbarkeit oder Nichtanwendbarkeit einer konkreten Technologie entscheiden (z. B. bzgl. der Energieversorgung). Akzeptiert man die resultierende Heterogenität als Notwendigkeit, so ist es die Aufgabe des Entwicklungsprozesses diese Heterogenität effizient zu unterstützen.

Der Entwicklungsprozess für ubiquitäre Kommunikation muss zwei Teilprobleme lösen:

- die effiziente Interaktion mit der Geräte- bzw. Sensorknotenplattform;

- die effiziente Abbildung von Nachrichten auf das Kommunikationsmedium.

### 5.2.3 Modellgetriebene Nachrichtenübersetzung

Die effiziente Übersetzung von Nachrichten ist hier ein hinlänglich bekanntes Problem Ubiquitärer Systeme. So nutzen beispielsweise die UPnP Gateways der CoBIs Architektur [Riedel et al., 2007b] in die Schnittstellenbeschreibung eingebettete Transformationsbeschreibungen. Diese werden zur Laufzeit interpretiert und steuern die Umsetzung mithilfe handgeschriebener deklarativer Übersetzungsmodelle, welche zur Laufzeit interpretiert werden. Ein ähnliches System liegt z. B. auch hinter der uMiddle Middleware [Nakazawa et al., 2006]. Andere Systeme wie z. B. die Hydra-Middleware [Eisenhauer et al., 2009] sind noch expressiver in der Möglichkeit der Übersetzung (hier mithilfe ontologischer Beschreibungen). Problem dieser Implementierungen ist, obwohl sie begrenzt flexibel gegenüber der Nachrichtenübersetzung sind, dass sie stark an die Gatewayplattform gebunden sind und so beispielsweise Java benötigen. Steigt die dynamische Anpassbarkeit, benötigen diese Laufzeitimplementierungen ein hohes Maß an Ressourcen, sodass sie nur begrenzt in eingebetteten Systemen eingesetzt werden können. Andere leichtgewichtigere Systeme wie Auto-Wot [Mayer et al., 2010] beschränken sich dagegen gezielt auf eine Art der Dienstschnittstellen.

Ein modellgetriebener Entwicklungsprozess ist hier deutlich flexibler, da er Bindung zwischen Modellen auf einer abstrakten Ebene herstellt. Obwohl die effiziente Implementierung im Vordergrund der Entwicklung steht, kann die konkrete Technologie zu einem späteren Zeitpunkt abgeleitet werden. Durch Einführung einer einheitlichen Schnittstelle auf Entwicklungsebene, ermöglicht es, die modellgetriebene Kommunikation zwischen verschiedensten IoT-Systemen mit zu übersetzen und benötigt nur minimalen Aufwand bei der Anbindung neuer Plattformen, neuer Dienste und neuer Dienstnehmer.

Modellgetriebene Generierung und Übersetzung von Nachrichtenschnittstellen wurde bereits von Plinta et al. [1989] für militärische Anwendungen auf Basis von Ada vorgeschlagen. Durch modellgetriebene Softwareentwicklung lässt sich das generative Vorgehen mit hoher Effizienz auf die Entwicklung heterogener, dienstorientierter, Ubiquitärer Systeme anwenden. Modellgetriebene Entwicklung, wie sie hier vorgestellt wird, erlaubt weiterhin, einen offenen Entwicklungsprozess zu gestalten, welcher es ermöglicht, auf einer stark formalen Basis Technologien zu integrieren und weiterzuentwickeln. Durch die modellgetriebene Entwicklung lassen sich effizient unterschiedliche Gateways (Produktlinien [Czarnecki, 1999]) für verschiedenste Technologien mit einem hohen Grad an Wiederverwendung entwickeln.

Das modellgetriebene Vorgehen bildet die Grundlage für Flexibilität und Wiederverwendbarkeit auf der einen Seite und plattformspezifische Optimierung auf der anderen. Anstatt durch die Portabilität konkreter Schnittstellen eingeschränkt zu sein, kann der Nachrichtenaustausch auf abstrakter Ebene erfasst werden. Es ist klar, dass ein einheitliches Meta-Modell nicht für beliebige Übersetzungsaufgaben funktioniert. Vielmehr bieten Meta-Modelle die Möglichkeit, für eine klar definierte Klasse von Übersetzungsaufgaben Lösungen zu entwickeln. Dabei richtet sich das Meta-Modell zum einen an den zu unterstützenden Konzepten, zum anderen an der technische Umsetzbarkeit. Die im Folgenden vorgeschlagene Kombination ist ein Beispiel für eine Modellwahl, die den besten Trade-Off zwischen Mächtigkeit und effizienter Implementierbarkeit sucht. So kann die Sprachklasse für die syntaktische Übersetzung wichtige Struktureigenschaften von Nachrichten abbilden und ist abgeschlossen für die Nachrichtenverarbeitung relevanter Operationen wie Schnitt und Vereinigung. Gleichzeitig kann die Klasse entsprechender Generator-, Akzeptor und Übersetzungsautomaten sehr effizient von 8-Mikrocontrollern mit begrenztem Speicher, ohne Parallelität aber dafür mit effizienten Sprungbefehlen ausgeführt werden. In ressourcenbeschränkten Ubiquitären Systemen wird beispielsweise datenstromorientierte Verarbeitung von Nachrichten erst durch die Wahl des passenden Meta-Modells ermöglicht.

Der Satz an unterstützten Kommunikationsprimitiven auf der Basis des Web Service Message Exchange Primitives und des Devices Profile for Webservices deckt weiterhin die semantische Übersetzung für die Interaktionsmuster der Applikationsdomäne vollständig ab und kann genauso effizient innerhalb leichtgewichtiger Gateways implementiert werden.

## 5.3 DOMÄNENARCHITEKTUR

Beide Übersetzungsschritte werden vollständig modellgetrieben in der MDSD-Domänenarchitektur abgebildet. Diese ermöglicht es, optimierte Gateways ausgehend von den Quellmodellen vollständig automatisiert zu generieren. Die Domänenarchitektur ist in Abbildung 53 dargestellt und wird im Folgenden beschrieben. Als Eingabe dient eine Reihe von etablierten domänenspezifischen Schnittstellen und Nachrichtenbeschreibungssprachen.

Die Transformation von diesen Quellmodellen zu der Gateway-Implementierung geschieht in zwei großen Schritten. Zuerst werden auf Basis der Nachrichtenmodelle plattformunabhängige Automaten generiert. Im zweiten Schritt wird dann die Automatendarstellung genutzt, um darauf aufbauend die Codeerzeugung für die Zielplattform zu implementieren.

## 5.3.1 Modelle

In dem in Abbildung 54 dargestellten ersten Schritt der Domänenarchitektur wird eine abstrakte Nachrichtenbeschreibung als Quellmodell eingelesen. Es existieren eine ganze Reihe von DSLs für die Beschreibung von Dienstkommunikation und Datencodierungen. Viele decken im Kern den gleichen Funktionsumfang ab.

Grundsätzlich beschreiben Datenmodelle zwei verschiedene Aspekte. Zum einen sind dies Datentypen, welche sich mehr oder weniger auf die in Programmiersprachen üblichen Darstellungen beschränken. Viele in technischen Systemen relevante Eigenschaften, wie Auflösung oder Präzision, sind oft nicht oder unzureichend beschrieben. Es ist durchaus üblich, einen mit 8 bit abgetasteten Sensorwert lediglich als IEEE-Fließkommazahl zu typisieren. Hier zeigt sich, dass auch gerade durch mächtigere Schnittstellen oft Informationen verloren gehen.

Der andere Teil der Dokumentbeschreibungen ist die Struktur, welche im Falle sequenzialisierter Nachrichten entweder Abfolgen oder Hierarchien von Datentypen sind. Auch wenn die Komplexität von Nachrichtenformaten gegenüber natürlichen Sprachen oder Programmiersprachen eher einfach ist, so umfassen die meisten existierenden Spezifikationen von maschinenlesbaren Dokumenten einen Teil kontextfreier Sprachen, der nicht mehr regulär ist. Interessanterweise erlauben viele Spezifikationen wie DTD oder XML-Schema deutlich komplexere Konstrukte, welche nicht mehr dieser Sprachklasse entsprechen (und in der Praxis kaum Einsatz finden, weil sie konsequenterweise auch komplizierter zu nutzen sind).

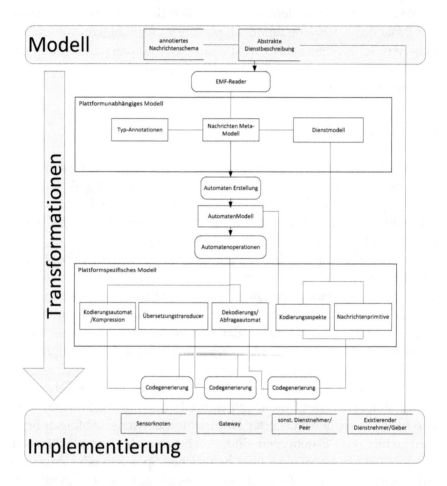

**Abbildung 53:** Domänenarchitektur für eine modellgetriebene Kommunikation

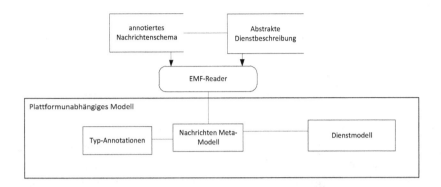

**Abbildung 54:** Einbindung existierender Nachrichtenbeschreibungen als Quellmodelle

Die grundsätzliche Überlegung bei der Entwicklung von Kommunikation sollte demnach nicht sein, welche konkrete Sprache oder Beschreibungsgrammatik man verwenden sollte. Vielmehr steht hier die Überlegung im Vordergrund, welche grundsätzliche Modellierung einerseits einen großen Teil der Domäne abdeckt und andererseits geeignet ist, um daraus für eine Plattform effizient ausführbaren Code zu generieren. Diese Herangehensweise der Standardisierung der Modellierung ist grundsätzlich von einer Standardisierung konkreter Codierungen verschieden (beispielsweise innerhalb der W3C wie EXI, CoAP). Während für die Formate des W3C vor allem die Unterstützung dynamischer Systeme im World Wide Web im Vordergrund steht, ist dies für Codierung nach ASN.1 [ISO, 2008] die langfristige Standardisierung und Interoperabilität. Keines der existierenden Systeme adressiert jedoch den Prozess der Abbildung auf die technische Implementierung und die Beherrschbarkeit der Systeme. Während viele Standards erst später einen formalen Unterbau bekommen, ist der Bereich von Computersprachen sowohl experimentell als auch theoretisch erforscht, sodass es theoretisch ein Leichtes ist, a priori eine passende Darstellung zu finden. Hier zeigt sich wieder der Widerspruch zwischen spezifikationsgetriebenem „top-down"-Vorgehen und der nachträglichen oder de facto Standardisierung beim „bottom-up" Vorgehen.

*Abstraktes Nachrichtenmodell*

Der Middle-Out-Ansatz, der dieser MDSD-Entwicklung für Gateways zugrunde liegt, beginnt damit, ein formales domänenspezifisches Modell zu finden, auf das sich einen möglichst großen Teil der relevanten Systeme abbilden lässt. Die existierenden Standards zur Meta-Modellierung liefern hierzu bereits einen breiten Ansatz für die abstrakte Modellierung von Datentypen und Strukturen. Die Essential Meta Object Facility, welche auf MOF 2.0 [MOF, 2006] beruht, erlaubt es, eine einfache abstrakte Repräsentation von Objektstrukturen und gleichzeitig ein wohldefiniertes (Meta-)Modell zu definieren, welche Nachrichten auf eine technologisch passende Repräsentation abbildet. EMOF ist jedoch eine Obermenge von kontextfreien Grammatiken [Alanen und Porres, 2003], welche ohnehin schon schwer zu handhaben sind und gerade unter dem Gesichtspunkt von ressourceneingeschränkten Systemen im Allgemeinfall nicht effizient sind. Deswegen wird hier ein Profil von EMOF genutzt, welches regulären geschachtelten Wortsprachen (*regular nested word languages*) [Alur und Madhusudan, 2009] entspricht. Dies kommt einem intuitiven Verständnis von Kommunikationsnachrichten gleich: einer Sequenz von allen Datenelementen, welche Teilnachrichten rekursiv enthalten können oder durch andere Attribute weiter beschrieben werden können.

Im Vordergrund bei der Wahl der Modellierung steht die Beherrschbarkeit der Eingabemodelle. So soll sichergestellt werden, dass diese nicht nur komplexe Strukturen zulassen, sondern auch effizient als Nachrichten oder Eingabeströme auf eingebetteten Geräten verarbeitet werden können. Basis hierzu bilden Ergebnisse aus der theoretischen Informatik. Es konnte gezeigt werden, dass die Klasse der geschachtelten Wortsprachen wichtige Teilklassen wie Hedges (Sequenzen geordneter Bäume), top-down und bottom-up Baumsprachen und Sprachen mit balancierten Grammatiken (inkl. Klammersprachen) umfasst. Somit ist sie wohl die größte beschriebene Sprachklasse unterhalb von kontextfreien Sprachen, für die wichtige formale Eigenschaften, wie Abschluss unter Schnitt und Vereinigung, gelten und die effizient auf ressourcenbeschränkten Systemen umsetzbar sind.

## 5.3.2 Transformation

Zweck der Domänenarchitektur ist die schrittweise Abbildung von Nachrichtencodierung und Übersetzung auf ausführbarem Plattformcode auf Basis der zuvor beschriebenen Nachrichtenmodelle (Abbildung 55). Kern der Transformation, welche für die Erzeugung von Kommunikationsmodulen aus abstrakten Schnittstellen verantwortlich ist, ist die Generierung von Akzeptoren, Generatoren und Übersetzern mittels Automaten.

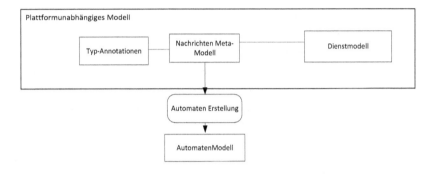

**Abbildung 55**: Automatengenerierung als erster Schritt der Domänenarchitektur

Durch die Abgeschlossenheit der geschachtelten Wortklassen unter Vereinigung und Schnitt ergeben sich hier wichtige Eigenschaften, die zur Modularisierung genutzt werden können, z. B. die Möglichkeit der Nutzung deterministischer Automaten ([Green et al., 2002]) und Abgeschlossenheit unter der Kleenischen Hülle zur effizienten Filterung von Nachrichten (pruning [Fernandez und Suciu, 1998]), wenn die Schachtelungstiefe begrenzt ist. Diese Ergebnisse sind vor allem dort interessant, wo ein Aufbau der vollständigen Nachricht nicht möglich oder nicht erwünscht ist, entweder wegen begrenzter Ressourcen (Daten-RAM ist oft viel eingeschränkter als statischer Programm-ROM) oder weil es sich um potenziell unendliche Nachrichtenströme handelt.

Der zweite wichtige Faktor ist die Analysierbarkeit der Bindung zwischen Kommunikation und Programmausführung. Die Kapselung der Kommunikationsschnittstelle durch abstrakte Schnittstellen (entweder abfragebasiert oder ereignisgetrieben) zur Laufzeit versteckt viele Effekte der Ausführung, welche jedoch gerade im Bereich der vernetzten eingebetteten Systeme wichtig sind. Das kann zum einen der Speicherverbrauch sein, der dem Entwickler bis zur Ausführung unbekannt bleibt. Zum anderen sind gerade bei ereignisgetriebenen Systemen die zeitlichen Abfolgen und möglichen Effekte abgebrochener oder zeitlich verschränkter Ausführungen interessant, welche mithilfe einer Automatendarstellung analysiert und im Zweifel auch rigoros verifiziert werden können.

Der letzte wichtige Grund ist die gewonnene Flexibilität. Dies mag kontraintuitiv sein, da das Ausführungsmodell die Ausführung einschränkt. Dies trifft jedoch in der Praxis auch auf eine nicht modellgetriebenen traditionelle Programmierung zu. Über Schnittstellen gekapselte Implementierungen begrenzen die Interaktion zwischen verschiedenen Schichten untereinander und der Ausführungslogik .

Durch ein modellgetriebenes Vorgehen bei der Entwicklung wird vor allem die Schichtenarchitektur existierender Systeme aufgebrochen. Die Ausführung kann so in nahezu beliebiger Weise mit dem Nachrichtensystem verwoben werden. Ein Beispiel sind Crosslayer-Optimierungen wie der Early-Shutdown-Mechanismus des AwareCon-Protokolls, welcher das erste Daten-Tupel der Nachricht als Adressierungsschlüssel auf MAC-Layerebene nutzt [Beigl et al., 2003], um so Applikationsinformationen zur Protokolloptimierung zu nutzen. Hier werden also bereits verschiedene Schichten über gemeinsame Modelle implizit gekoppelt. Um effizient und flexibel verschiedene Nachrichtenaspekte für Optimierungen zu nutzen, ist es wichtig, dass die dafür genutzten Modelle formal miteinander kompatibel bleiben, was der modellorientierte Ansatz a priori ermöglicht.

*Plattformbindung*

In Ubiquitären Systemen ist die Plattformwahl meist durch die verfügbaren Geräte vorgegeben, sodass sich nicht die globale Frage stellt, eine bestimmte Plattform (wie etwa J2EE oder .NET) zu nutzen. Oft handelt es sich bei den eingesetzten Sensorknoten um Einprozessorsysteme, welche ein- oder zweisträngig (also ohne Multitasking, aber mit Interrupt-Routinen) sowohl die Kommunikation, die Sensorabtastung als auch jegliche Verarbeitung mehr oder weniger eng integrieren. Particle Computer laufen rein aufrufgetrieben, während das weiterverbreitete TinyOS auf Ereignisbasis läuft und Contiki einen koroutinenähnlichen Ansatz über sogenannte Protothreads erlaubt. Multithreading oder präemptives Multitasking ist die Ausnahme. Gleichzeitig interagieren Ubiquitäre Systeme oft mit verschiedenen interaktiven Lösungen auf Basis von Java oder JavaScript. Gerade im industriellen Bereich ist die Plattformwahl im Backend oft zusätzlich durch existierende Richtlinien eingeschränkt.

Die Transformation von Nachrichten oder Datenmodelle in ausführbaren abstrakten Akzeptormodellen hat verschiedene Vorteile. Ein naheliegender Grund ist sicherlich der Effizienzgewinn in Bezug auf Rechenleistung und Speichernutzung im Umgang mit Dokumenten im Vergleich zu Systemen, die entweder auf Strukturreflexion oder auf expliziten Modellen zur Laufzeit arbeiten. Gerade in eingebetteten Systemen wird so Laufzeitaufwand in den Entwicklungsprozess verlagert.

Trotz der weiten Verbreitung von Codegenerierung im Bereich Middleware ist ein Wechsel der Plattform selten möglich, ohne ein komplett anderes Werkzeug zu wählen. Im Gegensatz zu einer MDSD handelt es sich z. B. bei ASN.1-Werkzeugen um CASE Tools, bei denen DSL und Transformation für die Codegenerierung vorgegeben sind. Obwohl ASN.1-Werkzeuge eine Vielzahl von Systemen unterstützen (z. B. der Übersetzer von OSS Nokalva über 250 Plattformen) ist der Entwickler trotzdem auf die angebotene Plattformschnittstelle angewiesen, welche im Falle der C Runtime Library alleine einer Dokumentation von 444 Seiten bedarf. Es ist für den Entwickler nicht möglich, die Darstellung der Automaten auf der Zielplattform zu adaptieren (beispielsweise die Akzeptorzustände auf Instruktionen anstatt auf Sprungtabellen abzubilden). Genauso sind die Codierungen auf die angebotenen beschränkt. Zusätzliches Wissen z. B. über die Auflösung von Werten wird nicht zur effizienteren Codierung genutzt.

*Akzeptor-Automaten und Transduktoren*

Die Idee hinter dem verfolgten modellgetriebenen Ansatz ist es, ein semantisch wohldefiniertes Modell zugrunde zu legen und theoretische Ergebnisse für den Entwickler einfach nutzbar zu machen. Existierende Werkzeuge im Bereich der Schnittstellengenerierung verstecken oft interne Algorithmen oder sind nur schwer auf die Bedürfnisse einer Plattform adaptierbar. Zerlegt man das Problem der Nachrichtenübersetzung jedoch in einfache Modelle, so ist die Entwicklung von Erweiterungen problemlos möglich.

Die Domänenarchitektur nutzt, wie in Abbildung 56 dargestellt, ein einheitliches explizites Automatenmetamodell, um davon ausgehend verschiedene Darstellungen zu generieren. Das Automatenmodell ist die Basis für verschiedene Teilprobleme wie die Nachrichtengenerierung und -kompression, die Nachrichtenübersetzung und den Empfang und Filterung von Nachrichten. Die Domänenarchitektur ermöglicht so die Generierung verschiedener technischer Systeme auf Basis eines einheitlichen formalen Modells unter Wiederverwendung großer Teile der Implementierung.

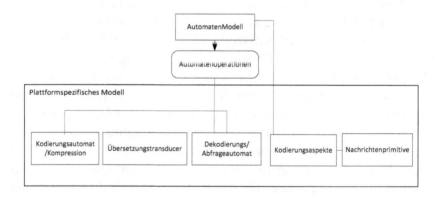

**Abbildung 56:** Flexible Nutzung der Automatendarstellung zur Implementierung der Teilsysteme

Die theoretische Grundlage stellt sicher, dass die gewählte Darstellung robust ist. Durch die Anwendung von Transformationen kommt es niemals zum Verlassen der durch das Meta-Modell definierten Domäne. Ein Beispiel hierfür ist die Determinierung des Akzeptors. Zur effizienten Verarbeitung ist es wichtig, dass durch die Einschränkung der Sprachklasse garantiert wird, dass eine Determinierung (ohne Erhöhung der dynamischen Speicherkosten) möglich ist. Die Wahl der richtigen Modelle ermöglicht so eine sequenzielle Abarbeitung von Nachrichten, z. B. in Form von Nachrichtenströmen. Durch die Verwendung geschachtelter Wortsprachen wird garantiert, dass der zur Laufzeit benötigte Speicherbedarf durch die Tiefe der beschriebenen Struktur begrenzt ist.

*Codierungsaspekte*

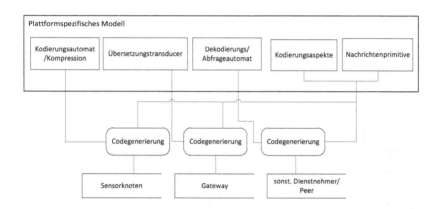

**Abbildung 57**: Nutzung aspektorientierter Codegenerierung zur Erstellung verschiedener Codierungen und Plattformbindungen

Zur Implementierung von Kommunikation über sequenzielle Kanäle wie Kommunikationsströme ist eine Sequenzialisierung, also eine lineare Darstellung von Nachrichten, und nicht eine strukturierte Darstellung (z. B. als Baum) notwendig. Die Wikipedia Kategorie „data serialization formats" zählt momentan über 40 verbreitete Formate auf [Wikipedia contributors, 2012]. Hinzu kommen in Ubiquitären Systemen viele weitere anwendungsspezifische Codierungen. So existiert beispielsweise das *Constrained Application Protocol* (CoAP) [Shelby et al., 2012] für Systeme mit HTTP-äquivalenten Interaktionsmustern und das *ConCom*-Tupelformat [Krohn et al.,

2004] für Ad-hoc-Kommunikation. Ein weiteres Beispiel ist die protokollspezifische Codierung von elektronischen Gerätebeschreibungen (EDDL) in (Wireless)-HART Protokollen oder das binäre OPC-UA Protokoll im industriellen Umfeld. Die Eignung orientiert sich meist nicht an der menschlichen Nutzung, sondern vielmehr am effizienten "Verständnis" durch die kommunizierende Maschine. Als Beispiel wurden im Bereich der dienstorientierten Systeme viele verschiedene Codierungen vorgeschlagen, die verschiedene Aspekte adressieren. So ermöglicht beispielsweise VT-XML das effiziente Einlesen von XML-Dokumenten durch eingebettete Systeme durch das Einfügen zusätzlicher Verarbeitungsinstruktionen. Der Standard EXI versucht, möglichst gut komprimierte Dokumente zu erstellen und gleichzeitig eine Rücktransformation ohne Domänenwissen zu ermöglichen. Andere Standards wie z. B. das BIM Encoding, welches MPEG-7 und einigen Digital Video Broadcasting (DVB) Standards zugrunde liegt, hat vor allem eine effiziente Verarbeitung bei geringer Kommunikationsbandbreite im Sinn. Das BIM Encoding nutzt dazu statisches Wissen über die Domäne bzw. das Meta-Modell in Form des XML-Schemas. Ebenso existieren verschiedene weitere konkurrierende Standards wie z. B. die verschiedenen ASN.1 Encoding Rules. Die Wahl des Codierungsstandards basiert auf den verschiedensten Überlegungen und wird stark durch die Domäne beeinflusst. Oft ist die Nutzung von Codierungen historisch bedingt, so nutzt das IMAP-Protokoll beispielsweise LISP-basierte *s-expressions*.

Durch den Anspruch der Vernetzung heterogener Systeme ist die Implementierung von Codierungen ein wichtiger Aspekt Ubiquitärer Systeme geworden. Fast ein Viertel (23%) aller Publikationen aus dem Jahr 2011 zum Thema „Ubuquitous Computing" beschäftigen sich in irgendeiner Form mit der Serialisierung als XML oder einer anderen Codierung (siehe Tabelle 7). Die Nutzung von XML ist sicherlich dem Bedürfnis nach Interoperabilität auf höheren Ebenen geschuldet, während der Einsatz irgendeiner Art von Gateways immerhin bei 12% der wissenschaftlichen Veröffentlichungen genannt wird.

Aus softwaretechnischer Sicht lassen sich die sogenannten Core-Level-Concerns (der strukturelle „Kern"), hier also abstrakte Syntax und Semantik, von den funktionalen Anforderungen („Aspekten"),

| und | Anzahl | Anteil |
|---|---|---|
| „ubiquitous computing" | 7,740 | 100% |
| xml* | 1,190 | 15% |
| encoding* | 600 | 8% |
| gateway | 933 | 12% |
| middleware | 1,590 | 21% |

**Tabelle 7**: Veröffentlichungen im Jahr 2011 gemäß *Google Scholar*-Suche (* Suche unter Ausschluss des jeweils anderen)

der Codierung, trennen. Ein aspektorientiertes Konzept [Kiczales et al., 1997] lässt sich bei der Bindung des Automaten an eine konkrete Codierung anwenden. Neben der Darstellung der Symbole und Strukturen ist das Ausführungsmodell der Maschine ein sogenannter „Aspekt". Die Implementierung als DOM, SAX-Parser oder Pull-Parser entspricht verschiedenen Ausführungsparadigmen (eventgetrieben, Koroutinen, Threads). Ein typischer „Aspekt" ist die Validierung der Nachricht, welche in vollständig kontrollierten Systemen oft nicht nötig ist, während sie, an den richtigen Stellen eingesetzt, eine Fehlerbehandlung stark erleichtert. In der SOAP-Web-Service-Welt werden solche Aspekte oftmals Bindungen oder Kontrakte genannt. Aspekte können im Gegensatz zu klassischen Schichtenmodellen [Jeckle und Wilde, 2004] auch Optimierungen über Schichtgrenzen adressieren.

## 5.4 FORMALE MODELLIERUNG

In diesem Abschnitt soll die formale Modellierung der Automatendarstellung, welche der Domänenarchitektur im Kern zugrunde liegt, behandelt werden. Wie bereits dargelegt, soll durch die Einschränkung der Nachrichtendarstellung auf ein (Meta-)-Modell bzw. eine Grammatikklasse eine effiziente und erweiterbare Basis für die Übersetzung, Codierung und Filterung von Nachrichten geschaffen werden. Das formale Modell soll also nicht primär zur Analyse dienen, sondern soll zur Implementierung genutzt werden.

## 5.4.1 Geschachtelte Wortsprachen

Die Wahl gut beherrschbarer als auch expressiver Meta-Modelle ist von grundlegender Bedeutung. Genauso wie bei jedem anderen MDSD-Prozess zeigt sich hier, dass ein möglichst domänenspezifisches Modell die Grundlage für eine effiziente technische Realisation bildet.

Die Klasse von geschachtelten Wortsprachen hat für die Modellierung von Nachrichtenmodellen die interessante Eigenschaft, dass sie beispielsweise unter der Vereinigung geschlossen sind und eine nichtdeterministische Darstellung immer auf ein deterministisches Äquivalent zu überführen ist. Damit sind sie so robust wie reguläre Sprachen, obwohl sie kontextfreie Eigenschaften aufweisen. Im Gegensatz zu reinen Baumsprachen kann man sowohl sequenzielle wie auch hierarchische Strukturen modellieren.

Geschachtelte Wortsprachen bestehen aus Sätzen, welche neben der linearen Struktur zusätzlich eine explizite eingebettete hierarchische Schachtelungsstruktur enthalten. Ursprünglich wurde diese Klasse von Sprachen als eingabegetriebene Sprache auf Basis von Kellerautomaten beschrieben, deren Kelleroperationen lediglich vom Eingabesymbol abhängen. Symbole lassen sich in eine Menge, welche den Keller verkleinert, eine Menge, welche ihn unverändert lässt, und eine, die ihn vergrößert, einteilen. Die sich dadurch ergebenden Schachtelungseigenschaften lassen sich jedoch am besten über den Umweg der geschachtelten Wortsprachen erklären. Diese werden in neuerer Zeit, angeregt durch die Forschung von Alur und Madhusudan [2009], diskutiert und haben zu einer Wiederentdeckung von eingabegetriebenen Sprachen im Kontext u. a. von Stromverarbeitung von XML-Dokumenten geführt. Diese Sprachen haben neben regulären Sprachelementen (Chomsky-0) noch eine hierarchische Struktur. Gerade Objektmodelle wie beispielsweise die MOF bzw. Dokumenten-Objektmodelle (DOMs) sind gut als reguläre geschachtelte Wörter darstellbar.

Die hier betrachtete Teilmenge der kontextfreien Sprachen ist äquivalent zu der Sprache der eingabegetriebenen Sprachen (*Input-Driven Languages*, IDL, [von Braunmühl und Verbeek, 1983; Alur und Madhusudan, 2009]), welche durch Kellerautomaten akzeptiert und in o(log-

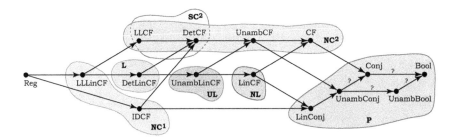

**Abbildung 58:** Möglicher Verband formaler Sprachklassen in Komplexitäts-klassen eingeteilt [Okhotin, 2012]

n-depth) [Dymond, 1988] erkannt werden können. Eingabegetriebe-ne Kellerautomaten (IPDA) [Mehlhorn, 1980], welche diese Sprachen akzeptieren, sind eine Klasse von einfachen Kellerautomaten, die in folgender Weise intuitiv beschränkt werden: immer wenn sie in der Struktur des Wortes "absteigen", legen sie ein entsprechendes Symbol auf den Keller, welches sie vom Keller nehmen, wenn sie wieder auf-steigen. Ob ein Symbol auf den Keller gelegt oder heruntergenommen wird, ist im Gegensatz zu Kellerautomaten, nur vom Eingabesymbol abhängig.

In letzter Zeit hat die Wiederentdeckung dieser Automatenklasse durch Alur und Madhusudan [2004] als Visibly Pushdown Automata bzw. Nested Word Automata eine ganze Reihe von Forschungen losge-treten, die die Klasse innerhalb von theoretischen Sprachklassen veran-kern. Abbildung 58 zeigt die Einbettung der durch eingabegetriebene Automaten akzeptierten Sprachen mittels Teilmengenrelationen. Man sieht besonders die klare Untermengenbeziehung von nicht weiter be-schränkten deterministischen kontextfreien Kellerautomaten bzw. ak-zeptierten deterministischen kontextfreien Sprachen (DetCF). Außer-dem wurde gezeigt, dass die Komplexität eingabegetriebener kontext-freier Sprachen (IDCF) kleiner ist als für (deterministische) kontext-freie Sprachen [von Braunmühl und Verbeek, 1983; Dymond, 1988] (bei Parallelisierung, falls $NC1 \subset NC2$).

Viel wichtiger ist jedoch die Robustheit der Klasse im Vergleich zu anderen Sprachklassen. Indeterminismen können prinzipiell immer in eine deterministische Form gebracht werden. Weitere Eigenschaften

| | $\cup$ | $\cap$ | $\sim$ | $\cdot$ | $*$ |
|---|---|---|---|---|---|
| Reg | + | + | + | + | + |
| LLLinCF | - | - | - | - | - |
| DetLinCF | - | - | + | - | - |
| UnambLinCF | - | - | ? | - | - |
| LinCF | + | - | - | - | - |
| IDCF | + | + | + | + | + |
| LLCF | - | - | - | - | - |
| DetCF | - | - | + | - | - |
| UnambCF | - | - | - | - | - |
| CF | + | - | - | + | + |
| LinConj | + | + | + | - | - |
| UnambConj | ? | + | ? | ? | ? |
| UnambBool | + | + | + | ? | ? |
| Conj | + | + | ? | + | + |
| Bool | + | + | + | + | + |

**Tabelle 8:** Abschluss verschiedener Sprachklassen unter typischen Operationen

bezüglich der Abgeschlossenheit der Sprachklasse sind in Tabelle 8 zusammengefasst. So wird durch Verwendung von eingabegetriebenen Kellerautomaten garantiert, dass verschiedene Sprachen immer vereinigt ($\cup$) und geschnitten ($\cap$) werden können und die resultierende Sprache bzw. die Menge an Nachrichtenformaten immer durch einen Kellerautomaten akzeptiert werden kann. Wichtig für den Nachweis der Äquivalenz ist neben der Entscheidbarkeit der Sprachklasse, die Abgeschlossenheit zur Negation (). Für die Konstruktion und Analyse von Abfragen ist besonders der Kleene Operator ($*$) interessant.

*Eingabegetriebene Kellerautomaten*

Während die oben beschriebenen Nested Word Languages explizite Strukturen beschreiben, gelten diese Eigenschaften auch für die Serialisierung, also der linearen Darstellung dieser Strukturen. Die lineare Codierung einer solchen Sprache, deren Symbole jeweils mit den Typen der Position annotiert sind, ist eine kontextfreie Sprache mit einer ebenfalls geschachtelten Struktur. Diese Codierung deckt einen großen, praktisch relevanten Teilbereich von kontextfreien Sprachen ab, welche ähnlich gut beherrschbar sind wie reguläre Sprachen (s. o.). Genauso wie für (deterministische) kontextfreie Sprachen kann ein (deterministischer) Kellerautomat zum Einlesen verwendet werden. Hierzu wird ein Teil des Automatenzustands durch einen Keller abgebildet. Dieser kann jedoch in seiner Funktion stark eingeschränkt werden.

Die Idee eingabegetriebener (oder visibly) Kellerautomaten ist, dass neben dem Erkennungszustand für den regulären Teil noch ein hierarchischer Zustand existiert. Übergangsfunktionen können unterteilt werden in solche, welche beim Einlesen eines Symbols aus dem Alphabet den normalen Akzeptorzustand verändern ($\delta_i$) und solche, welche außerdem einen hierarchischen Zustand verändern können.

IDA bestehen also wie ein endlicher Automat aus:

- einem endlichen Alphabet $\Sigma = \Sigma_i \uplus \Sigma_c \uplus \Sigma_r$,

- einer endlichen Zustandsmenge $Q$,

- einem Initialzustand $q_0 \in Q$,

- einer Menge von Endzuständen $Q_f \subset Q$,

- internen Transitionen $\delta_i \subset (Q \times \Sigma_i \times Q)$

und zusätzlich aus

- einem endlichen Kelleralphabet $\Gamma$,

- dem Kellerendsymbol $\bot$,

- einer aufrufenden Transition, welche den Keller um ein Symbol vergrößert $\delta_c \subset (Q \times \Sigma_c \times Q \times \Gamma)$,

- einer rückkehrenden Transitionen, welche den Keller um ein Symbol verkleinert $\delta_r \subset (Q \times \Sigma_r \times \Gamma \times Q)$.

Die aufrufende Transition $(q, c, q', \gamma) \in \delta_c$ wird als $q \xrightarrow{c/\gamma} q'$, die rückkehrenden analog mit $q \xrightarrow{\bar{c}/\gamma} q'$ sowie die lokale Transition mit

$q \xrightarrow{c} q'$ notiert. $(Q, \Gamma*)$ sind Konfigurationen des Automaten mit einem Keller $\Gamma*$, der als Sequenz von Kellersymbolen definiert ist. Die initiale Konfiguration des Automaten ist $(q_0, \perp)$.

Die spezielle Ausführungssemantik des Kellerautomaten ist, dass er jedes Mal, wenn dieser einen Strukturabstieg akzeptiert mittels $\delta_c$ ein Symbol auf den Keller anhängt, während er auf jeder rückkehrenden Kante $\delta_r$ ein Symbol vom Keller entfernt. Interne Symbole verändern dagegen nicht den Keller.

Diese Automaten werden eingabegetriebene Kellerautomaten (IDA) genannt, weil die Veränderung des Kellerzustandes nur vom Eingabesymbol abhängt. Solche eingabegetriebenen Automaten sind jedoch äquivalent zu sogenannten Visibly Pushdown Automata (VPA) nach der Definition von Alur und Madhusudan [2004], welche ebenfalls die Eingabesymbolmenge unterteilen (VPA können in ihrer ursprünglichen Definition im Gegensatz zu IDA den leeren Kellerzustand lesen).

Die abstrakten, plattformunabhängigen IDA bilden die Basis für die Erzeugung ausführbaren Codes auf Plattformebene. Sie sind als ausführbares Modell die Schnittstelle zwischen abstrakter Modellierung und konkreter Technologie. Der Speicherverbrauch für die Eingabe ist dadurch auf die maximale Symbolgröße begrenzt. Zusätzlich kann die Kellergröße des IDA durch die Tiefe der Verschachtelung des Eingabedokuments definiert werden.

Eine interessante Fähigkeit, die daraus resultiert, ist die Fähigkeit (unendliche) Ströme ressourcenbeschränkter Systeme zu verarbeiten. Ströme eignen sich besonders gut, um den zeitlichen Zusammenhang von Daten in Sensornetze zu codieren ([Gama und Gaber, 2007], [Riedel, 2005; Decker et al., 2005b]. Für IDAs ist intuitiv klar, dass diese über eine ereignisgetriebene Schnittstelle, wie die XML SAX API, zu bedienen sind, ohne dass eine Speicherrepräsentation aufgebaut werden muss.

Gerade auf Mikrocontrollern ist eine Einschränkung des Speicheraufwandes von entscheidender Bedeutung, da insbesondere flüchtiger Speicher relativ teuer und platzaufwendig ist und zusätzlich während des Betriebs (auch in Schlafzuständen) mit Strom versorgt werden muss. Im Gegensatz zu anderen Prozessoren sind Mikrocontroller oft nicht nebenläufig, jedoch kontrollfluss-optimiert und ermöglichen eine optimale Abarbeitung von Automaten. Da sie keine superskalare Pipeline besitzen, sind (konditionale) Sprungbefehle typischerweise genauso schnell wie Arithmetikoperationen auszuführen. Obwohl eine Implementierung über rekursiven Abstieg möglich ist, erweist sich die explizite Modellierung des Automaten als Vorteil für die Codegenerierung, beispielsweise bei fehlender Mehrsträngigkeit und bei gängigen Mikrocontrollerplattformen.

Auch der klar formulierte Zustand eines Automaten bei der Abarbeitung ist aufgrund der eingeschränkten Möglichkeiten bei der Fehlersuche stark von Vorteil. So können die erzeugten Automaten zum einen einfach statisch verifiziert werden, zum anderen ist eine einfache Überwachung des Zustandes durch Instrumentierung des ausgeführten Automaten möglich. Dies reduziert die Entwicklungszeit, die oft durch die Eingrenzung von Fehlerquellen dominiert wird, enorm.

*Beziehung von Meta-Modellen zu eingabegetriebenen Kellerautomaten*

Die Konstruktion der Automaten aus einem EMOF-Meta-Modell, welches in Abschnitt 5.5.2 genutzt wird, baut auf bestehenden Konstruktionsalgorithmen zur Überführung von MOF-Modellen zu kontextfreien Grammatiken [Alanen und Porres, 2003] und der Transformation von XML-Grammatiken zu IDAs [Kumar et al., 2007] auf.

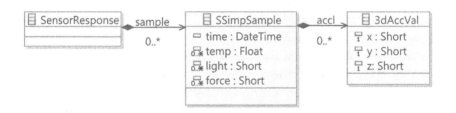

**Abbildung 59:** Einfaches Nachrichtenmodell für Sensordaten

Abbildung 59 und Abbildung 60 veranschaulichen ein einfaches Meta-Modell und den zugehörigen Kellerautomaten. (Aufgrund der klaren Darstellung wurde hier eine Konstruktion mittels

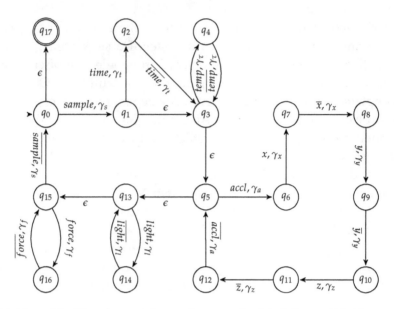

**Abbildung 60:** Eingabegetriebener Automat für Modell aus Abbildung 59

$\epsilon$-Transitionen gewählt.) Der entsprechende Automat stellt den abstrakten Kontrollfluss dar, mit welchem die geschachtelte Nachrichtenstruktur aus Abbildung 59 akzeptiert werden kann. Er ist nicht unbedingt an eine textuelle Eingabe gebunden, sondern kann z. B. auch einen "top-down"-Baumautomaten simulieren, welcher über eine Speicherstruktur absteigt.

Die Konstruktion lässt sich so modularisieren, dass die Verknüpfung der Automatenzustände mit dem *eClassifier* des MOF-Meta-Modells den Automat in Module unterteilt. Kumar et al. [2007] spricht hier von modularen VPA, welche in der Weise eingeschränkt werden können, dass auf der *returnTransition* immer nur das Modul (also der Typ) erreicht werden kann, das das Modul auch aufgerufen hat. Gemäß dieser in Kumar et al. [2007] beschriebenen Modularisierung, lässt sich der Automat auch aus dem MOF-Meta-Modell konstruieren. Jedes Modul entspricht hier einer Klasse des MOF-Modells. Innerhalb der Klasse werden alle strukturellen Eigenschaften auf einen (deterministischen) endlichen Automaten abgebildet. Referenzen werden durch eine aufrufende Kante auf den lokalen Startzustand des endlichen Automaten für das referenzierte Modul abgebildet. Die Referenz wird an die Transition als Symbol und das Modul des Ausgangszustandes als Kellersymbol annotiert. Die Transition, welche von dem Modul zurückkehrt, wird in eine Menge von rückkehrenden Transitionen zwischen allen lokalen Endzuständen des aufgerufenen Moduls modelliert. Auch hier wird das Symbol durch die aufrufende Referenz und das Kellersymbol durch das aufrufende Modul annotiert, welches einer Klasse des MOF-Modells entspricht. Der Visibly-pushdown-Teil des Automaten lässt sich einfach über die Enthaltensrelationen (containment) des Meta-Modells darstellen.

Die Struktur des Automaten ist somit für das MOF Meta-Modell vorgegeben. Die Referenzen auf **eClassifier** des EMOF Modells identifizieren immer das Eingabe- sowie das Kellersymbol. In dieser Weise bildet der Automat eine formale (ausführbare) Parallelbeschreibung für das lineare Encoding des Modells.

## 5.4.2 Transduktoren und kommunizierende Maschinen

Eine Grundfunktionalität eines Gateways ist die syntaktische Übersetzung zweier Nachrichtendarstellungen ineinander. Sind die beiden Darstellungen strukturäquivalent und vortypisierbar, so lässt sich diese Übersetzung über Transduktoren ausdrücken, also Automaten, die zusätzlich zu der Eingabefunktion eines Akzeptors auch eine Ausgabefunktion besitzen. Prinzipiell sind auch lokal arbeitende Nachrichten (de-)codierende Transduktoren. Sie setzen von einer strukturierten Speicher- oder Ereignisdarstellung einer Nachricht auf eine lineare Darstellung um, indem sie auf der einen Seite die Struktur einlesen und auf der anderen Seite die lineare Darstellung schreiben.

Ein (Visibly) Keller-Transduktor lässt sich als Erweiterung von (visibly) Kellerautomaten durch die Einführung einer zusätzlichen Ausgabefunktion definieren. Ein Kellertransduktor ist ein Tupel $(A, \Omega)$

- aus einem Kellerautomat $A = (Q, I, F, \Gamma, \delta)$

- und einer Ausgabefunktion (Morphismus) $\Omega : \delta \times \Delta$

, sodass jeder Transition ein Ausgabesymbol zugeordnet wird.

Die Übersetzung von (Programmier-)Sprachen ist ein grundlegendes Konzept der Informatik, das typischerweise zur Übersetzung von Quellcode (also Modellen in der MDSD) in eine Maschinendarstellung eingesetzt wird. Obwohl Übersetzer im Bereich der Programmiersprachen durch viele Optimierungen heutzutage deutlich komplexer geworden sind, so definiert Aho und Ullman [1972] bereits syntaktisch getriebene Übersetzungen auf Basis von Kellertransduktoren als grundlegende Struktur für die Übersetzung und Codegenerierung. Die Idee hinter einem syntaktischen Übersetzungsschema (syntax-driven translation scheme, SDTS) ist, dass jede Grammatikproduktion $A \rightarrow \alpha, \beta$ aus einem Quellelement $\alpha$ und einem Übersetzungselement $\beta$ besteht. Das Übersetzungselement $\beta$ besteht jeweils aus Terminalen und Nichtterminalen. Damit die Übersetzung weiter gekoppelt stattfindet, sind die Nichtterminale in $\alpha$ und $\beta$ gleich. Im Falle eines einfachen SDTS kommen sie auch in der gleichen Reihenfolge vor. Aho und Ullman [1972] zeigen, dass die einfache syntaktisch getriebene Übersetzung (SDTS) genau durch Kellertransduktoren beschrieben wird. SDTS sind also genau die Klassen der Übersetzungen, welche durch Kellertransduktoren beschrieben werden (genauso wie kontextfreie Sprachen durch Kellerautomaten beschrieben werden)

Lokal können Transduktoren wie in Übersetzersystemen genutzt werden, um Aktionen auszulösen. Dies kann zum Beispiel das Befüllen oder Auslesen einer Struktur sein. Hierzu ist es oft notwendig den Typ eines Ereignisses klar dem Grammatikelement, also hier dem **eClassifier** des EMOF Modells, zuzuweisen. Soll die Stromfähigkeit erhalten werden, so muss die Eigenschaft der sogenannten Vortypisierung (*pre-order typing*) für die Codierung vorausgesetzt werden.

Vortypisierung ist bei der Verwendung der MOF- oder XML-Schema-basierten Serialisierung dadurch gegeben, dass die Elemente niemals den gleichen Namen und unterschiedliche Typen besitzen dürfen [Fallside und Walmsley, 2004]. Diese entsprechen spezialisierten Dokument-Typ-Definitionen (SDTD) mit einer 1-Typen-Beschränkung, welche vortypisierbar sind. Da diese wieder exakt VPAs entsprechen, welche bei der Konstruktion aus dem Modell heraus bereits deterministisch sind [Kumar et al., 2007], ist für die Implementierung keine Determinierung notwendig.

Kellertransduktoren ermöglichen also (konktextfreie) Nachrichten zu interpretieren. Bei der Kommunikation zweier entfernter Systeme lässt sich diese Struktur weiter ausbauen, indem die Ausgabe des einen Transduktors $T_1$ mit der Eingabefunktion $T_2$ des anderen Transduktors verknüpft ist. Für die Analysierbarkeit solcher Transformationen ist die Erhaltung der Sprachklasse interessant.

Da ein typischer Kellertransduktor keine Beschränkung auf der Ausgabefunktion hat, sind jedoch auch eingabegetriebene Transduktoren nicht a priori abgeschlossen gegenüber ihrer Vereinigung bzw. Verkettung. Insbesondere ist $T_1(IDL) \not\subseteq CFL$ und kann nahezu beliebige Sprachen erzeugen. Die durch $T_1$ „gesendete" valide Codierung eines strukturierten Dokuments muss also nicht mehr durch einen Kellerautomaten beschreibbar sein. Dies hat zur Folge, dass für die Verkettung zweier Kellertransduktoren $T_1 \circ T_2$ kein äquivalenter Kellertransduktor $T_{12}$ existieren muss.

Auch hier hilft die visibly-Eigenschaft die Eingabe mit der Ausgabe zu synchronisieren und so die Ausgabesprache auf eine geschlossene beherrschbare Klasse einzuschränken. Hierzu unterteilen Raskin und Servais [2008] auch den Ausgabemorphismus in

- eine aufrufenden Morphismus $\Omega_c : \delta_c \to \Delta_c$,

- eine rückkehrenden $\Omega_r : \delta_r \to \Delta_r$

- und einen lokalen $\Omega_l : \delta_l \to \Delta_l$,

- sodass das Ausgabealphabet $\Delta = \Delta_c \uplus \Delta_r \uplus \Delta_l$ und das Kelleralphabet $\Gamma = \Gamma_i \uplus \Gamma_d \uplus \Gamma_c$ unterteilt wird.

Die Klasse von synchronisierten visibly Kellerautomaten definiert sich folgt: Für jedes $(q, \alpha, q', \gamma) \in \delta_c, \delta_r$ gilt

- wenn $\gamma \in \Gamma_i$, wird ein Symbol auf allen Transitionen eingefügt $\alpha = \epsilon, \Omega(\delta) \neq \epsilon$,

- wenn $\gamma \in \Gamma_d$, wird ein Symbol auf allen Transitionen gelöscht $\alpha \neq \epsilon, \Omega(\delta) = \epsilon$,

- oder wenn $\gamma \in \Gamma_d$, wird ein Symbol auf allen Transitionen gelöscht $\alpha \neq \epsilon, \Omega(\delta) \neq \epsilon$.

Für so synchronisierte Kellerautomaten kann gezeigt werden, dass auch $T(IDL) \in$ CFL [Raskin und Servais, 2008]. Falls es in der Eingabe keine Epsilontransitionen gibt, so gilt weiterhin $T(IDL) \in$ IDL. Durch eine einfache Beschränkung der Ausgabefunktion kann man also zeigen, dass der Transduktor eine durch einen Kellerautomaten akzeptierbare Sprache erzeugt bzw. dass die kommunizierten Sprachen mit den gleichen Mitteln beschreibbar sind.

Essentiell für einen Gateway ist die bidirektionale, umkehrbare Übersetzung von Nachrichten. Hierzu muss ein inverser Transduktor $T^{-1}$ zu jedem $T$ definiert werden. Seien $[[T]]$ alle von $T$ erzeugbaren Übersetzungen. Die Menge der entsprechenden Rückübersetzungen $[[T]]^{-1}$ ist per Definition gleich den Übersetzungen des inversen Transduktors $[[T^{-1}]]$ .

$T^{-1}$ lässt sich trivial über einen Automaten konstruieren, welcher alle Zustände enthält und für jedes $\delta(q, \alpha, \gamma, q')$ das Eingabesymbol durch die Ausgabe ersetzt $\delta' = (q, \Omega(\delta), \gamma, q')$ (und die Ausgabe als Eingabe des ursprünglichen Automaten definiert $\Omega(\delta') = \alpha$). Da außer den Eingabesymbolen und der Ausgabefunktion nichts geändert wurde, ist $T^{-1}$ wieder ein Kellertransduktor und da bereits in $\Omega$ die Abbildungsmenge anhand der Definitionsmenge partitioniert wurde, ist der unterliegende Automat und damit der Transduktor auch eingabegetrieben.

Sind $T = (A, \Omega)$ und $T^{-1}$ beide deterministisch, so ist $[[T \circ T^{-1}]] = L(A)^2$, also die Identitätsabbildung für die von Kellerautomaten $A$ beschriebene Sprache. Hierzu ist es nicht notwendig, dass $T$ eingabegetrieben ist. Eine Einschränkung auf synchronisierte eingabegetriebene Transduktoren und eingabegetriebene Sprachen erhöht die Beschreibbarkeit der Kommunikationssprache bzw. der Codierung bei der Verkettung mehrerer solcher Transduktionsschritte. In dieser Weise lässt sich auf einfache Art komplexe Kommunikation zwischen verschiedenen Geräten auf klar definierte Sprachen reduzieren.

### 5.4.3 Kompression als Spezialfall der Serialisierung

Übersetzungen von Daten(-strömen) auf automatenbasierte, binäre Darstellungen von Daten haben gerade auf mikrocontroller-basierten

Systemen den Vorteil, effizient verarbeitet werden zu können. Der Speicheraufwand bei der Verarbeitung ist zudem geringer als bei den meisten menschenlesbaren textuellen Darstellungen. Für ressourcenbeschränkte Kanäle ist die Kompression der Daten der wichtigste Faktor.

Die Kellerautomatendarstellung ist für die Kompression von Daten sehr gut geeignet. Kompression von XML-Daten auf Basis von Kellerautomaten wurde bereits von Maruyama et al. [2006] für eine Vielzahl von Anwendungen patentiert. Neben ASN.1 basierten Codierungen [Dubuisson, 2001; Imamura und Maruyama, 2001] ist BiM Niedermeier et al. [2002]; de Cuetos et al. [2006] die am weitesten verbreitete automatenbasierte XML-Binärdarstellung. BiM wird in MPEG-4, MPEG-7, MPEG-21 sowie für DVB-basierte IP- und Handy-Rundfunksysteme eingesetzt. Mit EXI [Schneider und Kamiya, 2008] ist ein Verfahren hinzugekommen, welches Automaten zur Laufzeit erweitert, sich aber auch auf ressourcenbegrenzten Systeme mit statischen, vorgenerierten Automaten übertragen lässt [Doi et al., 2012].

Grundlegend für diese Grammatikkompressionen ist der Gedanke eines minimalen invertierbaren Transduktors mit einer minimalen Ausgabe. Typischerweise geschieht das durch eine einfache Durchnummerierung der Kanten. Es stellt sich heraus, dass sich IDAs besonders gut für die Kompression eignen bzw. dass die meisten Konstruktionsalgorithmen implizit visibly pushdown Strukturen erzeugen. Auch wenn Mayordomo et al. [2011] gezeigt hat, dass sich Dokumente erzeugen lassen, in denen eine IDA-Kompression dem Liv-Zempel Algorithmus und anderen speicherbegrenzten Kompressionsverfahren unterlegen ist, gilt gleiches auch anders herum. Wie später in Abschnitt 5.6 gezeigt wird, ist gerade für typische Datagramme in Sensornetzanwendungen sowohl eine effiziente Konstruktion des Automaten als auch ein höherer Kompressionsgrad als bei der Lev-Zempel basierten XMill-Kompression [Liefke und Suciu, 2000] möglich.

Der Vorteil der IDA-Kompression ist, dass sie ohne dynamisches Wissen z. B. in Form von Wörterbüchern auskommt und genauso wie jede andere syntaktische Übersetzung über statische Codegenerierung implementierbar ist. So zeigt Abbildung 61 den gleichen Automaten bzw. Transduktor aus den vorherigen Beispielen mit einer komprimierenden Ausgabefunktion. Durch die Kompression ändert sich das beobachtbare Verhalten wiederum nur zwischen den kommunizierenden Maschinen.

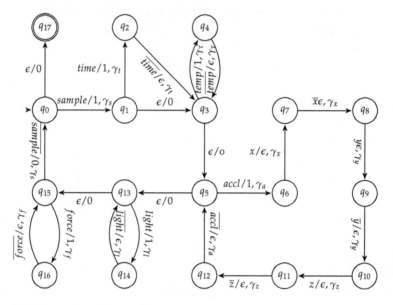

**Abbildung 61:** Komprimierender VPT zu Modell in Abbildung 59

Neben der Transformation der Strukturelemente lassen sich durch die Typisierung des Automaten über das MOF-Modell auch die Datentypen effizient komprimieren. Voraussetzung ist die durch die Konstruktion gegebene Vortypisierbarkeit (*preorder typing*) der Eingabe. Ein einfaches Beispiel ist die zusätzliche Nutzung von definierten minimalen und maximalen Werten eines in einem bestimmten Kontext auftretenden Wertes. So kann z. B. der bereits zitierte Temperaturwert, der durch einen Sensor mit einer Genauigkeit von 0.1°C gemessen wird und maximal im Bereich von -20°C bis 80°C arbeitet, ohne Verluste als 10bit Wert codiert werden. Der Interpretationskontext, welcher die Typeinschränkung möglich macht, wird durch die Position im Kellerautomaten klar festgelegt, sodass eine adaptive Kompression von strukturell eingebetteten Werten möglich ist. Voraussetzung für die Invertierbarkeit des Transduktors ist, dass die Übersetzung der Symbole $\Omega((q, \alpha, \gamma, q'))$ für ein variables $\alpha$ isomorph ist, d. h. das

Eingabesymbol für jede Kombination aus Zustand und Kellersymbol eindeutig auf ein Ausgabesymbol abgebildet wird.

## 5.5 MODELLGETRIEBENE IMPLEMENTIERUNG

In diesem Abschnitt werden die vorangegangen theoretischen Überlegungen direkt über die unterliegenden Modelle auf eine Implementierung übertragen. Die Domänenarchitektur ermöglicht es, automatisiert Gateways für verschiedene syntaxgetriebene Übersetzungen zu integrieren. Ein Anwendungsfall ist hier die Erstellung generierter Gateways zur Anbindung von Sensorknoten über das Devices Profile for Webservices. Hier werden syntaktische Transformationen in eine erstellte modellgetriebene Laufzeitumgebung eingebettet. Diese wird auf Basis von abstrakten Dienstbeschreibungen und Dienst-Dienstgeber-Beziehungen generiert. Neben der Effizienz der Abbildung soll zusätzlich gerade die Geradlinigkeit der Implementierung auf dem abstrakten Modell wieder im Vordergrund stehen.

### 5.5.1 Middleout Modellierung

*Grammatiken*

Alle Eingangsmodelle in Form von grammatikalischen Beschreibungen von Nachrichten werden im ersten Schritt in eine Darstellung gemäß der Essential Meta-Object Facility (EMOF) (ISO/IEC 19502:2005) übersetzt. Das Eclipse Modelling Framework (EMF) stellt eine ausgereifte Implementierung der EMOF in Form von ECore bereit. EMF bietet weiterhin eine Reihe von Modelltransformation nach ECore aus verschiedenen Eingabemodellen an. So wird für das Übersetzen von einem XML-Schema nach ECore auf eine bereits existierende Implementierung zurückgegriffen [Hudson, 2009], welche die für uns relevanten Aspekte direkt auf eine hierarchische Klassenstruktur übersetzt. Weitere Aspekte des Schemas werden über Annotationen in das Modell übernommen und können in späteren Transformationsschritten genutzt werden. Dazu zählen beispielsweise Einschränkungen im Wertebereich (z. B. auch reguläre Ausdrücke zur Einschränkung) der Basisdatentypen.

Für andere Eingabegrammatiken ist dieser Prozess ähnlich. Für UML Klassendiagramme existiert native Unterstützung im Eclipse Modelling Framework. Für andere Grammatikformate wie ASN.1 oder RelaxNG existiert der Umweg über die Übersetzung in äquivalente XML-Schemata, wofür es verschiedene kommerzielle und freie Werkzeuge gibt. Deshalb beschränkt sich die im Folgenden vorgestellte Implementierung auf XSD als Quellgrammatik. Da es sich bei EMOF um eine Oberklasse kontextfreier Grammatiken handelt [Alanen und Porres, 2003], können prinzipiell Quellgrammatiken der beschriebenen Klasse eingelesen werden. Darüber hinaus können über Annotationen Besonderheiten der Quellmodelle festgehalten werden, welche nicht oder schwer kontextfrei in EMOF ausdrückbar sind. Dies wird hier insbesondere für Beschreibungen von atomaren Datentypen genutzt.

### Automatenmodell

Die formale Modellierung des eingabegetriebenen Automaten aus Abschnitt 5.4 lässt sich direkt auf die modellgetriebene Entwicklung übertragen. Der **IDA**

- *enthält* 1..$*$ Zustände **State** als Attribut **states** ($Q$)
- *referenziert* 1 Zustand **State** als **start** ($q_0$)
- *enthält* 1..$*$ Übergänge **Transitions** als **transitions** ($\tau$)

**Transitions** ($\tau = \tau_c \cup \tau_r \cup \tau_l \cup \tau_\epsilon$)

- *referenzieren* 1 Instanz eines Zustands **State** ($\in Q$) als **source** (Quellzustand) wie einen als **target** (Zielzustand)

Konkrete Transitionen sind entweder

- aufrufende **callTransitions** ($\tau_c = Q \times \Sigma_c \times \Gamma \times Q$),
- zurückkehrende **returnTransitions** ($\tau_r = Q \times \Sigma_r \times \Gamma \times Q$),

• oder interne **localTransitions** ($\tau_l = Q \times \Sigma_l \times \Gamma \times Q$),

• sowie spontane **epsilonTransitions** ($\tau_\epsilon = Q \times \{\epsilon\} \times Q$))

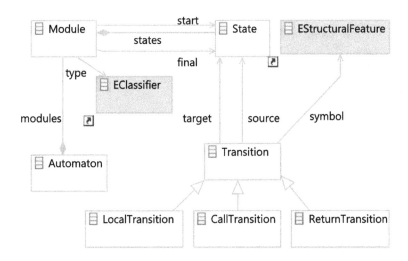

**Abbildung 62:** Meta-Modell des modularen eingabegetriebenen Automaten

Das resultierende Meta-Modell des Kellerautomaten ist in Abbildung 62 dargestellt. Das Meta-Modell wurde gemäß der Konstruktion des modularen IDA (VPA) nach Kumar et al. [2007] entworfen. Speziell an der hier genutzten Meta-Modellierung ist der direkte Bezug auf das EMOF (Meta-)Modell, welches als Basis gelegt wurde. Das Kelleralphabet $\Gamma$ als auch das Symbolalphabet $\Sigma$ werden durch Referenzen auf das ECore-Modell der Nachrichtengrammatik ersetzt. In Abbildung 63 wird eine vereinfachte Version des entsprechenden ECore eMOF Modells dargestellt.

Die Einschränkung auf modulare IDAs ist dabei keine echte Einschränkung. So lässt sich zum Beispiel durch die Eliminierung der Module im Meta-Modell der Automat ohne Änderung auf einen reinen IDA transformieren. Durch die zusätzliche Eliminierung der Spezialisierung der Transitionstypen entspricht das Modell einem einfachen Kellerautomaten.

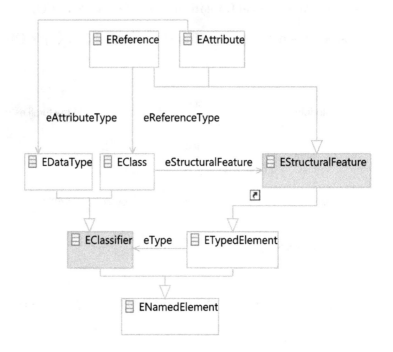

**Abbildung 63:** Relevante Teile des ECore Meta-Modells

## 5.5.2 Formalisierte Modelltransformation

Erster Schritt für die Erzeugung von Codierungen bzw. Transduktoren ist die Modellierung der Nachricht als Akzeptorautomat. Dieser eingabegetriebene Kellerautomat wird durch eine Modelltransformation auf dem ECore Meta-Modell erzeugt.

In der folgenden Implementierung der Transformation in der Epsilon Transformation Language (ETL) [Kolovos et al., 2008] zeigt sich die einfache Modellierung des wechselseitigen Zusammenhangs zwischen Automat und vorgegebenem Grammatikmodell. Die Modelltransformation erlaubt eine sehr anschauliche, aber genauso effizient ausführbare Beschreibung des Transformationsprozesses. Der Zusammenhang zwischen formaler Beschreibung und ausführbarer Implementierung bleibt nachvollziehbar.

Es zeigt sich, dass sich durch die Nutzung der modellgetriebenen Werkzeugkette die Implementierung stark an der formalen Problembeschreibung richtet. Geht man davon aus, dass (mithilfe einer vorherigen Transformation) ein ECore Meta-Modell für die Beschreibung einer abstrakten Nachricht existiert, so ist es leicht, diese in eine Automatendarstellung zu übertragen. Listing 5.1 zeigt zur Veranschaulichung die vereinfachte Transformation des ECore MOF-Modells in die Kellerautomatendarstellung. Als Eingabe dient das Nachrichtenmodell gemäß des in Abbildung 63 dargestellten ECore Meta-Modells. Ausgabe ist ein Kellerautomat gemäß des in Abbildung 62 dargestellten modularen IDA Meta-Modells. Die Transformation leitet sich direkt aus der Beschreibung von Kumar et al. [2007] und Alanen und Porres [2003] ab und ist in dieser Form die voll funktionsfähige Implementierung. Lediglich die Behandlung von nichthierarchischen Referenzen und Datentypen kommt hinzu.

Die gemischt relationale und imperative Syntax von ETL kommt der Formulierung entgegen, welche intuitiv der Beschreibung des zugrunde liegenden Äquivalenzbeweises von Kumar et al. [2007] entspricht.

Gerade durch die Verwendung des ::=-Operators, welcher das zur Eingabe äquivalente Ausgabeelement zuweist, ist eine induktive Definition möglich. Der Quelltext erstellt so für jede Klasse des Quellmodells ein Modul, welches einem Nichtterminal der Grammatik entspricht. Induktiv wird nun für jede Klasse und bei Bedarf (lazy) für jeden Basistyp ein endlicher Automat konstruiert. Referenziert ein Datentyp einen anderen, wird über eine Aufrufkante in den Startzustand des äquivalenten Zielmoduls übergegangen und alle Zielzustände mit rückkehrenden Kanten mit dem nächsten Zustand verknüpft. Die Symbole werden über die ECore-Referenz implizit plattformunabhängig definiert.

Bei Betrachtung des Algorithmus wird klar, dass der Typ der Transition durch das ECore-Modell vorgegeben wird. Das heißt, dass die Transformation automatisch die Schachtelungseigenschaft eingabegetriebener Automaten erfüllen muss, und schon bei der Konstruktion deterministisch und damit vortypisierbar ist (siehe Abschnitt 5.4). So werden aufrufende und rückkehrende Transitionen immer von Refe-

**Listing 5.1:** Transformation eines ECore Modells in einen Kellerautomaten

```
rule Class2Module
        transform c : ECore!EClass        to m : PDA!Module
 {
m.parent::=c.ePackage; m.type:=c;

 var s: new PDA!State; s.module:=m; m.start:=s;

 for (r in c.eAllStructuralFeatures) {
        var tmodule;

    tmodule::=r.eType;

        var t : new PDA!CallTransition;
        t.source:=s; t.symbol:=r; t.target:=tmodule.start;

        if(      r.lowerbound==1 and r.upperbound==1 )
                s:=new PDA!State; s.module:=m;

        for(final in tmodule.final)
        {
                var t : new PDA!ReturnTransition;
                t.source:=final;t.symbol:=r;t.target:=s;
        }
 }
 m.final.add(s);
}


@lazy
rule Datatype2Module
        transform d : ECore!EDataType to m: PDA!Module
{
m.type:=d;       m.parent::=d.ePackage;

 var s: new PDA!State;s.module=m;m.start=s;

 var f : new PDA!State;f.module=m; m.final.add(f);

 var t : new PDA!LocalTransition;
 t.source=m.start; t.symbol=d; t.target=s;
}


@lazy
rule ECorePackage2Automaton
        transform p :ECore!EPackage to a: PDA!Automaton   {}
```

renzen auf Datentypen ausgelöst, während lokale Transitionen das Einlesen von Datentypen beschreiben.

In der einfachen Konstruktion aus Listing 5.1 werden alle sich wiederholenden Elemente dem Kleene-Operator gleichgesetzt. Das Quellmodell ist eine Teilsprache der akzeptierten Sprache. Die Information über die Kardinalität ist jedoch weiterhin über das verwobene Nachrichtenmetamodell verknüpft, sodass die Information nicht verloren geht. Gleiches gilt für andere Einschränkungen der Grammatik, welche der Codegenerierung weiterhin über das Quellmodell zur Verfügung stehen und zur Laufzeit genutzt werden können.

### 5.5.3 Syntaktische Übersetzung

Neben der Erzeugung der verschiedensten Nachrichtendarstellungen ermöglicht die Codegenerierung die Implementierung verschiedener Verarbeitungsparadigmen auf einer einzigen Codebasis. So können ähnlich XML-Parsern z. B. ereignisgetriebene (SAX), dokumentenmodellbasierte (DOM) oder aufrufgetriebene (pull API) Schnittstellen generiert werden. Gleichzeitig werden auch unterschiedliche Programmiersprachen wie z. B. C oder Java unterstützt.

Daraus ergibt sich eine ganze Reihe von Produkten, die auf der Basis eines Grundgerüstes erstellt werden können. Voelter und Groher [2007] stellen hierfür eine Möglichkeit vor, solche sehr weitreichenden Variantenkonfigurationen effizient durch aspektorientierte Programmerzeugung abzubilden. Um den Programmerzeuger zu implementieren wird der Ansatz mittels der aspektorientierten Schablonensprache xPand adoptiert. Alle möglichen Umsetzungsmöglichkeiten werden als *advice* bezüglich der allgemeinen Automatenschablone implementiert. So können verschiedene Eingabe-, Ausgabe- sowie Kontrollflussaspekte in die Akzeptorerzeugung als *advices* eingewoben werden. Auf Modellebene bilden die Transitionen und Zustände der Automatendarstellung mögliche "join points" für Ein-und-Ausgabe- sowie Ausführungsaspekte.

Für verschiedene Plattformen werden vorgefertigte Codegeneratoren als Plug-Ins für das Eclipse Rahmenwerk erstellt. Auch wenn die

Erstellung von entsprechenden Schablonen für jedes Eingabe und Ausgabeformat einen einmaligen Aufwand darstellt, so kann jedoch eine spätere Bindung der Formate vollkommen automatisiert über das gemeinsame Modell geschehen. Die Codegenerierung erstellt statische oder dynamische Bibliotheken, welche direkt innerhalb des Arbeitsablaufes vorkompiliert und innerhalb des Zielsystems genutzt werden können.

Momentan wird die automatische Erzeugung von Akzeptoren für die Programmiersprachen C, Python und Java auf dem Windows, Linux, Symbian, sowie dem Particle-[Decker et al., 2005a] und dem Contiki-Betriebssystem [Dunkels et al., 2004] unterstützt. Für jede Plattform kann die Erzeugung gemäß den Rahmenbedingungen optimiert werden.

*Plattformunabhängiger Kontrollfluss*

Idee hinter der aspektorientierten Codegenerierung ist es, dass sich die konkreten programmiersprachlichen Konstrukte der Implementierung sehr stark ähneln. Auch bei unterschiedlichsten Plattformen sind oft nur kleine Änderungen notwendig. So lassen sich typischerweise aus jeder Implementierung weitere ableiten. Dies kann durch ein Überschreiben der Codegeneratoren geschehen, bei denen ein konkretes Konstrukt je nach Plattform überschrieben wird.

Durch die Nutzung von übereinander schachtelbaren Generator Schablonen lässt sich so mit geringstem Mehraufwand eine Vielzahl verschiedener Implementierungen unterstützen [Voelter und Groher, 2007]. Listing 5.2 zeigt das Grundgerüst der Automatengenerierung anhand des Meta-Modells. Der innerste Kontrollfluss ist durch den Automaten vorgegeben und enthält keine programmiersprachenspezifischen Konstrukte. Listing 5.3 zeigt eine Implementierung durch eine Schleife umgebene Switch/Case-Anweisung. Diese lässt sich mit der gleichen konkreten Syntax für verschiedenste Programmiersprachen wie C, C++, C#, D, Java, PHP, ActionScript und JavaScript nutzen. Listing 5.5 zeigt den Advice, welcher den Funktionskontext für C für einen unterbrechbaren Automaten herstellt. Listing 5.6 zeigt den gleichen Kontext für Java, welcher den Automatenzustand in einem Akzeptor-Objekt hält. Beide Automaten sind ohne Multithreading un-

**Listing 5.2:** Plattformunabhängiges Grundgerüst für die Automatengenerierung

```
«DEFINE emit FOR Automaton»
    «EXPAND emit FOREACH modules-»
«ENDDEFINE»

    «DEFINE emit FOR Module»
        «EXPAND transition FOREACH states-»
    «ENDDEFINE»

    «DEFINE chooseTransition FOR State»
        «EXPAND readSymbol-»
    «ENDDEFINE»

    «DEFINE endChoice   FOR State»
    «ENDDEFINE»

    «DEFINE emit FOR State»
        «EXPAND chooseTransition-»
        «EXPAND transition FOREACH out-»
        «EXPAND endChoice-»
    «ENDDEFINE»
```

**Listing 5.3:** switch basierte Implementierung

```
«AROUND base:emit FOR Automaton »
    while(true)
    switch (label) { «targetdef.proceed()» }
«ENDAROUND»

«AROUND base:emit   FOR State»
    case «getBeginCase()» : { «targetdef.proceed()» break; }
«ENDAROUND»
```

**Listing 5.4:** Implementierung über rekursiven Abstieg

```
«AROUND base:emit FOR Module»
accept_<type>(){ «targetdef.proceed()» }
«ENDAROUND»
```

**Listing 5.5:** Rumpf für C-Implementierung

```
«AROUND base:emit FOR Automaton
static int «start.type.name»_automaton
    (READER_STRUCT *reader,WRITER_STRUCT *writer, int *_label)
{ «targetdef.proceed()»
«ENDAROUND»
```

**Listing 5.6:** Rumpf für Java-Implementierung

```
«AROUND base:emit FOR Automaton
class «start.type.name»
{
Stack<State> stack; Reader reader; Writer writer;
public void accept() {
            int label=Stack.pop();
            «targetdef.proceed()»
            Stack.push(label); }
«ENDAROUND»
```

terbrechbar, da sie explizit den Kellerzustand modellieren. Alternativ kann auch rekursiver Abstieg genutzt werden, um einen VPA zu modellieren. Listing 5.4 gibt ein einfaches Muster vor.

Wichtig ist hier die aufwandsarme Adaptierbarkeit der Ausführung auf die Plattformgegebenheiten. Ein gutes Beispiel ist der uiP Stack der Contiki-Plattform, welcher auf Basis eines ereignisbasierten kooperativen Multithreadingansatzes funktioniert [Dunkels et al., 2004]. Hier können Transduktoren effizient genutzt werden, um Sensormesswerte als strukturierten Datenstrom über einen TCP-Kanal zu schicken. Der Automat ermöglicht es, die Sensordaten direkt über typisierte Ereignisse auf die Kommunikationsschicht zu schreiben. Der Automat gibt nach jedem Zustandsübergang kooperativ den Kontrollfluss ab und arbeitet ohne Zwischenpufferung direkt auf dem Netzwerkpuffer. Er integriert sich damit perfekt in die Verarbeitungsparadigmen des eingebetteten Betriebssystems.

*Typserialisierung und Codierungsaspekte*

Der in Abbildung 62 definierte Kellerautomat modelliert kein explizites Alphabet, sondern definiert die Klassen (genauer „eClassifier") des Datenmetamodells als Kelleralphabet. Die Referenzen und Attribute („eStructuralFeature") sind das Eingabealphabet für die Aufruf- und Rückkehrtransition. Serialisierbare Datentypen bilden die Symbole für lokale Transitionen. Durch diese Verwebung der Modelle ist es leicht, das Grundgerüst des Akzeptors mit weitergehenden Typinformationen zu annotieren. Insbesondere können so Typrestriktion wie Wertebereiche oder Präzision abgebildet und später genutzt werden.

Besonders wichtig ist die Verwebung von Meta-Modell und Automatenmodell für die Typserialisierung und -deserialisierung. Werden zu einem späteren Zeitpunkt die Zerteilungsroutinen geschrieben, so kann die im Modell vorhandene Information, z. B. über den Typ, für die Codierung genutzt werden. Im einfachsten Fall können hierzu die in EMOF vorhandenen Typdefinitionen genutzt werden (String, Short, Boolean,...). Außerdem können Typeinschränkungen (wie z. B. minInclusive, maxExclusive, maxLength oder fractionDigits im Fall von XSD) modelliert werden (*subtyping*).

Dieses Vorgehen ist problemlos erweiterbar. So können zu jeder Zeit neue Informationen an das Modell angehängt werden, die durch die Codegenerierung genutzt werden können. Das Annotationsmodell unterstützt die Spezifikation von Wertebereichen und Präzisionsinformationen. Diese werden genutzt, um z. B. die Schnittstelle zu einem Sensorknoten genauer zu beschreiben und so später eine optimale Darstellung für die Codierung zu erzeugen. Ein Beispiel ist der Temperaturwert, der mit einer Nachkommastelle von $-20$ bis $80\,°C$ in 10bit codiert werden kann.

Neben einer effizienten kontextuell angepassten Ausführung ist eine angepasste Ausgabe von Nachrichten wichtig. Wie Listing 5.9 veranschaulicht, ist die Codierung aus Sicht des kommunizierenden Programms vollkommen transparent. Zur Veranschaulichung wird hier eine XML-Datei über `javax.xml.transform.Transformer` in eine Binärdarstellung überführt. Der Automat bzw. Transduktor implementiert hier einen SAXSerializer und hat als Eingabefunktion eine SAX-

Listing 5.7: Wertecodierungsschablone

```
«DEFINE encode(String val) FOR Fixpoint»
((«val») − («min»))/«scaling»
«ENDDEFINE»

«DEFINE decode(String val) FOR Fixpoint»
«IF signed()»«EXPAND signCast»«ENDIF»
  ((((«c»)*«scaling»)») + («min»))
«ENDDEFINE»
```

Listing 5.8: Decodierungsschablone für ganzahlige Typen

```
«DEFINE readInt(String out) FOR IntegerTypes»
{
u«EXPAND type» c;
read_bits(reader,(u_char *)&c,«calcBitsLen()−»);
*(«IF !signed()»u«ENDIF−»«EXPAND ctype»*)
  «out» = «EXPAND decode("c")»;
}
«ENDDEFINE»
```

Ereignisschnittstelle und als Ausgabe einen binären Ausgabestrom (im Beispiel eine Datei).

## 5.5.4 Semantische Übersetzung

Die syntaktische Übersetzung ist in eine semantische Übersetzung eingebettet, welche die verschiedenen Nachrichtenprimitive der beiden Netzwerkseiten umsetzt. Hierzu werden typischerweise Gateways genutzt wie sie in Abbildung 64 dargestellt sind. Wie auf der rechten Seite der Abbildung dargestellt, kann, falls Client und Service kompatible Netzwerkkommunikation nutzen, auch die Domänenarchitektur dazu genutzt werden, lediglich die Dienstschnittstelle zu generieren. Typischerweise ist jedoch entweder die Schnittstelle zu den Sensornetzwerkdiensten vollständig durch den Hersteller festgelegt oder die Applikationsschnittstelle durch den Anwendungskontext vorgeben (mittlerer Fall). Der dritte Fall ist, dass zwar beide Systeme offen

Listing 5.9: Rumpf für C-Implementierung

```
FileOutputStream fos  =
  new FileOutputStream(genDir + "/out.bin");
try{
 Transformer xml2bin=
        TransformerFactory.newInstance().
          newTransformer();
 xml2bin.transform(
  new StreamSource(new File(xmlPath)),
  new SAXResult(
    new SAXSerializer(fos ,TECO+".gen."+rootElem+"SAX2Bin"))
  );
}
finally{fos.close();}
```

sind, jedoch die Kommunikation innerhalb des Sensornetzwerks unabhängig von anderen Teilen optimiert werden soll.

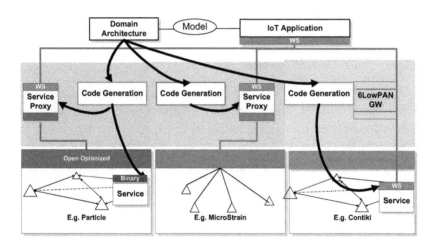

**Abbildung 64:** Anbindung verschiedener Sensornetzwerkplattformen innerhalb der Aletheia-Gateway-Architektur

Wie schon in [Riedel et al., 2007b] eingeführt, ist es sinnvoll, bei der
Entwicklung von Dienstgateways zweischrittig vorzugehen (siehe Abbildung 65). Der erste Schritt bezieht sich auf die syntaktische Trans-

formation von Nachrichten. Dieser Schritt wird vollständig durch die vorgestellte Automatengenerierung unterstützt und arbeitet vollständig auf Nachrichtenebene. Semantische Aspekte der Nachrichtenübermittlung wie Zusicherung der Zustellung, Adressierung oder Aufrufkonventionen werden dadurch nicht abgedeckt. Hierzu ist ein separater, zweiter Schritt notwendig.

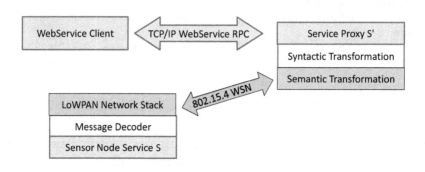

**Abbildung 65:** Schichtung der Nachrichtenübersetzung

*Devices Profile for Web Services*

Wie in [Fantana und Riedel, 2010] diskutiert, können alle relevanten Interaktionskonzepte des mobilen Wartungsszenarios und der Informationsföderation innerhalb der Aletheia-Architektur auf WebSevices-Primitive abgebildet werden. Die unterstützten Interaktionsmuster des Devices Profile for Web Services (DPWS) bilden deshalb den Rahmen der Implementierung.

Zur Zerteilung der XML-Nachrichten und Verarbeitung der SOAP-Adressierung wurde auf der gsoap-Laufzeitbibliothek aufgesetzt. Für die Kommunikation mit dem Sensornetzwerk wurde die libparticle-basierte USB-Bridge Hardware bzw. für die Implementierung auf IP-basierten Knoten direkt auf POSIX IPv6-UDP Sockets zugegriffen. DPWS spezifische Basisdienste, wie das Abonnementmanagement (WS-Eventing) und das Geräteannoncierungsprotokoll (WS-Discovery, WS-MetaDataExchange), wurden auf die ebenfalls auf gsoap aufsetzende WS4D Implementierung [Zeeb et al., 2007] aufgesetzt. Auf

Basis dieser minimalen WebServices-Plattform werden der dienst-
bzw. netzwerkspezifische Teil sowie die Ablaufsteuerung für die
Kommunikation vollständig modellgetrieben generiert. Ein kleiner
Teil der Domänenarchitektur ist plattformabhängig. Wobei Laufzeitsystem des Gateways, Sensornetzwerkplattform und dienstorientierte
Middlewareplattform auf unabhängige Teile der Domänenarchitektur
abgebildet werden. Der Aufwand ist hier wie bei der Codeerzeugung
für die Automaten nur einmalig pro Plattform zu leisten. Abbildung
66 stellt die verschiedenen zu entwickelnden Komponenten dar.

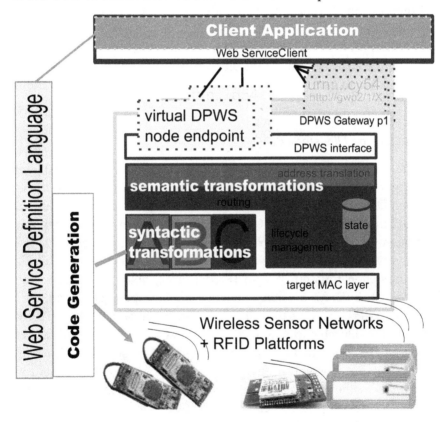

**Abbildung 66**: Schematische Architektur eines modellgetriebenen Gateways

Den Kontext für die Ausführung der oben erstellten Aufrufe bietet ein einfacher handimplementierter Server. Im Fall der DPWS Gateways wird hierzu die gsoap-Bibliothek genutzt, die bereits eine Socket-

Abstraktion bereitstellt. Der statische Teil besteht hauptsächlich aus einer Hauptschleife, innerhalb der die Protokollübersetzung läuft. Andere Implementierungen, wie die REST-Implementierung des Gateways, nutzen ebenfalls fertige leichtgewichtige Server wie den Jetty-Server. Für Sensornetzwerke werden ebenfalls größtenteils bestehende Implementierungen der unteren Schichten genutzt. Dieser kann ebenfalls über ein modellgetriebenes Vorgehen implementiert werden. Hierzu ist es notwendig, protokollspezifische Bindungen herzustellen. Bei den hier vorgestellten WebService-Gateways wird von der Beschreibung der Protokollsemantik des Web Services durch die Web Service Description Language (WSDL) ausgegangen. Hierzu werden die WSDL-Modelle als formale Modelle innerhalb der MDSD eingelesen und transformiert. Durch die Verwendung von WSDL Beschreibungen können eine Reihe von bestehenden Werkzeugen angebunden werden.

*Abbildung von Dienstprimitiven*

Adressauflösung wird für die eindeutige Identifizierung von Diensten gegenüber dem Dienstnehmer benötigt. In Ubiquitären Systemen werden Dienste typischerweise nicht fest codiert, sondern zur Laufzeit gebunden. Hierzu muss das Gateway ein Verzeichnis von Geräten und Diensten vorhalten. Der DPWS Gateway implementiert hierzu das WS-Discovery-Protokoll. Wichtig ist, dass Dienstgeber keine konkreten Geräte darstellen müssen. Wie in [Riedel et al., 2007a] dargelegt, können Dienste auch für beliebige kontextuelle Gruppen gelten. Praktisch kann man dies über eine Bindung des Dienstes an eine spezielle Adresse codieren. Durch explizite Codierung von z. B. Manycast-Gruppen in der Adresse kann die Logik zur Übersetzung schon im Gateway geschehen. Ein Beispiel ist das „RAUM"-Modell [Beigl, 2001], bei welchem durch eine explizite Adressierung über einer (partiellen) Raumordnung eine Gruppe von Geräten adressiert werden. Diese wird im Falle der Particle Computer Plattform in der Adresse umgesetzt, was äquivalent zur Definition des Raumes als Dienstgeber ist.

Der DPWS Gateway verfolgt einen Ansatz, der ohne weitere Infrastruktur wie Dienstregistraturen auskommt. Dazu wird der WS-Discovery-Standard [Schlimmer et al., 2004] genutzt. Dieser ermöglicht, dass Dienste, welche im Sensornetzwerk vorhanden sind, mit einer geeigneten WSDL-Schnittstelle ad hoc und infrastrukturlos annonciert werden. Die in Abbildung 67 dargestellte Lifecycle Management Komponente bietet eine Schnittstelle zur unterliegenden Plattform und kann den Laufzeitstatus verschiedener Dienste abfragen. So kann etwa die Verfügbarkeit oder der temporäre Ausfall eines Knotens dem Dienstnehmer mitgeteilt werden. Wie die Abbildung zeigt, können zusätzlich über WS-MetaDataExchange Informationen über den Dienst weitergegeben werden, um etwa ad hoc passende Bindungen zu Diensten zu finden. Die Abbildung sensornetzwerkspezifischer Meta-Daten erfolgt über plattformspezifische Transformationen, die sich dynamisch erweitern lassen.

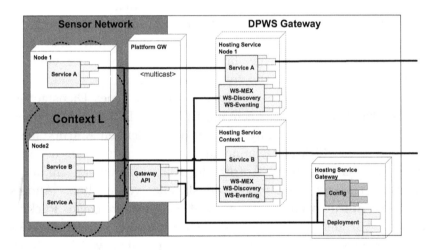

**Abbildung 67**: Abbildung des Service Lifecycle Management auf DPWS Gateway

Die Zuordnung von Diensten zu Dienstgebern ist nicht an physikalische Grenzen gebunden und es ist möglich, jeden Dienst auf jeder Plattform aufzurufen. Hierzu kann die Adressauflösung komplett über zustandslose Übersetzung ermöglicht werden. In der Praxis ist es jedoch oft sinnvoll eine dynamische Netzwerkadressenübersetzung einzusetzen, um einen größeren Adressraum wie in unserem Fall der URLs bzw. URIs, in einen kleineren Adressraum abzubilden. Die Adressübersetzung stellt sicher, dass Adressen wie z. B. URLs in MAC-Adressen umgesetzt werden.

Wichtiger Teil der Adressauflösung ist die Network-Address-Translation. Hier können zustandslose und zustandsbehaftete Übersetzungen angewandt werden: die Einbettung der Adressen und die Nutzung von dynamischen Übersetzungstabellen. Innerhalb des DPWS Gateways werden beide Strategien genutzt. Für die Kommunikation in das Sensornetzwerk können die Adressen der Sensorknoten vollständig in die End-Point-URLs auf Web-Service-Seite von WS-Addressing eingebettet werden. Über einen zusätzlichen Auflösungsschritt können diese sogar unabhängig von Gateway als URNs im Client gespeichert werden.So können z. B. elektronische Produktcodes oder 802.15.4 MAC Adressen einfach auf URIs bzw. URLs abgebildet werden. In die Gegenrichtung ist aufgrund der limitierten Nachrichtengröße diese Strategie nicht anwendbar. Hier wird die Adresse über eine Tabelle gehascht und über eine im Gateway vorhandene Übersetzungstabelle aufgelöst.

Zur Unterstützung von spontanen Rückrufen eines Dienstgebers in das Quellnetz ist zusätzlich im Falle von DPWS ein Abonnementmechanismus notwendig, welcher den fehlenden Aufrufkontext zwischen einer Rückrufoperation und dem Dienstnehmer herstellt. Hierzu werden wie beim Aufruf alle Rückrufparameter inklusive Adresse in der Adressübersetzungstabelle vorgehalten. Anders als beim Aufruf werden diese nicht bei erfolgreichem Rückruf gelöscht. Für den DPWS Gateway wird für die Herstellung des Aufrufkontexts der WS-Eventing Dienst genutzt, welcher durch das Gateway direkt implementiert wird. Rückrufkontexte sind immer an die Zieladresse und die spezifische Operation gebunden. Unterstützt eine Dienstnehmerplattform parallele Aufrufe bzw. mehrere Abonnements pro Dienstnehmer, kann die Listenposition als dynamische Subportnummer an den Aufruf angehängt und muss vom Zielsystem zurückgeschickt werden. Sonst wird für Aufrufe eine FIFO-Struktur genutzt und für Abonnements die Nachricht an alle

Abonnenten ausgeliefert. Alle Adresseinträge werden mit Time-Outs versehen, welche bei Aufrufen zu einem Ausnahme-Fehler und bei Abonnements zu einer regulären Beendigung führen.

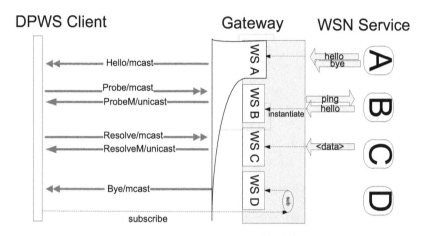

**Abbildung 68**: Abbildung von WS-Discovery auf Sensornetzwerk-Dienste

Zusätzlich unterstützt das Gateway die Übersetzung verschiedener Routingstrategien. Während auf einem drahtlosen Kanal oft eine Broadcastauslieferung von Nachrichten Sinn macht, so ist dies oft in anderen Netztopologien nicht effizient durchführbar oder wird durch die Plattform nicht unterstützt. Daher werden auf Gatewayebene asynchrone Nachrichten von einem Broadcastschema auf der Sensornetzseite auf ein Publish-Subscribe-Schema mit Unicast- Nachrichten auf Basis des WS-Eventing Standards umgesetzt. Hier können verschiedene Filterstrategien für das Routing von Broadcast-Nachrichten umgesetzt werden. Momentan werden nur Nachrichtentyp und -quelle unterstützt. Es werden bei der Codegenerierung plattforman-gepassten Cachingmechanismen genutzt. So können gerade bei stark fluktuierenden Netzwerken z. B. Sensornetzwerk und Geschäftslogik stärker dynamisch entkoppelt werden.

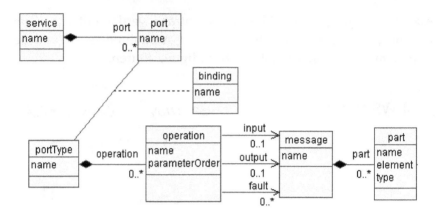

**Abbildung 69:** Relevante Teile des WSDL Meta-Modells

*Abbildung von Nachrichtenprimitiven*

Es zeigt sich, dass ein modellgetriebenes Vorgehen bei der Entwicklung auch die semantische Transformation von Nachrichtenaustausch stark vereinfacht. Um die Interoperabilität aller Geräte zu gewährleisten, wird eine einfache abstrakte Semantik vordefiniert. Als Bindeglied für die Modellierung des Nachrichtenaustauschs nutzen wir die Grundprimitive der Web Service Description Language (WSDL). Dies hat zwei entscheidende Vorteile. Zum einen ist diese DSL bereits vollständig über ein Meta-Modell definiert und es existieren eine Reihe von Werkzeugen, um Dienste auf Basis von WSDL zu spezifizieren. Für unsere Anwendungsfälle (wie wahrscheinlich für die Mehrheit aller Anwendungen) lassen sich zum anderen die entscheidenden Primitiven synchroner und asynchroner ubiquitärer Kommunikation in WSDL abbilden.

Hierzu definiert WSDL sogenannte Dienste, welche den Vorteil haben eine bidirektionale Schnittstelle über zwei Rollen zu definieren. Ausgehend von der Dienstnehmerseite lässt sich die Definition sogenannter Operationen durch verschiedene Nachrichtenprimitive ausdrücken. Dies ist zum einen der klassische Aufruf, bei dem jede ausgehende Nachricht in einen Aufrufkontext mit einer Antwort gesetzt wird. Wird lediglich eine Eingabe definiert, so handelt es sich um eine einfache Nachricht vom Dienstnehmer zum Dienstgeber. Genauso

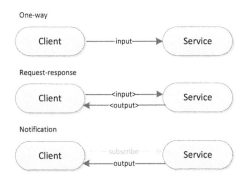

**Abbildung 70**: Nachrichtenprimitive von WSDL

kann durch die ausschließliche Definition einer Ausgabe eine asynchrone Nachricht (Ereignis) vom Dienstgeber zum Dienstnehmer dargestellt werden.

Die erste wichtige Einschränkung von WSDL ist, dass ein Kommunikationskontext immer nur vom Dienstnehmer aufgebaut werden kann. Dies schränkt praktische Anwendungen jedoch oft nicht ein und vereinfacht die Entwicklung. Asynchrone Nachrichten, welche spontan vom Dienstgeber gesendet werden, müssen über eine Abonnementschnittstelle bereitgestellt werden. Die zweite Einschränkung ist, dass maximal eine Eins-zu-Eins-Beziehung zwischen zwei Nachrichten innerhalb des Modells explizit dargestellt wird. Das heißt, dass mehrere Rückgabenachrichten nicht problemlos einem Aufruf zugeordnet werden können. Dies muss explizit über die Kombination mehrerer einfacher Nachrichten geschehen. Hierzu kann der Abonnementmechanismus genutzt werden.

Die Implementierung der Gatewaylogik auf Basis von WSDL kann durch die modellgetriebene Codegenerierung weitgehend plattformunabhängig geschehen. Listing 5.10 zeigt die abstrakte Übersetzung einer eingehenden Nachricht entsprechend der in Abbildung 70 dargestellten Nachrichtenprimitiven. Der konkret aktive Code für die entsprechende Plattform wird erst durch die konkrete Konfiguration der Codegenerierung vorgegeben. Listing 5.10 zeigt die Übersetzung der eingehenden Nachricht gegen die gSoap-Bibliothek. Hier findet auch

**Listing 5.10:** Semantische Übersetzung eines Aufrufs

```
«DEFINE dispatchIncoming FOR TService»
«FOREACH port AS p»
        «EXPAND incoming(p) FOREACH port.\
        getPortType().operation.select(e|e.input!=null)–»
        «EXPAND notfound(p)»
«ENDFOREACH»
«ENDDEFINE»


«DEFINE incoming(TPort port) FOR TOperation»
  «EXPAND          is_op(port)»
  «EXPAND          init_context»
  «EXPAND          translate_out FOR input.getMessage()»
  «EXPAND          do_call»
  «IF   output==null && fault==null–»
   «EXPAND          oneway_return»
  «ELSE–»«EXPAND register_return_context»
  «ENDIF–»
  «EXPAND exit_context»
«ENDDEFINE»
```

die Einbindung der syntaktischen Übersetzung statt. Der Ausdruck
«arg.localPart»\_sax2«tenc()»\_run expandiert zu einem Aufruf
an den jeweils passenden Transduktor für die Nachricht arg.localPart
für das konfigurierte Zielencoding tenc.

## 5.6 BEOBACHTUNGEN

Im Folgenden soll, wie schon im vorangegangen Kapitel, die Domänenarchitektur anhand der vorgegebenen Thesen evaluiert werden.
Um die Gültigkeit der Hypothese zu belegen, ist es notwendig, dass
sich die Thesen beobachten lassen. Der Entwicklungsprozess für modellgetriebene Gateways und die Gatewayarchitektur wurden mit dem
Hintergedanken geschaffen, möglichst viele Systemlandschaften und
Use Cases zu unterstützen.

**Listing 5.11:** C Spezifische Implementierung (für gsoap)

```
«DEFINE is_op(TPort port) FOR TOperation»
  if (in->action && !strcmp(in->action, "«input.anyAttribute.toList().
  ␣␣␣select(ele.feature.name=="Action").first().value»")
«ENDDEFINE»

«DEFINE translate_out FOR TMessage»
«IF  !part.element.isEmpty»
  struct WRITER_STRUCT* writer=\
  write_bits_bufwriter_new(sendbuf,sizeof(sendbuf));
«ENDIF»
«ENDDEFINE»
```

## 5.6.1 Ausgangssituation

Durch die syntaktische wie semantische Übersetzung eines Sensorknoten-Meßsystems auf ein Web-Dienstsystem, sollte ein hohes Maß an Ausdruckstärke und Flexibilität erreicht werden. Dies wird nun anhand des Anwendungsfalls überprüft. Hierzu müssen alle wichtigen Interaktionsmuster durch das System effizient abgedeckt werden. Der Anwendungsfall ist ein zentraler Bestandteil des Aletheia Projekt, welches es sich zum Ziel gesetzt hat, solche Informationen zu föderieren und über den Produktlebenszyklus hinweg Nutzern aufbereitet zur Verfügung zu stellen. Hier wird der IoT-basierte Wartungsprozess, wie er in Fantana und Riedel [2009] beschrieben wird, dazu genutzt, die Ausdruckstärke der Implementierung zu evaluieren und mit der bestehenden der Referenzapplikation zu vergleichen.

Innerhalb des Projektes wurde der folgende typische Arbeitsablauf [Fantana und Riedel, 2009] entwickelt, bei dem der Wartungstechniker

1. das Gerät z. B. durch ein RFID-basiertes Typenschild identifiziert,

2. anhand von Geräte- und Typeninformation Beschreibungen zu möglichen Fehlerursachen herunterlädt,

3. Sensorknoten nach Vorgabe oder Expertenwissen ausbringt,

**Abbildung 71:** Testinstallation beim Projektpartner mit ad hoc ausgebrachten Sensorknoten und mobilem Client

4. die Knoten über Ad-hoc-Vernetzung in sein mobiles Meßsystem (welches Zugang zu lokalen Maschinen und Automatisierungsschnittstellen besitzt) einbindet,

5. Konfigurationsdaten (ggf. bereits hinterlegt) auf die Knoten über eine Benutzerschnittstelle aufspielt,

6. Messungen durchführt, die er lokal visualisiert, analysiert und speichert,

7. die Daten zentral hochlädt und manuell oder automatisiert mit vergangenen Fällen vergleicht

8. und gegebenenfalls Schritt 3 bis 6 beliebig oft wiederholt.

Es existiert ein grafischer Client, welcher diesen Prozess unterstützt. Diese Referenzapplikation ist jedoch direkt an bestehende APIs der Sensorknoten gebunden. Aufgrund der Marktentwicklung war die

```
client = new SensorValuesClient ( );
client . Endpoint . Address = discoveryClient . Find (
    new FindCriteria ( typeof ( ISensorValues )))
    . Endpoints [ o ]. Address;
temp=client . GetSensorValues ( ). Sample [ o ]. temperature;
```

**Abbildung 72:** c# zum Auslesen eines Sensorknotens über DPWS mittels WCF

Plattform jedoch nicht mehr verfügbar, was eine Neuentwicklung erforderlich gemacht hat, welche sich nicht mehr an eine Plattform binden sollte. Aufgrund der bestehenden Bindung an das Microsoft .NET Framework, wurden die Windows Communication Foundation als Plattform ausgemacht, welche die Sensorknoten über Webservices anbindet. Diese Neuentwicklung wurde mithilfe der hier vorgestellten Domänenarchitektur durchgeführt.

Vollständigkeit bzw. Äquivalenz der Funktionalität wurden anhand von Testinstallationen beim Projektpartner überprüft (siehe Abbildung 71). Der Testablauf umfasst die Identifikation, ad hoc Platzierung, Konfiguration, Messungen sowie Speicherung und Analyse von Messdaten [Fantana und Riedel, 2009]. Wie in [Fantana und Riedel, 2009] und [Riedel et al., 2010a] ausführlich gezeigt wird, konnten alle Interaktionsmuster auf die Webservice-Implementierung übertragen und effizient mittels Web-Services in der Client-Applikation implementiert werden.

Den Effizienzgewinn bei der Anwendungsentwicklung auf Basis des WCF veranschaulicht das Listing 72. welcher unabhängig vom Sensorknoten das Auffinden und Auslesen des Temperatursensors ermöglicht und an Stelle einer über mehrere hundert Zeilen Code verstreuten Implementierung für eine einzelne Sensorknotenplattform tritt (, die aus rechtlichen Gründen leider nicht genauer evaluiert werden durfte).

## 5.6.2 Höhere Performanz bei großer Flexibilität

Grundmotivation für die Einführung der Gatewayarchitektur war Flexibilität. Die Notwendigkeit verschiedene Dienstgeber und Dienstnehmer über verschiedenste Middleware und Kommunikationstechnologien miteinander zu verbinden ist ein Teil dieser Herausforderung. Auf zukünftige technologische Änderungen einzugehen ist eine weitere Herausforderung. Der modellgetriebene Prozess ermöglicht es, ganze Software-Produktlinien effizient zu implementieren. Die Neuimplementierung der Mobile Service Anwendung sollte verschiedene Plattformen unterstützen, sodass diese Hypothese anhand eines realen Anwendungsfalls überprüft werden konnte. Der modellgetriebene Entwicklungsprozess wurde genutzt, um effizient verschiedene Gateways zu implementieren. Ziel war es, auch die Entwicklung zukünftiger Gateways nachhaltig zu beschleunigen. Mithilfe des hier beschriebenen Ansatzes wurden innerhalb des Aletheia Projekts die folgenden Implementierungen prototypisch realisiert:

PPART binary encoding, AwareCon MAC, DOM-based code

UPART binary encoding, uPart MAC, DOM-based code

6LOWPAN binary encoding, 6lowpan/802.15.4 MAC, event-based code

JAVA binary encoding, SAXReader implementation, IPv4

PC various encodings, IPv4, dom-based

MICROSTRAIN vendor specific encoding, serial AT, closed source system

Für alle Plattformen konnten trotz ihrer Diversität Übersetzer erzeugt werden. Wie auch noch im nächsten Abschnitt gezeigt wird, war dies sogar mit einem geringen Mehraufwand möglich. Hier zahlt es sich aus, dass gerade das Transduktor-Meta-Modell so gewählt wurde, dass eine sehr gute theoretische Beherrschbarkeit bei Erhaltung maximaler Flexibilität und Effizienz erreicht werden konnte.

Durch die Begrenzung des Entwurfsraums über Meta-Modelle, kann niemals eine bessere Effizienz oder eine höhere Ausdruckskraft gegenüber nicht begrenztem hand-optimierten Code erreicht werden. In seltenen Fällen, in denen Ressourcen zu knapp sind, könnte dies kritisch sein. Wie jedoch in Abschnitt 5.4 gezeigt wurde, führt die Vergrößerung des Entwurfsraums durch Erweiterung der Sprachklasse im Allgemeinfall dazu, dass die Möglichkeiten, diese Nachrichten effizient zu verarbeiten, stark eingeschränkt werden. Die in sich geschlossene Nachrichtenverarbeitung unter Begrenzung der Mittel ist nur durch die Beschränkungen auf den Automatentyp möglich. Gleichzeitig kann ein enormer Effizienzgewinn durch die gute Handhabbarkeit der Modelle nachgewiesen werden.

Ein für die Implementierung kritischer Aspekt war die effiziente Kommunikation zwischen Sensorknoten und Gateway. Hier war es notwendig eine optimale Ausnutzung des Funkkanals zu erreichen um möglichst hohe Bandbreiten bei Live-Messungen zu unterstützen. Hierzu ist die XML-Darstellung von Web-Services ungeeignet, also musste eine effizientere Darstellung gefunden werden. Ein allgemeiner Vergleich aktueller Packmechanismen für XML findet sich in [Augeri et al., 2007]. Während gerade bei großen Datenmengen wörterbuch-basierte Verfahren eine gute Performance liefern, sind diese nicht für die Kommunikation kleiner Datenmengen, wie z. B. Messungen, geeignet.

Deshalb wurden die Packraten verschiedener Codierungen für ein typisches Sensorpaket ermittelt. Abbildung 73 zeigt das Ergebnis des Vergleichs der Größe und der benötigten Energie. Zusätzlich zu der ConCom-Codierung der Originalimplementierung sowie der vom generierten Code erzeugten Binär-Codierung wurden verschiedene andere Codierungen verglichen. Als Referenz wurde zusätzlich die XML Codierung (ohne Leerzeichen und Zeilenumbrüche sowie Soap Header), wie sie auf Web Service Seite kommuniziert, herangezogen. Diese wurde zusätzlich mit bekannten Kompressionsmethoden gepackt. Hierbei ist zu sehen, dass sogar der normale GZip Algorithmus eine bessere Packrate zeigt als das XML-spezifische XMill Packformat. Die insgesamt schlechten Packergebnisse dieser Kompressionsmethoden sind aufgrund der Kürze der Nachricht zu erwarten, da auf statischen Vorkommen basierte Verfahren nicht greifen können. Als weitere Referenz wurde VTD-XML genommen, das auch ein effizientes Auslesen

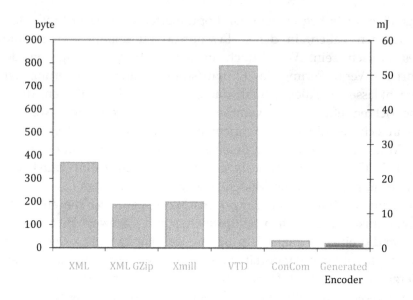

**Abbildung 73:** Encoding size and related energy consumption

des XML-Stroms auf eingebetteten Geräten zum Ziel hat. Hier werden dem XML Dokument nur Zerteilungshilfen hinzugefügt, wodurch sogar eine beträchtlichere Nachrichtengröße erzeugt wird.

### 5.6.3 Vergleich mit handgeschriebener Implementierung

Nachdem verifiziert wurde, dass die grammatikbasierte Kompression die notwendigen Datenraten liefert, wurde die automatisch generierte Implementierung der handgeschriebenen Applikation "Programmable Remote Sensors" (verfügbar unter http://particle.teco.edu), welche das handoptimierte ConCom-Encoding nutzt, in verschiedenen anderen Aspekten gegenübergestellt. Für die Particle Plattform [Decker et al., 2005a], eine Sensornetzwerkplattform auf Basis der 8bit PIC18f6720 MCU und dem ungepufferten 869MHz TR1001 OOK Transceiver, haben wir eine quantitative Analyse des Codes durchgeführt. Dazu wurde der handoptimierte Quellcode der ConCom API als Referenz herangezogen. Als Compiler wurde der optimierende Compiler von CCS in der Version 4.016 verwendet. Die Ergebnisse, auf die nachfolgend eingegangen wird, sind in Tabelle 9 dargestellt.

Handoptimierter Code ermöglicht theoretisch natürlich immer eine effizientere Implementierung, als ein durch das Meta-Modell eingeschränkter generierter Code. Zusätzlich nutzt die Referenzimplementierung eine Binärcodierung mit einem flachen und effizienten Schlüssel-Wert-Schema [Krohn et al., 2004; Beigl, 2001], der Kernbestandteil des Particle Computer Systems ist und dessen API stark auf Ressourcennutzung optimiert wurde. Trotzdem konnte gegenüber dieser Implementierung auf der Referenzplattform eine Steigerung der Energieeffizienz nachgewiesen werden. So liegt, wie das Experiment demonstriert, selbst bei sehr leichtgewichtigen Schnittstellen wie ConCom ein Overhead in der Modularisierung. Gerade die Unterstützung von Sonderfällen, welche aufgrund fehlenden Wissens über Daten zur Übersetzungszeit nicht heraus optimiert werden können, führt bei nicht generiertem Code leicht auch zu Laufzeit-Overhead.

Wichtig gegenüber anderen Verfahren ist die flexible Anpassbarkeit der Codierung bei dem hier vorgestellten MDSD-Ansatz. So ist beispielsweise bei einer Analyse des Assemblercodes auf dem PIC Mikrokontrollern aufgefallen, dass das gewählte bitpackende Datenforum die generierte Implementierung mit dem handoptimierten Code der PRS-Applikation verglichen. Beide Implementierungen haben den gleichen Funktionsumfang. Die PRS-Applikation, welche ConCom verwendet, nutzt jedoch eine vollständig untypisierte Kommunikation. Weiterhin sind Teile des Sensorsamplings stark mit dem Code zum Senden vermischt. Diese "Optimierungen" haben zur Folge, dass für die ConCom-Implementierung weniger Usercode benötigt wird, wie in Abbildung 9 zu sehen ist. Dies ist jedoch größtenteils auf die durch die DPWS-Dienstimplementierung gewonnene klare Struktur und Datentypisierung zurückzuführen, während die Referenzimplementierung weitestgehend unstrukturiert implementiert wurde. Zur Messung der Metriken wurde wieder das USC CodeCount Werkzeug [Nguyen et al., 2007] verwendet.

Dies zeigt sich deutlich, wenn man die zyklomatische Komplexität beider Implementierungen vergleicht. Die zyklomatische Komplexität misst die Komplexität des Kontrollflussgraphen eines Programms.

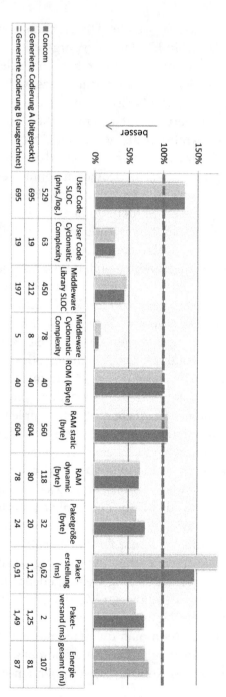

| | User Code SLOC (phys./log.) | User Code Cyclomatic Complexity | Middleware Library SLOC | Middleware Cyclomatic Complexity | ROM (kByte) | RAM static (byte) | RAM dynamic (byte) | Paketgröße (byte) | Paket-erstellung (ms) | Paket-versand (ms) | Energie gesamt (mJ) |
|---|---|---|---|---|---|---|---|---|---|---|---|
| Concom | 529 | 63 | 450 | 78 | 40 | 560 | 118 | 32 | 0,62 | 2 | 107 |
| Generierte Codierung A (bitgepackt) | 695 | 19 | 212 | 8 | 40 | 604 | 80 | 20 | 1,12 | 1,25 | 81 |
| Generierte Codierung B (ausgerichtet) | 695 | 19 | 197 | 5 | 40 | 604 | 78 | 24 | 0,91 | 1,49 | 87 |

**Tabelle 9:** Vergleich der PRS Applikation gegen handoptimierten Code

Der handgeschriebene ConCom-Code hatte eine Komplexität von 63, was auf eine exzessive Nutzung von Fallunterscheidungen hinweist. Implementierungen mit einer ähnlich hohen zyklomatischen Komplexität haben in Studien eine Fehlerwahrscheinlichkeit von über 90% gezeigt. Diese Komplexität konnte durch die generierten Schnittstellen deutlich gesenkt werden. Laut McCabe [1976] sollte diese zyklomatische Komplexität im Idealfall grob unterhalb 10 liegen, was jedoch in optimiertem C-Code für Mikrocontroller selten erreicht wird und auch in unserem Fall nur für den Bibliothekscode erreicht werden konnte. Es zeigt jedoch, dass durch die Nutzung von Codegenerierung die Komplexität des Quellcodes extrem reduziert werden kann.

Noch höher ist die Komplexität des Application Convergence Layer, welcher die Middlewareschicht darstellt und über die PRS Applikation auf das Netzwerkprotokoll zugreift. Durch die Verwendung einer ungleich leichtgewichtigeren Zwischenschicht für den generierten Code, konnte nicht nur die Codemenge mehr als halbiert werden, auch die zyklomatische Komplexität dieser Schicht konnte auf ein Drittel reduziert werden. Durch die Verwendung der ausgerichteten Codierung mussten keine Bitpackmechanismen implementiert werden. Dadurch konnten noch einmal 8% des Laufzeitsystems eingespart werden.

Als weiterer Schritt der Evaluierung wurden, ausgehend von der initialen pPart Implementierung, die verschiedenen Plattformen unter größtmöglicher Wiederverwendung von bestehendem Code adaptiert. Ein Beispiel für eine alternative Konfiguration ist die 6lowpan Dienstimplementierung für den Jennic JN5139 Prozessor. Im Gegensatz zum Particle Computer handelt es sich hier um eine low-power 32bit Architektur, welche ein integriertes 802.15.4 Packetradio nutzt. Die Endianess des Prozessors ist im Gegensatz zum PIC MCU big-endian. Außerdem fordert der Prozessor wortausgerichtete Zugriffe, für welche die Middleware Sorge tragen muss. Zu einem einsträngigen prozeduralen System auf dem pPart ist das Verarbeitungsmodell des Betriebssystems zudem nebenläufig und ereignisgetrieben. Der Akzeptor nutzt daher eine Ereignisschnittstelle, die es erlaubt, eine Nachricht mit minimalem Speicheraufwand (Kellergröße + Größe des längsten einfachen Datentyps) zu zerteilen. Obwohl der Akzeptor keinen zeilenweise gleichen Code enthält und keine identische Codezeile, braucht der entsprechende Codegenerator nur 150 Zeilen plattformspezifischen Code.

## 5.6.4 Grenzen der technischen Umsetzung

Ein wichtiger Aspekt der Performanz ist die Skalierbarkeit des Systems in Hinblick auf eine wachsende Anzahl von Geräten und Geräteinteraktionen. Der vorgestellte Ansatz ist dazu besonders gut geeignet, da Gateways Subnetze beliebiger Granularität bearbeiten können. Der Durchsatz eines Netzwerkes kann so als technisch begrenzt angenommen werden. Besonders IoT Edge Netzwerke wie Low Power Personal Area Networks (LowPAN) haben geringe Durchsätze.

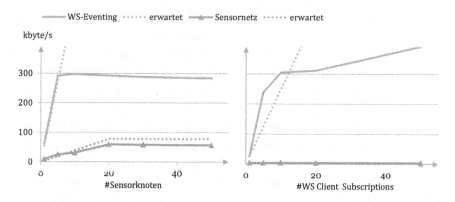

**Abbildung 74:** Durchsatz bei einer Datenrate von 10 Hz pro Knoten

Um die Skalierungseigenschaften des Prototypen zu testen, wurde ausgehend von einer linear wachsenden Nachrichtenrate von einer Nachricht von 100ms pro Knoten die Skalierung mit der Anzahl der Knoten getestet und in Abbildung 74 dargestellt. Die Kurve zeigt ab 20 Knoten einen konstanten Durchsatz auf der Eingangsseite, da hier die Bandbreite des simulierten Sensornetzes begrenzt wurde. Interessanterweise kann man hier dennoch einen Zuwachs auf der Web-Service-Seite beobachten, der durch die zusätzlich aufgebauten Event Subscription zu erklären ist. Hier ist auch zu sehen, dass die Knotenverwaltung im Prototypen einen Flaschenhals darstellt. Das eingesetzte eingebettete System war bei Sensornetzen mit über 50 Knoten nicht mehr in der Lage, die HTTP-Push-Dispatching über separate Event-Kanäle zum Client durchzuführen. Der trotzdem ansteigende Netzwerkverkehr ist wiederum ein Artefakt, welches diesmal auf den abnormalen TCP-Verbindungsabbau zurückzuführen ist.

Auch wenn im gegebenen Fall keine Änderungen notwendig waren, da die Anforderungen gerade erfüllt werden konnten, offenbaren die Experimente, dass es Sinn macht, Entwurfsentscheidungen über Protokolle an einen späten Zeitpunkt der Entwicklung zu stellen. Zum einen können die gemessenen Bottlenecks ohne Probleme durch eine alternative Auslieferungsmethode, wie sie z. B. im WS-Management Standard definiert sind, gelöst werden. Zum anderen zeigt sich, dass die Entkopplung der Kommunikation über Transformationen die Nutzung von vorgegebenen standardisierten Dienstschnittstellen erst ermöglicht. Auf einem Sensorknoten wäre eine gesicherte Unicastübertragung von Events an mehrere Clients gar nicht möglich.

Der Flaschenhals, welcher durch die Unicast-Publish-Subscribe-Implementierung entsteht, wird im rechten Diagramm der Abbildung 74 noch offensichtlicher. In diesem Experiment wird die Anzahl der Dienstnehmer auf Web Service Seite skaliert. Umgekehrt wird nur ein einzelner Sensorknoten simuliert, welcher mit 4kbyte/s sendet. Die Nachrichten werden über den Funkkanal des Sensornetzes auf MAC Ebene empfangen, über den Gateway transformiert und an die einzelnen Dienstnehmer über einzelne HTTP Verbindungen ausgeliefert. Hier sieht man, dass das eingebettete Gerät, das für das Experiment genutzt wurde, nur 250 kByte/s ausliefern kann. Ein Profiling der Applikation zeigt, dass das Gateway die meiste Zeit für den Aufbau der Eventing Verbindung im TCP Setup verbraucht. Die für die syntaktische Transformation der Nachricht gebrauchte Zeit war dagegen nicht signifikant messbar.

## 5.7 ZUSAMMENFASSUNG

Ziel war, die Entwicklung hoch-optimierter, plattformspezifischer Kommunikationsmechanismen zu ermöglichen, welche gleichzeitig Interoperabilität innerhalb eines Internet der Dinge sicherstellen. Motiviert durch den Einsatz mobiler drahtloser ad hoc Diagnosesysteme für die industrielle Wartung wurde ein Rahmenwerk zur modellgetriebenen Entwicklung von Gateways für verschiedenste Sensornetzwerkplattformen auf Basis von Dienstschnittstellen erstellt. Die Referenzimplementierung, welche innerhalb des Aletheia Projektes entstand, ermöglicht die plattformoptimierte, effiziente Integration heterogener Sensornetzwerkplattformen auf Basis des Devices Profile for Web Services.

Es wurden Konzepte zur effizienten syntaktischen und semantischen Abbildung und Übersetzung von Nachrichtensystemen auf eingebetteten Systemen mittels erweiterbarer, modellgetriebener Codegenerierung entwickelt. Mittels MDSD konnte insbesondere die syntaktische Übersetzung heterogener Kommunikationsmechanismen auf ein formales Grundgerüst abgebildet werden, auf dessen Basis nun effiziente technologische Abbildungen entworfen werden können. Die aspektorientierte Codegenerierung wurde innerhalb des Eclipse Modelling Frameworks integriert. Die Domänenarchitektur zeigt, wie technologisch relevante Problemstellungen Ubiquitärer Systeme, wie z. B. Nachrichtenaustausch, Nachrichtenkompression und automatische Übersetzung auf ein formal fundiertes und leicht erweiterbares Entwicklungsrahmenwerk abgebildet werden.

Insbesondere die zu erwartenden Eigenschaften, wie erhöhte Flexibilität und Ressourceneffizienz durch die Codegenerierung, konnten als Effekt der formalen Modellierung innerhalb des MDSD-Ansatzes nachgewiesen werden. Neben den erwarteten Effekten des MDSD lassen sich die gemachten Beobachtungen wie folgt zusammenfassen:

+ Die formale Modellierung durch eingabegetriebene Kellerautomaten ermöglicht ausgehend von dem konkreten technologischen Problem der Übersetzung von Sensorknotennachrichten in Web-Services die klare Beschreibung der theoretischen Grenzen und Möglichkeiten einer effizienten technologischen Abbildung.

— Das durch das Meta-Modell gegebene formale Rahmenwerk schränkt entsprechend den Entwurfsraum ein. Eine Erweiterung des Meta-Modells ist oft nicht ohne Verlust der formalen Eigenschaften möglich und würde alle nachfolgenden Schritte betreffen.

+ Codierungen und Plattformschnittstellen können dafür mit geringem Aufwand an den technologischen Kontext sowie verschiedene Sensornetzwerkplattformen adaptiert werden.

+ Durch Codegenerierung konnte anhand eines realen Anwendungsfalls im Vergleich zu handoptimierten Code eine Verbesserung der Ressourceneffizienz als auch der Integrierbarkeit mit existierenden Plattformen nachgewiesen werden.

— Der Middle-out-Ansatz hat seine Grenzen nicht nur im Modell, sondern auch in den technologischen Randbedingungen. Im Falle des Devices Profile for Webservices Gateways skaliert die Ereignisauslieferung trotz optimierter Abbildung auf das Sensornetzwerk nur begrenzt mit der Anzahl der Sensorknoten und Webservice Clients.

+ Im Gegensatz zum reinen Bottom-up-Ansatz ermöglicht die MDSD vergleichsweise einfach den Wechsel auf eine andere technologische Plattform unter Beibehaltung des Modells und damit ein hohes Maß an Wiederverwendbarkeit.

# LITERATURVERZEICHNIS

[Aho und Ullman 1972] AHO, A. V.; ULLMAN, J. D.: *The theory of parsing, translation, and compiling.* Upper Saddle River, NJ, USA : Prentice-Hall, Inc., 1972. – ISBN 0–13–914556–7

[Alanen und Porres 2003] ALANEN, M.; PORRES, I.: A Relation Between Context-Free Grammars and Meta Object Facility Metamodels / TUCS. 2003. – Forschungsbericht

[Albarbar et al. 2009] ALBARBAR, A.; BADRI, A.; SINHA, J. ; STARR, A.: Performance evaluation of MEMS accelerometers. In: *Measurement* 42 (2009), Nr. 5, S. 790–795

[Albarbar et al. 2008] ALBARBAR, A.; MEKID, S.; STARR, A. ; PIETRUSZ-KIEWICZ, R.: Suitability of MEMS accelerometers for condition monitoring: An experimental study. In: *Sensors* 8 (2008), Nr. 2, S. 784–799

[Alur und Madhusudan 2004] ALUR, R.; MADHUSUDAN, P.: Visibly pushdown languages. In: *Proceedings of the thirty-sixth annual ACM symposium on Theory of computing*, 2004, S. 202–211

[Alur und Madhusudan 2009] ALUR, R.; MADHUSUDAN, P.: Adding nesting structure to words. In: *J. ACM* 56 (2009), 5, Nr. 3, 16:1–16:43. – doi: 10.1145/1516512.1516518. – ISSN 0004–5411

[Augeri et al. 2007] AUGERI, C.; BULUTOGLU, D.; MULLINS, B.; BALDWIN, R. ; BAIRD III, L.: An analysis of XML compression efficiency. In: *Proceedings of the 2007 workshop on Experimental computer science*, 2007, S. 7

[Badri et al. 2010] BADRI, A.; SINHA, J. K. ; ALBARBAR, A.: A Method to Calibrate the Measured Responses by MEMS Accelerometers. In: *Strain* (2010). – doi: 10.1111/j.1475-1305.2010.00764.x. – ISSN 1475–1305

[Beigl et al. 2003] BEIGL, M.; KROHN, A.; ZIMMER, T.; DECKER, C. ; ROBINSON, P.: Awarecon: Situation aware context communication. In: *UbiComp 2003: Ubiquitous Computing*, 2003, S. 132–139

[Beigl 2001] BEIGL, M.: *Kommunikation in interaktiven Räumen*, Karlsruhe, Diss., 2001

[von Braunmühl und Verbeek 1983] BRAUNMÜHL, B. von; VERBEEK, R.: Input-driven languages are recognized in log n space. Version: 1983. In: KARPINSKI, M. (Hrsg.): *Foundations of Computation Theory* Bd. 158. Springer Berlin / Heidelberg, 1983. – ISBN 978-3-540-12689-8, 40–51

[Buckley 2006] BUCKLEY, J.: From RFID to the Internet of Things: Pervasive networked systems. In: *Final Report*. Brussels : CCAB, 2006

[de Cuetos et al. 2006] CUETOS, P. de; SEYRAT, C. ; THIENOT, C.: *MPEG-B BiM*. http://mpeg.chiariglione.org/technologies/mpeg-b/mpb-bim/. Version: 1 2006

[Czarnecki 1999] CZARNECKI, K.: *Generative programming - principles and techniques of software engineering based on automated configuration and fragment-based component models /*, Illmenau, Techn. University, Dissertation, 1999. http://worldcat.org/oclc/76095940

[Decker et al. 2005a] DECKER, C.; KROHN, A.; BEIGL, M. ; ZIMMER, T.: The particle computer system. In: *Proceedings of the 4th international symposium on Information processing in sensor networks* (2005)

[Decker et al. 2005b] DECKER, C.; RIEDEL, T.; BEIGL, M. ; KROHN, A.: A file system for system programming in ubiquitous computing. In: *Personal and Ubiquitous Computing* 11 (2005), 12, Nr. 1, 21–31. – doi: 10.1007/s00779-005-0060-5. – ISSN 1617–4909

[Doi et al. 2012] DOI, Y.; SATO, Y. ; TERAMOTO, K.: EIGEN: XML-less EXI with code generation for smart energy home appliances. In: *Consumer Electronics (ICCE), 2012 IEEE International Conference on*, 2012, S. 447 –448. doi: 10.1109/ICCE.2012.6161937

[Dubuisson 2001] DUBUISSON, O.: *ASN. 1: communication between heterogeneous systems*. Morgan Kaufmann Pub, 2001

[Dunkels et al. 2004] DUNKELS, A.; GRONVALL, B. ; VOIGT, T.: Contiki-a lightweight and flexible operating system for tiny networked sensors. In: *Proceedings of the First IEEE Workshop on Embedded Networked Sensors* Bd. 2004, 2004

[Dymond 1988] DYMOND, P. W.: Input-driven languages are in log n depth. In: *Information Processing Letters* 26 (1988), 1, Nr. 5, 247–250. – doi: 10.1016/0020-0190(88)90148-2. – ISSN 0020–0190

[Eisenhauer et al. 2009] EISENHAUER, M.; ROSENGREN, P. ; ANTOLIN, P.: A development platform for integrating wireless devices and sensors into ambient intelligence systems. In: *Sensor, Mesh and Ad Hoc Communications and Networks Workshops, 2009. SECON Workshops' 09. 6th Annual IEEE Communications Society Conference on*, 2009, S. 1–3

[Fallside und Walmsley 2004] FALLSIDE, D. C.; WALMSLEY, P.: XML Schema: Primer. In: *World Wide Web Consortium (W3C)* (2004)

[Fantana und Riedel 2009] FANTANA, N. L.; RIEDEL, T.: Servicing industrial machinery: Challenges using wireless identification and networked sensing systems. In: *Networked Sensing Systems (INSS), 2009 Sixth International Conference on*, 2009, S. 1–4. doi: 10.1109/INSS.2009. 5409948

[Fantana und Riedel 2010] FANTANA, N. L.; RIEDEL, T.: A pragmatic architecture for ad-hoc sensing and servicing of industrial machinery. In: *Networked Sensing Systems (INSS), 2010 Seventh International Conference on*, 2010, 165–168. doi: 10.1109/INSS.2010.5572177

[Fernandez und Suciu 1998] FERNANDEZ, M.; SUCIU, D.: Optimizing regular path expressions using graph schemas. In: *Data Engineering, 1998. Proceedings., 14th International Conference on*, 1998, S. 14–23

[Gama und Gaber 2007] GAMA, J.; GABER, M. M.: *Learning from data streams: processing techniques in sensor networks*. Springer, 2007. – ISBN 9783540736783

[Genaid 2011] GENAID, A.: *Entwurf und Implementierung eines leichtgewichtigen Web Service-basierten Gateways für Sensornetze*, University of Karlsruhe (TH), Studienarbeit, 2011

[Gershenfeld et al. 2004] GERSHENFELD, N.; KRIKORIAN, R. ; COHEN, D.: The Internet of Things. In: *Scientific American* 291 (2004), Nr. 4, S. 76–81

[Green et al. 2002] GREEN, T.; MIKLAU, G.; ONIZUKA, M. ; SUCIU, D.: Processing XML Streams with Deterministic Automata. Version: 2002. In: CALVANESE, D. (Hrsg.); LENZERINI, M. (Hrsg.) ; MOTWANI, R. (Hrsg.): *Database Theory — ICDT 2003* Bd. 2572. Springer Berlin / Heidelberg, 2002. – ISBN 978–3–540–00323–6, 173–189

[Guinard et al. 2011] GUINARD, D.; TRIFA, V.; MATTERN, F. ; WILDE, E.: From the Internet of Things to the Web of Things: Resource Oriented Architecture and Best Practices. In: *From the Internet of Things to the Web of Things: Resource Oriented Architecture and Best Practices*. Springer, 2011. – ISBN 978–3–642–19156–5

[Hudson 2009] HUDSON, R.: *Authoring XML Schemas for use with EMF*. http://wiki.eclipse.org/index.php?title=Authoring_XML_Schemas_for_use_with_EMF&oldid=140767. Version: 2009

[Imamura und Maruyama 2001] IMAMURA, T.; MARUYAMA, H.: Mapping between ASN. 1 and XML. In: *Applications and the Internet, 2001. Proceedings. 2001 Symposium on*, 2001, S. 57–64

[ISO 2008] ISO: *Abstract Syntax Notation One (ASN.1): Specification of basic notation*. http://www.iso.org/iso/iso_catalogue/catalogue_ics/catalogue_detail_ics.htm?ics1=35&ics2=100&ics3=60&csnumber=54012. Version: 2008

[Isomura et al. 2006] ISOMURA, M.; RIEDEL, T.; DECKER, C.; BEIGL, M. ; HORIUCHI, H.: Sharing sensor networks. In: *Distributed Computing Systems Workshops, 2006. ICDCS Workshops 2006. 26th IEEE International Conference on*, 2006. – ISBN 1545–0678, 61. doi: 10.1109/ICDCSW.2006.98

[Jammes und Smit 2005] JAMMES, F.; SMIT, H.: Service-oriented paradigms in industrial automation. In: *IEEE Transactions on Industrial Informatics* 1 (2005), Nr. 1, S. 62–70

[Jeckle und Wilde 2004] JECKLE, M.; WILDE, E.: Identical principles, higher layers: Modeling web services as protocol stack. In: *Proceedings of XML Europe*, 2004

[Jennic 2006] JENNIC: Calculating data rates in an IEEE 802.15.4-based network / Jennic. Version: 8 2006. http://www.jennic.com/support/application_notes/jn-an-1035_calculating_data_rates_in_an_ieee_802154-based_network. 2006 (JN-AN-1035). – Application Note. – 8 S.

[Kiczales et al. 1997] KICZALES, G.; LAMPING, J.; MENDHEKAR, A.; MAEDA, C.; LOPES, C.; LOINGTIER, J. ; IRWIN, J.: Aspect-oriented programming. In: *ECOOP'97—Object-Oriented Programming* (1997), S. 220–242

[Kolovos et al. 2008] KOLOVOS, D.; PAIGE, R. ; POLACK, F.: The epsilon transformation language. In: *Theory and Practice of Model Transformations* (2008), S. 46–60

[Krohn et al. 2007] KROHN, A.; BEIGL, M.; DECKER, C. ; RIEDEL, T.: Syncob: Collaborative Time Synchronization in Wireless Sensor Networks. In: *Networked Sensing Systems, 2007. INSS '07. Fourth International Conference on*, 2007, 283–290. doi: 10.1109/INSS.2007.4297432

[Krohn et al. 2004] KROHN, A.; BEIGL, M.; DECKER, C.; ROBISON, P. ; ZIMMER, T.: ConCom–A language and Protocol for Communication of Context. Version: 2004. http://digbib.ubka.uni-karlsruhe.de/volltexte/1000003511. 2004 (2004,19). – Forschungsbericht

[Kumar et al. 2007] KUMAR, V.; MADHUSUDAN, P. ; VISWANATHAN, M.: Visibly pushdown automata for streaming XML. In: *Proceedings of the 16th international conference on World Wide Web*. Banff, Alberta, Canada : ACM, 2007. – ISBN 978–1–59593–654–7, 1053–1062. doi: 10.1145/1242572.1242714

[Liefke und Suciu 2000] LIEFKE, H.; SUCIU, D.: XMill: an efficient compressor for XML data. In: *Proceedings of the 2000 ACM SIGMOD international conference on Management of data*. New York, NY, USA : ACM, 2000 (SIGMOD '00). – ISBN 1–58113–217–4, 153–164. doi: 10.1145/342009.335405

[Maruyama et al. 2006] MARUYAMA, H.; TAMURA, K. ; URAMOTO, N.: *Data compression apparatus, database system, data communication system, data compression method, storage medium and program transmission apparatus.* 5 2006

[Mayer et al. 2010] MAYER, S.; GUINARD, D. ; TRIFA, V.: Facilitating the Integration and Interaction of Real-World Services for the Web of Things. In: *Urban Internet of Things–Towards Programmable Realtime Cities (UrbanIOT 2010); Workshop at the Internet of Things 2010 Conference (IoT2010)*, 2010

[Mayordomo et al. 2011] MAYORDOMO, E.; MOSER, P. ; PERIFEL, S.: Polylog space compression, pushdown compression, and Lempel-Ziv are incomparable. In: *Theory of Computing Systems* 48 (2011), Nr. 4, S. 731–766

[McCabe 1976] MCCABE, T. J.: A complexity measure. In: *Software Engineering, IEEE Transactions on* (1976), Nr. 4, S. 308–320

[Mehlhorn 1980] MEHLHORN, K.: Pebbling mountain ranges and its application to DCFL-recognition. In: *Automata, Languages and Programming* (1980), S. 422–435

[MOF 2006] MOF, O.: Meta Object Facility version 2.0. In: *adopted specification, OMG document formal/06-01-01* (2006)

[Nakazawa et al. 2006] NAKAZAWA, J.; TOKUDA, H.; EDWARDS, W. K. ; RAMACHANDRAN, U.: A bridging framework for universal interoperability in pervasive systems. In: *Proceedings of the 26th IEEE International Conference on Distributed Computing Systems*, 2006, S. 3

[Nguyen et al. 2007] NGUYEN, V.; DEEDS-RUBIN, S.; TAN, T. ; BOEHM, B.: A SLOC counting standard. In: *COCOMO II Forum*, 2007

[Niedermeier et al. 2002] NIEDERMEIER, U.; HEUER, J.; HUTTER, A.; STECHELE, W. ; KAUP, A.: An MPEG-7 tool for compression and streaming of XML data. In: *IEEE International Conference on Multimedia and Expo*, 2002, S. 521–524

[Okhotin 2012] OKHOTIN, A.: *Conjunctive and Boolean grammars: the true general case of the context-free grammars$.* manuscript, 2012

[Plinta et al. 1989] PLINTA, C.; LEE, K. ; RISSMAN, M.: A
Model Solution for C3I Message Translation and Validati-
on. Version: 12 1989. http://stinet.dtic.mil/oai/oai?&verb=
getRecord&metadataPrefix=html&identifier=ADA219189. 1989. –
Forschungsbericht

[Raskin und Servais 2008] RASKIN, J. F.; SERVAIS, F.: Visibly pushdown transducers. In: *Automata, Languages and Programming* (2008),
S. 386–397

[Research 2010] RESEARCH, I.: Internet Connected Devices About
to Pass the 5 Billion Milestone. In: *Business Wire* (2010),
8. http://www.businesswire.com/news/home/20100816005081/en/
Internet-Connected-Devices-Pass-5-Billion-Milestone

[Riedel 2005] RIEDEL, T.: *Umfassendes Ressourcenzugriffskonzept für Particle Computer*, Karlsruhe, Diploma, 2005

[Riedel et al. 2007a] RIEDEL, T.; DECKER, C.; BERCHTOLD, M. ; BEIGL,
M.: Life Cycle Management of Pervasive Services. In: *Advances in
Pervasive Computing*. Toronto, Canada : Austrian Computer Society,
2007. – ISBN 978–3–85403–219–9, S. 65–68

[Riedel et al. 2007b] RIEDEL, T.; DECKER, C.; SCHOLL, P.; KROHN, A. ;
BEIGL, M.: Architecture for Collaborative Business Items. In: *Architecture of Computing Systems - ARCS 2007*, 2007, S. 142–156. doi:
10.1007/978-3-540-71270-1_11

[Riedel et al. 2010a] RIEDEL, T.; FANTANA, N. L.; GENAID, A.; YOR-
DANOV, D.; SCHMIDTKE, H. R. ; BEIGL, M.: Using web service
gateways and code generation for sustainable IoT system development. In: *Internet of Things (IOT), 2010*, 2010, S. 1–8. doi:
10.1109/IOT.2010.5678449

[Riedel et al. 2010b] RIEDEL, T.; YORDANOV, D.; FANTANA, N.; SCHOLZ,
M. ; DECKER, C.: A model driven internet of things. In: *Networked
Sensing Systems (INSS), 2010 Seventh International Conference on*, 2010,
265–268. doi: 10.1109/INSS.2010.5573154

[Schlimmer et al. 2004] SCHLIMMER, J.; BEATTY, J.; KAKIVAYA, G.; KEMP, D.; KUEHNEL, T.; LOVERING, B.; ROE, B.; ST JOHN, C.; SIMONNET, G.; WALTER, D. et al.: *Web services dynamic discovery (WS-Discovery)*. Microsoft, 2004

[Schneider und Kamiya 2008] SCHNEIDER, J.; KAMIYA, T.: Efficient XML Interchange (EXI) Format 1.0. In: *W3C Working Draft* 19 (2008)

[Shelby et al. 2012] SHELBY, Z.; HARTKE, K.; BORMANN, C. ; FRANK, B.: Constrained Application Protocol / IETF CoRE Working Group. Version: 2012. https://datatracker.ietf.org/doc/draft-ietf-core-coap/. 2012 (draft-ietf-core-coap-09). – Internet-Draft

[Spiess et al. 2009] SPIESS, P.; KARNOUSKOS, S.; GUINARD, D.; SAVIO, D.; BAECKER, O.; DE SOUZA, L. M.; TRIFA, V. ; FORSCHUNGSPLATTFORM, A. D.: SOA-based Integration of the Internet of Things in Enterprise Services. In: *Proceedings of the 2009 IEEE International Conference on Web Services-Volume 00*, 2009, S. 968–975

[Thanagasundram und Schlindwein 2006] THANAGASUNDRAM, S.; SCHLINDWEIN, F.: Comparison of integrated micro-electrical-mechanical system and piezoelectric accelerometers for machine condition monitoring. In: *Proceedings of the Institution of Mechanical Engineers, Part C: Journal of Mechanical Engineering Science* 220 (2006), Nr. 8, S. 1135

[Turley 2003] TURLEY, J. L.: *The essential guide to semiconductors*. Prentice Hall PTR, 2003. – ISBN 013046404X, 9780130464040

[Union 2005] UNION, I. T.: The Internet of Things. In: *ITU Internet Reports* (2005)

[Voelter und Groher 2007] VOELTER, M.; GROHER, I.: Product Line Implementation using Aspect-Oriented and Model-Driven Software Development. In: *Software Product Line Conference, 2007. SPLC 2007. 11th International*, 2007, S. 233–242. doi: 10.1109/SPLINE.2007.23

[Wauer et al. 2011] WAUER, M.; MEINECKE, J.; SCHUSTER, D.; KONZAG, A.; ALEKSY, M. ; RIEDEL, T.: Semantic Federation of Product Information from Structured and Unstructured Sources. In: *International Journal of Business Data Communications and Networking* 7 (2011), 69–97. – doi: 10.4018/jbdcn.2011040105. – ISSN 1548–0631, 1548–064X

[Wikipedia contributors 2012] WIKIPEDIA CONTRIBUTORS: *Comparison of data serialization formats*. http://wikipedia.org/wiki/Comparison_of_data_serialization_formats?oldid=489511684. Version: 5 2012. – Page Version ID: 489511684

[Yordanov 2009] YORDANOV, D.: *Modellgetriebener Dokumentenaustausch für ubiquitäre Systeme*. Karlsruhe, Universität Karlsruhe (TH), Diplomarbeit, 2009

[Zeeb et al. 2007] ZEEB, E.; BOBEK, A.; BOHN, H.; PR\ÜTER, S.; POHL, A.; KRUMM, H.; L\ÜCK, I.; GOLATOWSKI, F. ; TIMMERMANN, D.: WS4D: SOA-Toolkits making embedded systems ready for Web Services. In: *Open Source Software and Productlines 2007 (OSSPL07)* (2007)

# 6

## DISKUSSION UND AUSBLICK

Grundlegende Herausforderung bei der Entwicklung von Ubiquitären Systemen sind Heterogenität, Veränderlichkeit und Einbettung in die physikalische Umgebung und die daraus erwachsenden Entwurfsmöglichkeiten und -einschränkungen. Nur das Wissen über konkrete technologische Rahmenbedingungen ermöglicht einen Applikationsentwurf, während gleichzeitig die Entwicklung neuer Technologien nur vom Einsatzzweck abhängt. Dieses Spannungsfeld zwischen theoretisch Möglichem und technisch machbarem führt im Bereich Ubiquitärer Systeme zu einem stark explorativen und unstrukturierten Softwareprozess.

Dieser Arbeit lag die Hypothese zugrunde, dass modellgetriebene Entwicklung den Widerspruch zwischen „top-down"- und „bottom-up"-Entwicklung durch einen modellgetriebenen „middle-out"- Ansatz auflöst. Die Pragmatik dieses MDSD-Ansatz verbindet wohldefinierte Modelle mit flexibler, technologieorientierter Werkzeugentwicklung, welche gerade zur Beherrschung komplexer Ubiquitärer Systeme notwendig ist. Die Erwartung gegenüber dem Einsatz von MDSD für Ubiquitäre Systeme war

1. die Erzeugung flexibler, adaptiver Systeme mit gleichzeitig größerer Ressourceneffizienz durch Verlagerung von Intelligenz von der Laufzeit hinein in die Entwicklung,

2. die Integration verschiedener, heterogener Systeme bei geringer Codegröße durch die Nutzung von Codegenerierung.

Abschließend sollen im letzten Kapitel kurz die Erkenntnisse der Arbeit zusammengefasst werden, um darauf aufbauend den Nachweis

231

der Thesen zu diskutieren und abschließend einen Ausblick auf weiterführende Fragestellungen und Möglichkeiten zu wagen.

## 6.1 ZUSAMMENFASSUNG

Zentrale Rolle zur Strukturierung spielen Middleware-Systeme, welche als Technologiemittler für eine parallele Entwicklung von Technologie und Applikation sorgen. Sie führen zu einer Vielzahl konkurrierender Abstraktionen und Implementierungen, welche einer problemorientierten Modellierung und optimierten Umsetzung teilweise entgegenstehen und selbst wieder zu einem Faktor von Heterogenität werden. Für eine nachhaltige Entwicklung ist ein Softwareprozess notwendig, welcher sowohl von der konkreten Technologie als auch von einer problemorientierten Abstraktion ausgeht.

Um die Hypothese zu belegen, wurden zwei repräsentative Domänenarchitekturen entworfen, welche anhand repräsentativer Problemstellungen betrachtet wurden. Die beiden Anwendungskapitel enthalten neben dem Beleg der Thesen auch die hauptsächlichen Beiträge dieser Arbeit, die auf verschiedenen Ebenen und Bereichen der Entwicklung Ubiquitärer Systeme und modellgetriebener Softwareentwicklung gemacht werden konnten.

### 6.1.1 *Implicit Middleware*

Die *Implicit Middleware*, die in Kapitel 4 vorgestellt wurde, ist eine Domänenarchitektur, die es ermöglicht, vorkompilierte Java-Dienste modularisiert auf Sensorknoten auszuführen. Durch die Automatisierung und Verlagerung der Modularisierung von der Entwicklungszeit bis zur letztendlichen Ausführung, kann die *Implicit Middleware* die Verteilung des Dienstes auf die kontextuellen Gegebenheiten der Ausführungsumgebung adaptieren. Lokal verfügbare aktuelle Netzwerk- und Rechenressourcen sowie die Nutzung konkreter Sensorik führen jeweils zu einer unterschiedlichen Implementierung. Hierzu wurde ein innovativer MDSD Prozess entworfen, welcher aus der Mitte heraus von ausführbarem Byte-Code, Profiling-Traces und dem aktuellen Systemzustand ausgeht und über vom Entwickler spezifizierten Kostenfunktionen in ein mathematisches Optimierungsmodell transformiert. Auf Basis dieses Modells wird ein gekoppelter Transformationsprozess definiert, welcher das Ausgangsmodell, also hier den ausführbaren Dienst, analog der Lösung des Optimierungsproblems transformiert. Diese optimierte Zerteilung basiert auf der Basis leicht-erweiterbarer Kostenfunktionen und kann vollständig automatisiert geschehen. Durch die Transformation existierender Anwendungen kann so zur Laufzeit, ein vielfacher Geschwindigkeitsgewinn bei der Ausführung auf dem Zielsystem erreicht werden.

## 6.1.2 Modellgetriebene Kommunikation

Die zweite Domänenarchitektur nutzt wieder ein wohlverstandenes formal-theoretisches Modell als Basis für die Abstraktion des konkreten Problems. Kapitel 5 adressiert das Problem der optimierten Kommunikation in heterogenen Ubiquitären Systemen, bei denen Ressourcenbeschränkungen und Spezialisierung zu einer großen Menge von proprietären und standardisierten Nachrichtenformaten geführt haben. Am Beispiel für mobile drahtlose ad hoc Diagnosesysteme für die industrielle Wartung wird das Problem der automatisierten Erstellung von Web-Service Gateways für verschiedenste Sensornetzwerkplattformen durch Codegenerierung adressiert. Hierzu wird ein MDSD Prozess genutzt, welcher vorgegebene Nachrichtenstrukturen auf ausführbare abstrakte Kellerautomaten abbildet und darauf basierend einen aspektorientierten Codegenerierungsprozess aufsetzt. Ausgehend von dieser formalen Darstellung können optimierte Nachrichtencodierungen entworfen werden, welche sowohl die Übertragung, die Verarbeitung und die Integration in bestehende Plattformen optimieren. Die Nutzung von generierten Transduktoren ermöglicht die automatisierte Übersetzung dieser Darstellungen in äquivalente Formen, wie in unserem Fall Web-Service Nachrichten. So können zum Beispiel XML-Nachrichten von 350 byte auf eine 5 byte binäre Darstellung abgebildet werden. Diese Reduktion erlaubt es, dass mächtige Web-Service

Schnittstellen optimiert durch kleinste 8-bit-Mikrocontroller-basierte Sensorknoten implementiert werden.

## 6.2 INDUKTIVER NACHWEIS DER HYPOTHESE

Die beiden Domänenarchitekturen bzw. Anwendungsszenarien stellen das Experiment dar, MDSD als „Middle-out' Entwicklungsansatz einzusetzen, um die Heterogenität und Veränderlichkeit von Ubiquitären Systemen für den Entwickler zu abstrahieren. Als Nachweis der Hypothese wurden anhand dieser Experimente die aus der Hypothese abgeleiteten Thesen jeweils nachgewiesen.

### 6.2.1 These 1: Höhere Ressourceneffizienz bei gleichzeitig hoher Flexibilität

In Kapitel 3 wurde die These aufgestellt, dass die modellgetriebene Entwicklung Ubiquitärer Systeme eine hohe Ressourceneffizienz ermöglicht ohne die Flexibilität der Implementierung einzuschränken.

Bei der Evaluation der *Implicit Middleware* konnte diese These klar anhand der durch die automatische Optimierung der Verteilung gewonnenen Performanzsteigerung, aber auch gleichzeitigen Adaptierbarkeit der Implementierung nachgewiesen werden. So ließ sich durch die Eingliederung der mathematischen Optimierung, welche letztendlich eine Form der künstlichen Intelligenz darstellt, Wissen formalisieren und automatisiert bereitstellen. Durch diese für die MDSD typische Automatisierung der konkreten Implementierung anhand von Modellen können Freiheitsgrade offengelassen werden, welche später automatisiert geschlossen werden. Die Optimierungskriterien, wie auch die Freiheitsgrade und Technologien zur Verteilung, lassen sich unabhängig vom eigentlichen Programmcode definieren. Dies ermöglicht im Fall von Java-Applikationen, dass ohne spezielles Wissen über das System die Programmlogik frei entworfen werden kann und später in eine optimierte Implementierung überführt wird. Im Gegensatz zum Einsatz von expliziter Middleware kann hier das System ohne zusätzlichen Laufzeitballast adaptiert werden und sowohl große Flexibilität als auch Ressourceneffizienz experimentell nachgewiesen werden.

Flexibilität bei der Wahl der Kommunikationsmittel ist eine der Grundvoraussetzungen für die effiziente Implementierung von Kommunikation auf ressourcenbeschränkten Sensorknoten. Gerade die Notwendigkeit einer globalen Kommunikation zwischen verschiedensten Systemen schränkt jedoch entweder diese Flexibilität stark ein oder die Übersetzung verschiedenster Kommunikationsmittel macht Systeme global letztlich ineffizient. Durch den Einsatz von MDSD innerhalb der Domänenarchitektur aus Kapitel 5 konnte gezeigt werden, dass einheitliche Kommunikationsmechanismen und effiziente technologische plattformabhängige Implementierungen sich nicht entgegenstehen. Die Domänenarchitektur erhält die Flexibilität zur Optimierung und liefert höchst ressourceneffiziente Implementierungen. Es konnte in der Evaluation gezeigt werden, dass der Entwurf von modellgetriebenen Protokollen auf der Basis von Web-Services, sogar einer handoptimierten Implementierung eines einfachen Schlüssel-Wert-Schemas überlegen sein kann.

### 6.2.2 These 2: Bessere Integration in komplexe und heterogene Systeme bei geringer Codegröße

Die zweite abgeleitete These aus Kapitel 3 ist, dass eine Integration heterogener Systeme mittels Modellgetriebener Entwicklung mit einem geringeren Codeaufwand zur Entwicklungs- und Laufzeit möglich ist.

Zur Laufzeit lässt sich viel Code durch die flexible Generierung einsparen. Gerade die *Implicit Middleware* fügt nur dort Middlewareschnittstellen ein, wo sie benötigt werden. Dadurch, dass diese Analyse automatisiert ausgeführt wird, muss der Entwickler nicht Eventualitäten oder zukünftig benötigte Schnittstellen einplanen, sodass entsprechend der Spezifikation mit einem Minimum von Code ausgekommen wird. Dies ist gerade bei den verwendeten Sensorknoten wichtig, da außer auf den SunSPOTs Knoten nicht genügend Platz für eine vollständige Middlewareimplementierung bereitstand und nur so eine vollständige Verteilbarkeit sichergestellt werden konnte. Auch im Vergleich zu alternativen Implementierungen für eingebettete Systeme schneidet die Codegenerierung besser in Bezug auf die Größe der benötigten Abstraktionsschichten zur Laufzeit ab. Zur Entwicklungszeit ließen sich besonders durch die Einbindung externer Werkzeuge große Einsparungen erzeugen. Die Implementierung durch eine DSL ist gleichzeitig kürzer und weniger komplex. Nicht nur intern ließen sich externe Werkzeuge einfach einbinden. Auch die Einbindung in ein externes Rahmenwerk ist durch die Nutzung von formalen Modellen zur Interaktion zwischen den Programmteilen einfach zu gestalten. Gerade gegenüber alternativen Systemen konnte eine Reduktion der Codegröße nachgewiesen werden, während insbesondere die Interaktion mit externen Systemen verbessert werden konnte.

Für die modellgetriebene Entwicklung der Gateways stellt sich das Bild ähnlich dar. Auch hier war die Integration in eine bestehende Plattform wichtig für den Erfolg. Große Teile der Entwicklung Ubiquitärer Systeme beschäftigen sich heutzutage mit der Handhabung und Optimierung von Nachrichtenaustausch. Dieser Aufwand ließe sich durch eine auf Modellen basierten Strategie der Wiederverwendung von Code stark reduzieren. Während andere Tools nur eine begrenzte Unterstützung von verschiedenen Plattformen liefern, ließ sich durch das modellgetriebene Vorgehen und durch Codegenerierung die Integration heterogener Technologien realisieren. Dabei zeigte sich, dass der Code durch die Generierung gegenüber der manuellen Implementierung nicht nur reduziert werden konnte, sondern auch weniger komplexe Abläufe enthielt. Die Generierungsphase ließ sich aus der formalen Beschreibung ableiten und konnte mittels einfacher Muster auf die Plattformimplementierung gebunden werden. Dabei konnte gezeigt werden, dass die Abstraktion auf eine formale Darstellung dazu führt, dass gerade für ressourceneingeschränkte Systeme mit geringen Variationen der Codegenerierung eine Vernetzung verschiedenster Technologien möglich ist. Die Anbindung von Sensorknoten an Web Services bei Beibehaltung der Codegröße auf dem Knoten und unter gleichzeitiger Erhöhung der Performanz, sowohl der Gatewayimplementierung als auch der Implementierung auf dem Knoten, zeigt klar die Möglichkeiten von MDSD in Ubiquitären Systemen. Dabei ist zu erwarten, dass die Einsparungen bei der

Weiternutzung des Systems für andere Anwendungen sich nochmals vervielfachen lassen.

## 6.2.3 Verallgemeinerung der experimentellen Aussage

Da die Beobachtungen so klar für beide unabhängigen Domänen gezeigt werden konnten, ist dies ein klares Indiz dafür, dass die Hypothese hält. Gerade die klare formale Modellierung, die schlussendlich hinter den Domänenarchitekturen steht, ist ein Zeichen, dass der Prozess funktioniert hat. Die klare Abgrenzung der Domäne kann jedoch nicht nur Resultat des Prozesses, sondern auch in den Problemstellungen angelegt sein.

Viele der vertikalen Domänen in Ubiquitären Systemen sind nicht so klar umrissen wie die hier präsentierten Querschnittsprobleme. So wurden im Rahmen der hier behandelten Projekte auch einige Domänenarchitekturen mit vertikalen „Scopes" realisiert, jedoch mit sehr wechselhaftem Erfolg. Oft wurde der Pfad der MDSD ab einem gewissen Punkt verlassen und „händisch" weitergearbeitet, was jedoch eine valide Alternative nach dem vorgestellten Prozess darstellt.

Gerade jedoch für klar horizontale Probleme unterstützen die Experimente die Hypothese, dass MDSD typische Entwicklungsprobleme Ubiquitärer Systeme löst.

## 6.3 DISKUSSION

Der hier vorgestellte Prozess ist stark in der praktischen Projektarbeit verankert, welche die Anwendung in industriellen Szenarien zum Ziel hatte und oft die agile Entwicklung neuer Funktionalitäten und früher Prototypen erforderte. Ein reiner spezifikationsgetriebener Prozess hätte es nicht erlaubt gleichzeitig auf die Bedürfnisse von Partnern und Projektträgern nach schnellen demonstrierbaren Ergebnissen einzugehen, hätte aber vor allem dazu geführt, dass das Risiko die konkrete Technik am Anwender vorbei zu entwickeln, da der Raum aus Anforderungen und Möglichkeiten gerade bei Ubiquitären Systemen sich in einem stetigen Fluss befindet. Dass Formalisierung, wenn sie aus der Mitte heraus geschieht, die technologische Entwicklung begleitet und nicht diktiert, zeigte sich besonders in der nachträglichen Adaptivität der Ergebnisse.

So erlaubte es die Formalisierung des Problems „von oben getroffene" Entwurfsentscheidungen des Gesamtprojekts oft zu abstrahieren, solange diese typischerweise eher technologischer Natur waren, und unter Änderung der Randbedingungen im konzeptuellen Kern äquivalente Lösungen ermöglichen. Die *Implicit Middleware* kann z. .B durch die formale Abstraktion des Optimierungsproblems ohne größere Implementierung andere Zielvorgaben erreichen oder die Optimierung beispielsweise auf ein Komponentensystem anwenden, statt auf vorkompilierte Klassen. Genauso ist die Implementierung der modellgetriebenen Kommunikation innerhalb des Web Service Gateways, wie sie aus den Anforderungen heraus entstanden ist, problemlos auf andere Technologien übertragbar. Formale Modellierung trägt insbesondere zum besseren Verständnis von Ubiquitären Systems bei und lässt durch die Abstraktion des Problems flexible (Um-)Entscheidungen beim Entwurf zu, ohne den konzeptionellen Kern zu stören.

Dies ist jedoch nur innerhalb dem durch das Meta-Modell gesteckten Rahmen möglich. Die Optimierung der *Implicit Middleware* beruht klar auf der geschlossenen Darstellung als mathematische Funktion auf der Klassenstruktur. Die gesamte Werkzeugkette basiert auf dieser Darstellung. Es besteht das generelle Risiko, dass das vollständige Problem nach einigen Iterationen mit dem gewählten Meta-Modell sich als nicht darstellbar herausstellt und diese Werkzeugkette hinfällig wird. Gleiches gilt für die modellgetriebene Kommunikation, welche nur auf der durch das Meta-Modell beschriebenen Klasse von Automaten funktioniert. Die klare Definition (im Sinne von Begrenzung) der Domäne ist Vor- und Nachteil der MDSD.

Ein weiterer Nachteil ist die Werkzeugabhängigkeit der MDSD. Gerade die spontane Einbeziehung von Partnern ist schwierig, wenn allein der Versuch die notwendige Werkzeugkette zu installieren scheiterte. Wie bei jeder Werkzeugnutzung gilt, dass der Adaptions- und Lernaufwand gegen die erwarteten Vorteile abgewogen werden muss. Die MDSD ermöglicht jedoch, wenn sie funktioniert, viel Komplexität auf Werkzeuge abzubilden und diese weiterzuentwickeln, was sich vor allem bei wiederholter Nutzung auszahlt.

## 6.4 WEITERFÜHRENDE FRAGESTELLUNGEN

Viele ungelöste Fragestellungen gerade im softwaretechnischen Bereich richten sich an die Weiterentwicklung modellgetriebener Methoden im Allgemeinen und werden in der aktuellen Forschung auch zunehmend behandelt. Prominentestes Beispiel ist hier die Meta-Modellevolution, die zwar aus Prozesssicht gefordert wird, jedoch in der Praxis nur sehr begrenzt handhabbar ist.

Ausgehend von Ubiquitären Systemen liegen jedoch die interessantesten Aspekte modellgetriebener Softwareentwicklung in der Integration verschiedenster Technologien zur Entwicklung neuartiger Software. Gerade Aspekte der Kontextsensitivität von Software lassen sich mithilfe von modellgetriebenen Methoden umsetzen, wie diese Arbeit in begrenztem Umfang zeigt.

So ist die Nutzung von Optimierungen ein erster Schritt hin zur Nutzung von Methoden der künstlichen Intelligenz als essenzieller Teil von der Softwareerstellung. Gerade selbstadaptive Systeme können sich mit Methoden der Meta-Programmierung implementieren. Hier wäre es interessant Transformationen zu transformieren, um sie zur Laufzeit auf Ubiquitären Systemen auszuführen. Transformationssprachen bieten hier einen interessanten Ansatz, welcher sich vielleicht durch die vorgestellten Kellertransdukter auf Ubiquitären Systemen umsetzen lassen.

Mögliche Verbindungen zu anderen formalen, ingenieurwissenschaftlichen aber auch ontologischen Modellierungsmethoden eröffnen hier weitere interessante Bezugspunkte, um eine modellgetriebene Softwareentwicklung interdisziplinär, aber domänenspezifisch zu gestalten.

# LEBENSLAUF DES AUTORS

## PERSÖNLICHE DATEN

Till Riedel

Geboren am 1979 in Frechen, Deutschland

http://www.teco.edu/~riedel

## AUSBILDUNG

1999-2005 Studium der Informatik an der Universität Karlsruhe (TH) (Abschluss: Dipl.-Inform.)

1989-1998 Besuch Gymnasiums in Brauweiler bei Köln (Abschluss Abitur)

1995-1996 Besuch der Stevenson High School in den USA

## BERUFSERFAHRUNG

2005-heute Wissenschaftlicher Mitarbeiter am TeCO des Karlsruher Instituts für Technologie

2002-2004 Wissenschafliche Hilfskraft am IPD Goos der Universität Karlsruhe (TH) (Teilzeit)

2001-2002 Softwareentwickler bei punkt.de, Karlsruhe (Teilzeit)

2000-2001 Softwareentwickler bei intensio GmbH, Karlsruhe (Teilzeit)

1989-1998 Softwareentwickler bei RW Konzept GmbH, Köln (Teilzeit)

Einige hier verwendeten Ansätze und Grafiken sind insbesondere bereits in folgenden Publikationen erschienen: Wauer et al. [2011]; Riedel et al. [2010a,b]; Fantana und Riedel [2010, 2009]; Riedel et al. [2008a,c]; Wildschut et al. [2008]; Riedel et al. [2007d]; Marin-Perianu et al. [2007]; Riedel und Arnold [2007]; Riedel et al. [2007a]; Isomura et al. [2006] und Decker et al. [2005]

[Beigl et al. 2007] BEIGL, M.; BEUSTER, M.; ROHR, D.; RIEDEL, T.; DECKER, C. ; KROHN, A.: S2B2: Blackboard for Transparent Data and Control Access in Heterogeneous Sensing Systems. In: *Networked Sensing Systems, 2007. INSS '07. Fourth International Conference on*, 2007, 126–129. doi: 10.1109/INSS.2007.4297405

[Beigl et al. 2005] BEIGL, M.; DECKER, C.; KROHN, A.; RIEDEL, T. ; ZIMMER, T.: µparts: Low cost sensor networks at scale. In: *Proceedings of the sevent international conference on ubiquitous computing (ubicomp'05)[demo]* (2005)

[Beigl et al. 2008] BEIGL, M.; RIEDEL, T. ; DECKER, C.: Smart Objects-Auswirkungen massengedruckter Einfachelektronik auf die IT-Infrastrukturen (Smart Objects-Effects of Mass-printed Electronics on IT Infrastructures). In: *it-Information Technology* 50 (2008), Nr. 3/2008, S. 175–184

[Beigl et al. 2006] BEIGL, M.; KROHN, A.; RIEDEL, T.; ZIMMER, T.; DECKER, C. ; ISOMURA, M.: The uPart experience: The uPart experience. In: *Proceedings of the 5th international conference on Information proces-*

*sing in sensor networks.* Nashville, Tennessee, USA : ACM, 2006. –
ISBN 1–59593–334–4, 366–373. doi: 10.1145/1127777.1127832

[Berchtold et al. 2007] BERCHTOLD, M.; DECKER, C.; RIEDEL, T.; ZIMMER,
T. ; BEIGL, M.: Using a Context Quality Measure for Improving
Smart Appliances. In: *Distributed Computing Systems Workshops, 2007.
ICDCSW '07. 27th International Conference on,* 2007. – ISBN 1545–0678,
52. doi: 10.1109/ICDCSW.2007.87

[Berchtold et al. 2008a] BERCHTOLD, M.; RIEDEL, T.; BEIGL, M. ; DECKER,
C.: Awarepen-classification probability and fuzziness in a context
aware application. In: *Ubiquitous Intelligence and Computing* (2008), S.
647–661

[Berchtold et al. 2008b] BERCHTOLD, M.; RIEDEL, T.; DECKER, C.; BIT-
TEL, C.; BEIGL, M. ; BEUSTER, M.: Quality of location: estimation,
system integration and application. In: *Networked Sensing Systems,
2008. INSS 2008. 5th International Conference on,* 2008, S. 195–202

[Berchtold et al. 2008c] BERCHTOLD, M.; RIEDEL, T.; DECKER, C. ; LAER-
HOVEN, K. van: Gath-Geva specification and genetic generalization
of Takagi-Sugeno-Kang fuzzy models. In: *Systems, Man and Cyberne-
tics, 2008. SMC 2008. IEEE International Conference on,* 2008. – ISBN
1062–922X, 595–600. doi: 10.1109/ICSMC.2008.4811342

[Beuster et al. 2008] BEUSTER, M.; BEIGL, M.; ROHR, D.; RIEDEL, T.; DE-
CKER, C. ; BERCHTOLD, M.: Matrix Routing – An Interference Range
Insensitive Routing Protocol for Wireless Sensor Networks. In: *Applications and the Internet, 2008. SAINT 2008. International Symposium
on,* 2008, 137–140. doi: 10.1109/SAINT.2008.47

[Chaves et al. 2008] CHAVES, L.; BERCHTOLD, M.; DECKER, C. ; RIEDEL,
T.: *ENHANCED ITEM TRACKING USING SELECTIVE QUERYING.*
Bd. US Patent App. 12/046,371. 2008

[Chaves et al. 2009] CHAVES, L.; BERCHTOLD, M.; DECKER, C. ; RIE-
DEL, T.: *Enhanced item tracking using selective querying.* Bd. EP Patent
2,101,291. 2009

[Decker et al. 2006a] DECKER, C.; BEIGL, M.; RIEDEL, T.; KROHN, A. ; ZIMMER, T.: Buffer feedback scheduling: Runtime adaptation of ubicomp applications. In: *Ubiquitous Computing Systems* (2006), S. 254–269

[Decker et al. 2007a] DECKER, C.; PEEV, E.; RIEDEL, T.; BERCHTOLD, M.; BEIGL, M.; ROEHR, D. ; BEUSTER, M.: Using auction based group formation for collaborative networking in Ubicomp. In: *Ubiquitous Computing Systems* (2007), S. 134–149

[Decker et al. 2007b] DECKER, C.; RIEDEL, T.; BEIGL, M.; SOUZA, L. M.; SPIESS, P.; M\ÜLLER, J. ; HALLER, S.: Collaborative business items. In: *Intelligent Environments, 2007. IE 07. 3rd IET International Conference on*, 2007, S. 40–47

[Decker et al. 2007c] DECKER, C.; RIEDEL, T.; BERCHTOLD, M.; SCHOLL, P.; ISOMURA, M.; BEIGL, M.; ROHR, D. ; BEUSTER, M.: Geocoding sensor networks. In: *Networked Sensing Systems, 2007. INSS '07. Fourth International Conference on*, 2007, 304. doi: 10.1109/INSS.2007. 4297446

[Decker et al. 2006b] DECKER, C.; RIEDEL, T.; PEEV, E. ; BEIGL, M.: Adaptation of on-line scheduling strategies for sensor network platforms. In: *Mobile Adhoc and Sensor Systems (MASS), 2006 IEEE International Conference on*, 2006, S. 534–537

[Decker et al. 2007d] DECKER, C.; RIEDEL, T.; SCHOLL, P.; KROHN, A. ; BEIGL, M.: Graphically Geo-Coding of Sensor System Information. In: *Networked Sensing Systems, 2007. INSS '07. Fourth International Conference on*, 2007, 138–141. doi: 10.1109/INSS.2007.4297408

[Decker et al. 2008] DECKER, C.; BERCHTOLD, M.; WEISS F. CHAVES, L.; BEIGL, M.; ROEHR, D.; RIEDEL, T.; BEUSTER, M.; HERZOG, T. ; HERZIG, D.: Cost-Benefit Model for Smart Items in the Supply Chain. Version: 2008. http://dx.doi.org/10.1007/978-3-540-78731-0_ 10. In: *The Internet of Things*. 2008, 155–172

[Decker et al. 2005] DECKER, C.; RIEDEL, T.; BEIGL, M. ; KROHN, A.: A file system for system programming in ubiquitous computing. In:

*Personal and Ubiquitous Computing* 11 (2005), 12, Nr. 1, 21–31. – doi: 10.1007/s00779-005-0060-5. – ISSN 1617–4909

[Ding et al. 2011a] DING, Y.; NAMATAME, N.; RIEDEL, T.; MIYAKI, T. ; BUDDE, M.: SmartTecO: context-based ambient sensing and monitoring for optimizing energy consumption. In: *Proceedings of the 8th ACM international conference adjunct papers on Autonomic Computing,(Karlsruhe, Germany)*, ACM (2011)

[Ding et al. 2011b] DING, Y.; ZHANG, W.; MIYAKI, T.; RIEDEL, T.; ZHANG, L. ; BEIGL, M.: Smart Beijing: Correlation of Urban Electrical Energy Consumption with Urban Environmental Sensing for Optimizing Distribution Planning. In: *ENERGY 2011, The First International Conference on Smart Grids, Green Communications and IT Energy-aware Technologies*, 2011, S. 98–101

[Fantana und Riedel 2009] FANTANA, N. L.; RIEDEL, T.: Servicing industrial machinery: Challenges using wireless identification and networked sensing systems. In: *Networked Sensing Systems (INSS), 2009 Sixth International Conference on*, 2009, S. 1–4. doi: 10.1109/INSS.2009. 5409948

[Fantana und Riedel 2010] FANTANA, N. L.; RIEDEL, T.: A pragmatic architecture for ad-hoc sensing and servicing of industrial machinery. In: *Networked Sensing Systems (INSS), 2010 Seventh International Conference on*, 2010, 165–168. doi: 10.1109/INSS.2010.5572177

[Gellersen et al. 2010] GELLERSEN, H.; LUKOWICZ, P.; BEIGL, M. ; RIEDEL, T.: Cooperative Relative Positioning. In: *Pervasive Computing, IEEE* PP (2010), Nr. 99, 1. – doi: 10.1109/MPRV.2010.18. – ISSN 1536–1268

[Isomura et al. 2009] ISOMURA, M.; HORIUCHI, H.; RIEDEL, T.; DECKER, C. ; BEIGL, M.: *Web server and program for collecting sensing data.* 2009. – JP Patent JP2,009,145,989

[Isomura et al. 2006] ISOMURA, M.; RIEDEL, T.; DECKER, C.; BEIGL, M. ; HORIUCHI, H.: Sharing sensor networks. In: *Distributed Computing Systems Workshops, 2006. ICDCS Workshops 2006. 26th IEEE International Conference on*, 2006. – ISBN 1545–0678, 61. doi: 10.1109/ICDCSW.2006.98

[Jakimovski et al. 2012] JAKIMOVSKI, P.; RIEDEL, T.; HADDA, A. ; BEIGL, M.: Design of a Printed Organic RFID Circuit with an Integrated Sensor for Smart Labels. (2012)

[Klann et al. 2007] KLANN, M.; RIEDEL, T.; GELLERSEN, H.; FISCHER, C.; OPPENHEIM, M.; LUKOWICZ, P.; PIRKL, G.; KUNZE, K.; BEUSTER, M.; BEIGL, M. et al.: Lifenet: an ad-hoc sensor network and wearable system to provide firefighters with navigation support. (2007)

[Krohn et al. 2007] KROHN, A.; BEIGL, M.; DECKER, C. ; RIEDEL, T.: Syncob: Collaborative Time Synchronization in Wireless Sensor Networks. In: Networked Sensing Systems, 2007. INSS '07. Fourth International Conference on, 2007, 283–290. doi: 10.1109/INSS.2007.4297432

[Krohn et al. 2006a] KROHN, A.; BEIGL, M.; DECKER, C.; RIEDEL, T. ; ZIMMER, T.: The implementation of non-coherent cooperative transmission for wireless sensor networks. In: Proceedings of the International Conference on Networked Sensing Systems (INSS) (2006)

[Krohn et al. 2006b] KROHN, A.; BEIGL, M.; DECKER, C.; RIEDEL, T.; ZIMMER, T. ; GARCES, D.: Increasing connectivity in wireless sensor network using cooperative transmission. In: 3rd International Conference on Networked Sensing Systems (INSS) (2006)

[Krohn et al. 2008] KROHN, A.; ZIMMER, T.; BEIGL, M.; DECKER, C. ; RIEDEL, T.: SDJS: The Duck Hunter Problem in Wireless Sensor Networks. (2008)

[Marin-Perianu et al. 2007] MARIN-PERIANU, M.; MERATNIA, N.; HAVINGA, P.; SOUZA, L. de; MULLER, J.; SPIESS, P.; HALLER, S.; RIEDEL, T.; DECKER, C. ; STROMBERG, G.: Decentralized enterprise systems: a multiplatform wireless sensor network approach. In: Wireless Communications, IEEE 14 (2007), Nr. 6, 57–66. – doi: 10.1109/MWC.2007. 4407228. – ISSN 1536–1284

[Namatame et al. 2011] NAMATAME, N.; DING, Y.; RIEDEL, T.; TOKUDA, H.; MIYAKI, T. ; BEIGL, M.: A distributed resource management architecture for interconnecting Web-of-Things using uBox. In: Proceedings of the Second International Workshop on Web of Things, 2011, S. 4

[Neumann et al. 2011] NEUMANN, M.; RIEDEL, T.; TAYLOR, P.; SCHMIDT-KE, H. ; BEIGL, M.: Monitoring for digital preservation of processes. In: *Modeling and Using Context* (2011), S. 214–220

[Riedel et al. 2008a] RIEDEL, T.; BEIGL, M.; BERCHTOLD, M.; DECKER, C. ; PUDER, A.: Implicit Middleware. In: *On the Move to Meaningful Internet Systems: OTM 2008 Workshops* Bd. 5333, 2008 (LNCS), S. 830–840. doi: 10.1007/978-3-540-88875-8_108

[Riedel und Decker 2005] RIEDEL, T.; DECKER, C.: Ubiquitous Resources Abstraction using a File System Interface on Sensor Nodes. In: *Energiebewusste Systeme und Methoden* (2005), S. 34

[Riedel et al. 2007a] RIEDEL, T.; DECKER, C.; BERCHTOLD, M. ; BEIGL, M.: Life Cycle Management of Pervasive Services. In: *5th International Conference on Pervasive Computing, Late Breaking Results*, 2007, S. pp–65

[Riedel et al. 2007b] RIEDEL, T.; DECKER, C.; BERCHTOLD, M.; KROHN, A. ; BEIGL, M.: Autoannotated Skating Maps. In: *Networked Sensing Systems, 2007. INSS '07. Fourth International Conference on*, 2007, 302. doi: 10.1109/INSS.2007.4297444

[Riedel et al. 2008b] RIEDEL, T.; DECKER, C.; KROHN, A.; BEIGL, M. ; ZIMMER, T.: A File System for Resource Abstraction in Ubicomp. (2008)

[Riedel et al. 2007c] RIEDEL, T.; SCHOLL, P.; DECKER, C. ; BEIGL, M.: A community platform for auto-annotated recreational maps. In: *the international workshop on SensorWebs Databases, and Mining in Networked Sensing Systems (SWDMNSS)* (2007)

[Riedel et al. 2008c] RIEDEL, T.; SCHOLL, P.; DECKER, C.; BERCHTOLD, M. ; BEIGL, M.: Pluggable real world interfaces Physically enabled code deployment for networked sensors. In: *Networked Sensing Systems, 2008. INSS 2008. 5th International Conference on*, 2008, 111–114. doi: 10.1109/INSS.2008.4610909

[Riedel und Arnold 2007] RIEDEL, T.; ARNOLD, A.: An OO Aproach to Sensor Programming. In: *Adjunct Proceedings of the 4th European Confererence on Wireless Sensor Networks*, 2007, S. 39–40

[Riedel et al. 2007d] RIEDEL, T.; DECKER, C.; SCHOLL, P.; KROHN, A. ; BEIGL, M.: Architecture for Collaborative Business Items. In: *Architecture of Computing Systems - ARCS 2007*, 2007, S. 142–156. doi: 10.1007/978-3-540-71270-1_11

[Riedel et al. 2010a] RIEDEL, T.; FANTANA, N. L.; GENAID, A.; YORDANOV, D.; SCHMIDTKE, H. R. ; BEIGL, M.: Using web service gateways and code generation for sustainable IoT system development. In: *Internet of Things (IOT), 2010*, 2010, S. 1–8. doi: 10.1109/IOT.2010.5678449

[Riedel et al. 2010b] RIEDEL, T.; YORDANOV, D.; FANTANA, N.; SCHOLZ, M. ; DECKER, C.: A model driven internet of things. In: *Networked Sensing Systems (INSS), 2010 Seventh International Conference on*, 2010, 265–268. doi: 10.1109/INSS.2010.5573154

[Rohr et al. 2007] ROHR, D.; BEIGL, M.; BEUSTER, M.; RIEDEL, T. ; DECKER, C.: Regulation of Electricity Markets with Ubiquitous Computing. In: *Networked Sensing Systems, 2007. INSS '07. Fourth International Conference on*, 2007, 298. doi: 10.1109/INSS.2007.4297440

[Rohr et al. 2008] ROHR, D.; BEIGL, M.; BEUSTER, M.; SIGG, S.; DECKER, C.; RIEDEL, T. ; BERCHTOLD, M.: Developing a virtual environment for better sensory perception. In: *Networked Sensing Systems, 2008. INSS 2008. 5th International Conference on*, 2008, S. 251–251

[Scholz et al. 2010a] SCHOLZ, M.; RAMIREZ, L.; DENEF, S.; BETZ, M.; DYRKS, T.; SCHOLL, P.; BUSSE, M.; STOETZER, M.; BERNING, M.; BUDDE, M. et al.: *A MVC prototype for the landmarke firefighter navigation system*. 11 2010

[Scholz et al. 2010b] SCHOLZ, M.; RIEDEL, T. ; DECKER, C.: A flexible architecture for a robust indoor navigation support device for firefighters. In: *Networked Sensing Systems (INSS), 2010 Seventh International Conference on*, 2010, 227–232. doi: 10.1109/INSS.2010.5573554

[Wauer et al. 2011] WAUER, M.; MEINECKE, J.; SCHUSTER, D.; KONZAG, A.; ALEKSY, M. ; RIEDEL, T.: Semantic Federation of Product Information from Structured and Unstructured Sources. In: *International Journal of Business Data Communications and Networking* 7 (2011), 69–97. – doi: 10.4018/jbdcn.2011040105. – ISSN 1548–0631, 1548–064X

[Wildschut et al. 2008] WILDSCHUT, D.; RIEDEL, T.; DECKER, C.; ROEHR, D.; BEIGL, M. ; ISOMURA, M.: ContextXML: A Data Processing Framework for Ubiquitous Computing. In: *Applications and the Internet, 2008. SAINT 2008. International Symposium on*, 2008, 181–184. doi: 10.1109/SAINT.2008.102

www.ingramcontent.com/pod-product-compliance
Lightning Source LLC
Chambersburg PA
CBHW071417050326
40689CB00010B/1881